Les Philosophes sur le divan

DU MÊME AUTEUR

Descente, Flammarion, 1999.
Les Infidèles, Flammarion, 2002.
Une semaine de philosophie – 7 questions pour entrer en philosophie, Flammarion, 2006 (J'ai Lu, 2008).

Charles Pépin

Les Philosophes sur le divan

Flammarion

ISBN : 978-2-0812-0556-7

Pour Victoria, Marcel et Georgia

Pour Clarisse, et grâce à elle

Avant-propos

Il est essentiel de savoir, pour lire ce livre, qu'aucun des faits de la vie des philosophes ici évoqués n'a été inventé. Ils proviennent tous de sources historiques, d'écrits autobiographiques, de lettres des philosophes eux-mêmes, de travaux biographiques ou même, dans le cas de Sartre, d'entretiens. Ils sont donc aussi véridiques que possible, et lorsqu'ils semblent contredire les faits de l'histoire officielle, comme cela arrive avec Platon, au moins aussi véridiques que ceux-ci, appuyés sur des recherches au moins aussi « scientifiques » que les dires qui prétendent fonder l'histoire officielle.

Si je n'ai inventé aucun événement de leurs vies réelles, j'ai en revanche pu imaginer la façon dont ils les avaient vécus, ressentis, comme j'ai imaginé leur façon d'en parler sur le divan. Mais à chaque fois que j'ai eu recours au roman, je l'ai fait habité par une logique de vérité, en essayant de coller au plus près de ce qu'auraient pu être leurs émotions, au regard de ce que je savais de leurs philosophies, de leurs vies, et de leurs dires attestés.

Parce qu'ils avaient vécu, aimé, souffert, parce qu'ils avaient été des enfants, parce qu'ils n'étaient pas de purs esprits mais bien des hommes pris dans leurs corps et leurs contradictions, il m'est apparu qu'il fallait partir de là, de leurs vécus et de leurs affects, pour rendre sensibles leurs philosophies. Qui mieux que Freud pouvait alors analyser ces philosophes sur le divan ?

J'ai donc imaginé la rencontre, dans une vie éternelle, de Platon (427- 348 av. J.-C.), Kant (1724-1804) et Sartre (1905-1980) avec cet homme, Freud (1856-1939), capable de les faire accoucher de leur vérité.

Freud

Comment me suis-je retrouvé avec Platon, Kant et Sartre en analyse ? Le bouche à oreille sans doute, l'aboutissement logique, surtout, d'une vie de questionnements... Et puis, je crois que nous devions nous rencontrer.

Il faut encore, comme avant, à Vienne, lorsque dans l'incertitude et la solitude je posais les premières fondations de la psychanalyse, il faut encore que je résiste aux enthousiasmes, aux excitations déplacées : ce ne sont pas trois des plus grands philosophes occidentaux que j'ai en analyse mais bien trois hommes avec leurs souffrances et leurs angoisses. Je dois me préserver de tout pathos, rester calme, sérieux, correct comme un analyste doit l'être, comme j'ai toujours essayé de l'être. C'est la condition de ma lucidité, l'éthique même de ma pratique. Devant le nazisme déjà, je m'étais employé à garder cette tenue, à ne pas crier au loup, au surnaturel ou au mal métaphysique, à ne pas répondre au pathos par le pathos mais à me tenir droit devant ce qui est, pour essayer de le saisir et de l'entendre. Chaque jour de ma pratique, depuis toutes ces années, j'essaie de maintenir le cap, de rester homme du soupçon – de ne pas *m'emporter*. Même devant le rouge de l'hystérie, même devant la bile noire – de rester le savant en blouse blanche.

J'ai eu du mal, au début. Je me voyais en fondateur d'une religion nouvelle, en découvreur d'un continent portant pour nom l'inconscient, où flotterait un drapeau à l'effigie de mon visage. Souvent, j'ai sacrifié l'intérêt pour mes patients à l'impatience de vérifier mes théories. Je n'étais pas, en ce sens, un bon psychanalyste. Je m'intéressais moins à leur guérison qu'à ma petite révolution : je me voyais comme la troisième blessure narcissique infligée à l'humanité. Galilée avait exilé la Terre du centre de l'univers, Darwin avait réintégré l'homme dans le giron des bêtes, voici que je découvrais l'inconscient au fond de chacun d'entre nous, la troisième gifle sur la joue de l'arrogance humaine. Mais j'ai changé. J'en ai fini, aujourd'hui, avec mes fantasmes d'explorateur ou de révolutionnaire. J'essaie simplement d'être un bon analyste.

Platon, Kant, Sartre... J'ai failli, à cause d'eux, retrouver mes vieux démons. Me penser comme celui qui, grâce à eux, éluciderait enfin l'énigme, lèverait le voile sur la névrose de l'homme occidental. Platon ne se reconnaît pas dans ses œuvres, découvre le visage d'un autre dans ce qu'il a produit. Kant est incapable d'aimer, malade de tout ce qu'il s'impose. Sartre ne sait pas qui il est mais le cherche sans fin dans le regard des autres... Des hommes qui ne se reconnaissent pas dans ce qu'ils font, ne savent pas qui ils sont, obsédés par le devoir et le regard des autres. Pouvait-on mieux dire le mal d'aujourd'hui ? Comment s'intéresser vraiment à eux, avec leurs blessures singulières, les écouter vraiment, *eux,* quand ils semblaient toucher, à travers leurs symptômes, le cœur même de ce qui blesse aujourd'hui ? Et puisqu'ils avaient fondé, orienté ou pensé l'Occident, puisqu'ils en étaient la quintessence et la fierté, comment ne pas espérer qu'en nous parlant d'eux-mêmes ils nous en livrent la clef ?

Mais j'ai résisté et je résiste encore, j'essaie de tout faire pour écouter ce qui est vraiment leur parole, ce qu'elle révèle de leur histoire singulière, de tenir le cap qui fut toujours le mien. Je sais que ce sera dur, c'est dur depuis le début : en les voyant face à moi, au départ, Sartre d'abord, et puis Platon et Kant, je me suis posé la question de leur résurrection. Oui, moi. À chaque fois. Une seconde, peut-être même moins. Mais c'était déjà trop. Et puis je suis redevenu sérieux. Il n'y a pas de résurrection comme il n'y a pas de surnaturel ni de mal métaphysique. Il n'y a que notre lucidité et les épreuves qu'elle rencontre.

Platon, Kant, Sartre... Ils ne sont pas *revenus*, ils ne sont jamais partis. Ils sont comme nous tous, comme vous et comme moi, comme tous ceux qui s'allongent sur le divan avec dans leurs muscles et leurs mots les traces à déchiffrer de leur histoire singulière : leur vérité, elle est inscrite dans leur corps. L'éternité, ils la portent dans leur corps.

Platon

Celui-là, vraiment, il ne voulait pas s'allonger. Il me l'avait d'ailleurs précisé dès la première fois, sans même prendre la mesure du comique de sa phrase. Il acceptait de faire une analyse, mais *debout*. J'avais réussi à ne rien laisser paraître. Il faisait les cent pas nerveusement devant moi. Régulièrement, il portait sa main droite à sa nuque en un rictus douloureux. Sa taille – il devait frôler le mètre quatre-vingt-dix –, ses épaules massives mais qui maintenant s'affaissaient, son front large et bombé, sa barbe sévère, cette violence dans son regard, son mal-être... : tout en lui était imposant. Il était vêtu d'un pantalon de toile beige et d'une chemisette de lin blanche. À chaque fois qu'il se massait la nuque, je pouvais observer ses biceps au travail : sous sa peau de vieil homme qui pendouillait un peu, d'épais muscles se souvenaient de ce qu'ils avaient été.

Debout, oui, debout, c'était sa *condition*, m'avait-il prévenu.

— Vous voulez rester debout ?

J'ai entendu ma voix, et j'y ai entendu autre chose que ce je voulais dire. J'ai repris :

— C'est justement pour cela que l'on s'allonge sur un divan. Pour pouvoir *rester debout.*

Au début, il ne voulait d'ailleurs pas simplement rester debout : il arpentait mon cabinet d'un bout à l'autre et s'adressait à moi d'une voix autoritaire. Je me sentais comme un étudiant reçu dans le bureau de son professeur. Il me répétait qu'il avait l'habitude de réfléchir en marchant, que tout ce qu'il avait compris – et dans sa voix il fallait entendre que ce *tout* n'était pas rien –, il l'avait toujours compris en marchant, en dialoguant et en marchant. J'avais eu envie de lui répondre qu'il n'était pas là exactement pour dialoguer. Qu'il était là justement parce que *ça ne marchait plus.*

— Mais ça ne marche plus !

C'est ce que j'avais hésité à lui dire d'une voix forte. Heureusement, je n'avais rien dit, c'était trop tôt. Un mot déplacé et je ne le revoyais plus. Cela faisait si longtemps qu'il essayait de comprendre, qu'il déambulait en réfléchissant, son front soucieux levé vers le ciel idéal. Alors je l'avais laissé arpenter mon bureau en se massant la nuque.

Une seule fois, tandis que son visage se crispait, je lui ai demandé ce qu'il y avait. Il a semblé outré que j'ose évoquer une question si superficielle. Il m'a rétorqué qu'il n'était pas venu ici pour me parler de ces choses-là, que son torticolis n'avait aucun intérêt, vraiment, aucun intérêt. Qu'il avait juste mal à la nuque et qu'il n'était pas là pour ça.

— Ah... vous n'êtes pas là pour *ça* ?

Il s'était figé en me fusillant du regard. Je savais la tension visible dans le mien comme un feu contenu. J'étais assis à mon bureau, les yeux levés vers lui. Il y avait ces mots entre nous, il n'y avait plus que ces mots. *Vous n'êtes pas là pour ça ?* Ils tournoyaient, ils résonnaient, claquaient comme la lanière d'un fouet. Et puis soudain son regard s'est adouci, au fond de son œil d'aigle quelque chose s'est ouvert à la douceur du doute. Et il s'est assis. Ou plutôt : il s'est laissé tomber sur la chaise. Je me souviens très bien de l'étonnante formulation qui m'est alors venue : *le ciel des Idées* vient de me tomber sur la tête.

L'homme qui voulait faire une analyse debout avait construit toute sa philosophie sur cette hypothèse folle et passionnante, fascinante à bien des égards, de ciel des Idées. Sa doctrine avait marqué la Grèce antique évidemment, mais aussi une bonne part de l'ère chrétienne avec le mouvement du néoplatonisme. Bien avant les chrétiens, il avait su parler aux hommes du *ciel* dans des termes capables de faire écho à leurs attentes et leurs espérances, mais aussi à leur propension à s'aveugler. Il opposait le monde dans lequel vivaient effectivement les hommes – une terre habitée par le multiple, la diversité, le changement et le caractère périssable de toute chose –, au ciel des Idées, peuplé quant à lui de vérités éternelles. Il présentait la vérité de ce que les hommes vivaient dans le monde sensible – la vérité de leurs peines, de leurs passions et de leurs œuvres – comme résidant dans le monde intelligible : dans le ciel des Idées. Et, fait marquant trop souvent oublié, il concevait ces idées comme bien *réelles*, perchées là-haut en leur ciel, immobiles et éternelles. On trouvait donc dans le monde sensible une diversité d'hommes, des grands et des petits, des beaux et des laids, des sages et des incultes... mais dans le ciel des Idées une seule *idée* de l'homme, que les divers hommes effectifs ne faisaient que copier plus ou moins bien, et qu'il était donc possible de juger en fonction de leur degré de proximité avec l'idée de l'homme. On trouvait dans le monde sensible une diversité de façons d'aimer, l'amour homosexuel et l'amour hétérosexuel, l'amour filial et l'amour de la patrie, mais dans le ciel des Idées, une seule idée de l'amour, comme l'étalon de nos façons d'aimer. Et de même pour toutes choses présentes en ce bas monde : une diversité de tables effectives mais une seule *idée* de table, une multiplicité de lits mais une seule *idée* de lit, une diversité de décisions de justice, plus ou moins parfaites, plus ou moins justes, mais dans le ciel des Idées une seule *idée* de la justice : son concept, pourrait-on dire, ou son principe. Bref, sa vérité. Platon venait d'inventer le *dualisme* : d'un côté le monde sensible, de l'autre le ciel des Idées, d'un côté notre corps pris dans l'épaisseur inessentielle des choses de ce monde, de l'autre notre esprit pour contempler la vérité. Une telle doctrine avait des conséquences incommensurables : la valeur de tout ce que nous vivions ici-bas se trouvait ailleurs que dans ce monde, non dans sa richesse concrète ou dans la consistance de tout ce que nous y rencontrions mais dans des idées qui, sans s'y trouver, en délivraient le sens ultime. Ainsi, pour comprendre l'humain, valait-il mieux contempler *l'idée* de l'homme dans le ciel des Idées plutôt que de s'épuiser dans la rencontre sans fin des hommes dans leur diversité. Pour comprendre la véritable nature de l'amour, il était préférable de saisir *l'idée* de l'amour plutôt que de s'abîmer dans des amours effectives toujours recommencées. Le sens de notre vie se trouvait ailleurs que dans notre vie : nous n'avions donc pas à le faire émerger par notre activité dans le monde, pas à l'inventer dans cette vie-là mais simplement à en reconnaître la trace ici-bas.

Une fois assis, Platon avait commencé à se gratter le bras énergiquement et j'avais pu voir ce que sa déambulation et son regard réprobateur m'avaient jusque-là occulté : les poches sous ses yeux étaient immenses, à la mesure des insomnies qu'elles trahissaient. J'avais hésité à l'orienter directement vers le divan mais, encore une fois, j'avais su me raviser.

Avec sa doctrine du ciel des Idées, il avait aussi inventé l'idéalisme : la croyance en des *idées* qui donnent la norme et le *la* de nos vies bien réelles. Toutes les autres grandes notions platoniciennes découlaient de sa conception du ciel des Idées. Le sage était cet homme capable de détourner son regard de ce monde d'apparences et de lever les yeux au ciel. Le corps était cette part de nous qui nous enracinait dans le monde du périssable et du multiple, une prison de laquelle il fallait apprendre à sortir par la réflexion, en attendant que la mort nous en délivre vraiment. Philosopher, c'était donc « apprendre à mourir » : apprendre à mourir *à son corps*, apprendre à se tourner, dès cette vie-là, vers ce qui ne périra pas et porte pour nom idée, principe, valeur, concept... Le corps, comme tout le reste, trouvait donc sa valeur dans son idée. Désirer un beau corps revenait alors à désirer sans le savoir l'idée de la beauté dans le ciel des Idées. La vérité du corps désiré, ce qui le rendait désirable, était en fait au-delà de ce corps et non, contrairement à ce que nous aurions pu croire, dans la beauté particulière de ses formes propres. La dévalorisation de la démocratie s'expliquait, elle aussi, par cette doctrine du ciel des Idées : il n'y a pas de démocratie sans l'espoir que les hommes aient le pouvoir, par leur action dans le monde, d'inventer le sens de leur existence collective. Seul un philosophe roi pouvait, selon Platon, présider aux affaires de la cité : lui seul saurait la gouverner à la lumière des idées qu'il avait auparavant pris le temps de contempler.

Je m'étais toujours dit qu'il y avait quelque chose d'ambigu dans le platonisme. Cette façon de couper le monde en deux, et l'homme aussi, évidemment que je ne peux m'empêcher de la juger, moi qui ai toujours senti que l'homme était un, plus précisément qu'il avait à répondre de lui, de ce qu'il a voulu comme de ce qu'il n'a pas « voulu », *comme s'il était un*. Moi qui, plutôt, ai toujours senti que l'homme était *plus de deux* ! Mais le platonisme est aussi une méditation sur le désir de savoir : le ciel des Idées, le sage contemplatif, le philosophe roi... autant de concepts qui posent le savoir comme l'horizon d'une vie pleinement humaine. Et je ne peux, sur ce point, lui donner tort. Il y a enfin cette figure de Socrate, qui n'est pas la moindre des étrangetés, que Platon fait parler dans ses dialogues. Socrate qui fut son maître mais qui n'écrivit rien, laissant à Platon le soin de faire vivre sa pensée. Si bien qu'ils se retrouvent tous les deux, en un cas unique dans l'Histoire, à la fois confondus et séparés. Platon est l'auteur et Socrate son personnage. Mais Socrate fut le maître et Platon l'élève. Nous lisons Platon mais c'est Socrate que nous écoutons. Platon fait parler Socrate mais parle quand même, évidemment, à travers lui. Voila qui me paraît digne du plus grand intérêt.

Resté silencieux un assez long moment, toujours assis sur sa chaise, il avait fini par lâcher :

— Je ne sais pas *pour quoi* exactement je suis ici. Mais j'ai du mal à concevoir que vous le sachiez mieux que moi.

Sartre

J'ouvre la porte de la salle d'attente et trouve Sartre debout, les mains croisées dans le dos, qui fait les cent pas entre les statues et les livres. Il me salue précipitamment, passe devant moi et s'allonge sans attendre, avec ce geste qui lui est propre, une fois que son dos a touché le divan, de lever les pieds bien haut et de les laisser retomber d'un coup.

— Vous voulez que je vous dise sincèrement ?

— Dites, dites comme ça vient.

— Je n'ai jamais été sincère, du plus loin que je remonte, je ne trouve rien qu'un personnage, un masque ou un autre, je trouve tant de masques et cette évidence abyssale que ma personne n'est faite que d'une succession de personnages. Je sais aujourd'hui que toute ma philosophie ne fut qu'une tentative pour justifier mon trouble identitaire, un effort génial et pathétique pour donner une épaisseur métaphysique, universelle, à cette maladie dont jusqu'à maintenant il ne m'avait jamais semblé souffrir.

— Cette maladie ?

— Oui, c'est ce que j'ai dit. Dès que j'y réfléchis un

peu, il m'apparaît cruellement que je n'ai de sincérité que dans la force inégalée de mon insincérité, je ne suis rien, *vraiment* rien que cette suite de masques, rien qu'une série de personnages, j'ai interprété tant de rôles que je ne sais même plus qui peut bien être cet interprète, ô combien talentueux, peut-être même, oui, probablement génial, mais qu'est-ce que le génie si par lui il ne s'agit que de se couper de soi ?

— Dites-moi.

— Je fus enfant prodige et puis adolescent moyen, je décidai un jour d'être adolescent moyen comme j'avais auparavant décidé d'être un enfant prodige, je fus écrivain et puis je dis adieu à la littérature, je fus philosophe existentialiste, penseur de l'absurde avant de devenir celui de l'engagement, je fus l'homme engagé debout sur un tonneau et puis désengagé, ou engagé dans la mystique... je fus amant laissant sa liberté à sa maîtresse et même théoricien de la liberté dans le couple et me voilà aujourd'hui homme jaloux, tremblant et possessif...

— Qu'est-ce qui vous fait ainsi trembler ?

— La jalousie, oui...

— Oui ?

— La jalousie, peut-être même est-ce elle qui m'a conduit ici... Je défendis l'individu libre et puis le groupe en fusion, j'ai été le philosophe de l'homme seul avant d'être celui de l'homme en communauté, existentialiste puis marxiste avec la même ferveur, j'ai voulu être Spinoza et puis Stendhal, et même Spinoza *et* Stendhal, j'ai joué tant de rôles que j'ai perdu aujourd'hui tout espoir de retrouver le visage de celui qui les joua. Il faut dire que les hommes ne m'ont pas aidé, à certains moments de ma vie j'avais beau avoir tort sur tout ils me suivaient toujours, quel que soit le rôle que je jouais ils m'applaudissaient. « Mieux vaut avoir tort avec Sartre que raison avec Aron... »

— Que les hommes préfèrent souvent avoir tort, cela ne devrait pas vous surprendre tant que ça.

— Je ne m'en rendais pas compte, au début, mais cela ne fait aucun doute que je m'accrochais au vacarme de leurs bravos, ou d'ailleurs plus tard à celui de leurs insultes, j'étais crapaud debout sur un tonneau, j'étais méduse grimaçant devant eux mais rien n'y faisait, leurs mains battaient à tout rompre. Étranges êtres que ces hommes, la vérité les indiffère comme elle m'indifféra si longtemps, ils ne veulent que suivre, applaudir et crier, je leur en veux maintenant de ne pas m'avoir hué plus tôt, oui, je leur en veux maintenant qu'ici, sur ce divan, m'habitent ce souci, ce désir même. Mais la route est longue, je le sais, il va falloir revenir en arrière, revenir loin en arrière, ôter les masques un à un en espérant que ce travail ne soit pas sans fin. Mais qui sait, peut-être qu'un jour j'arriverai au bout, que je découvrirai quelqu'un, quelque chose qui ressemblera à un noyé...

— Oui...

— Pardon, à un noyau, et qui s'appellera Jean-Paul Sartre, peut être...

— Mais oui !

— Mais peut-être pas, peut-être aussi qu'il est trop tard. Je me souviens, quand j'étais enfant, j'avais trois ans et nous allions dans ce petit parc arboré qui me semblait immense, j'avais trois ans, quatre ans, cinq ans et les autres, et personne ne voulait jouer avec moi, et pourtant je m'en souviens comme quelque chose de parfaitement indifférent, comme d'un tableau qui défilerait derrière une vitre mais sans me concerner, je ne me souviens à aucun moment en avoir souffert, j'ai beau chercher, je ne me souviens d'aucune tristesse et c'est cela qui aujourd'hui me semble digne d'intérêt.

— Oui.

— Mais ma mère, elle, en souffrait, et je m'en rendais compte, de cela je me souviens. Parfois elle faisait comme si de rien n'était, me demandait ce que j'attendais pour aller jouer avec eux, parfois aussi, moins stratège, elle me demandait si je voulais qu'elle aille parler aux autres mamans, heureusement elle ne l'a jamais fait, j'étais gêné, j'avais mal, j'avais mal pour elle mais pas pour moi.

Il a l'air de réfléchir à ce qu'il vient de dire, se tortille sur le divan puis reprend :

— Peut-être me suis-je, tout petit déjà, interdit une souffrance qui m'aurait emporté. Mais même en disant cela, je suis encore dans cette distance étrange et froide : il me semble qu'il n'y a là qu'une hypothèse, intéressante, crédible peut-être, mais une hypothèse théorique comme une autre, formée par mon esprit capable d'en former tant d'autres, capable d'en former à l'infini qui auraient pu être tout aussi intéressantes et crédibles. J'ai l'impression que j'ai dit cela comme j'aurais dit autre chose...

— Oui, mais vous l'avez dit. C'est cela que vous avez dit.

— Je l'ai dit mais il me semble que j'aurais pu dire aussi bien autre chose, que rien de tout cela n'est sincère, que c'est comme si je parlais d'un autre. Il s'agit précisément de cela, d'une question toute simple que j'ai si souvent refusée, mais c'est comme si je me la posais aujourd'hui pour la première fois – *qui suis-je ?*

Sartre

Je pensais auparavant que la question n'avait même pas de sens, aujourd'hui c'est d'effroi qu'elle me remplit, de vide autant que d'infini : de vide car je ne trouve rien de solide sur quoi asseoir une réponse, mais d'infini tout autant car les réponses qui me viennent me semblent soudain danser en un furieux ballet, se présenter à ma conscience en un défilé d'hypothèses toutes aussi intelligentes que désincarnées, un champ de possibles illimité duquel n'émerge aucune raison de trancher. Parfois, lorsque le défilé des hypothèses s'emballe soudain, je ne reconnais plus rien, ni les visages ni les rues, Paris m'apparaît comme une ville étrangère, le monde m'apparaît comme un monde étranger et ce visage aussi, le mien, que je crains de voir surgir en un hurlement muet sur le premier miroir qui passe.

Kant

— Je crois que je suis en train d'entrevoir le cœur du problème.

Il a croisé ses mains sur sa poitrine, sur les boutons de son gilet cintré, du même gris que la veste qu'il dépose précieusement sur le dossier de la chaise avant de rejoindre le divan. À chaque fois qu'il l'ôte, je suis surpris de constater l'étroitesse de son torse, soulignée par les manches bouffantes de sa chemise que laisse sortir le gilet, et qui lui donnent cette allure, perché sur ses bottines à talonnettes parfaitement lustrées, d'un mousquetaire déplacé. Il y a autre chose qui me surprend toujours, c'est le bleu de son regard. Toute la tendresse qu'il contient, finalement.

— À chaque fois, je dis bien à chaque fois, je réussis à me persuader, avant même qu'elle ne commence, que l'histoire d'amour est impossible. Mes raisonnements ont alors la force de démonstrations.
— Oui. Vos raisonnements...
— C'est ma raison qui me joue des tours. Devant de tels raisonnements, impossible de résister. La première

fois, c'était à Königsberg dans les années 1790. J'avais un faible, enfin...

— Oui...

— J'avais des sentiments pour une jeune fille à qui je ne déplaisais pas. J'envisageais sérieusement que nous nous mettions en ménage. Elle n'attendait que cela. Elle était discrète, fine, elle avait l'esprit affûté, enfin elle me plaisait. Je m'en souviens parfaitement. Ce que je lui ai dit, je le pensais vraiment. J'en étais intimement persuadé. J'avais connu la pauvreté dans mon enfance et ne gagnais à l'époque pas très bien ma vie, je n'avais pour seule ressource que mes cours à la Faculté. Elle était pauvre, elle aussi. J'ai donc examiné toutes les possibilités en détail, j'ai fait tous les calculs possibles, il n'y avait rien à faire, du moins c'est ce dont je me suis persuadé à l'époque. J'ai jugé impossible de me mettre en ménage, je n'avais pas les moyens suffisants, ce n'était pas décent de le lui proposer.

— Et vous le lui avez dit ?

— Oui. Ce jour-là, je suis sorti de chez moi à une heure inhabituelle et me suis rendu chez elle pour justifier ma décision. Et...

— Oui ?

— Elle a pleuré.

— Dites.

— Elle a pleuré... beaucoup.

— Et qu'est-ce que vous avez fait ?

— Sur le moment, rien. J'étais tellement persuadé d'avoir raison, d'avoir pris la décision la plus sage, la plus morale, que ses larmes ne m'atteignaient pas. Elles me semblaient comme infondées, injustifiées. Au fait, j'ai lu ce livre dont vous m'aviez parlé, *Mars*, de Fritz Zorn...

— Oui...

— Cet homme qui ne pleure pas, qui ne sait pas pleurer, et qui meurt finalement d'un cancer...

— Oui, et qu'est-ce que vous en dites ?

— Son cancer, ce sont toutes ses larmes accumulées, toutes les larmes qu'il n'a pas versées... Son cancer...

— Oui...

— Son cancer, c'est sa façon de pleurer.

— Oui, on peut le voir ainsi.

— Peut-être que moi aussi, il faut que je trouve ma façon de pleurer.

— Dites-moi.

— Ce jour-là, en tout cas, je suis resté de marbre, et je suis rentré chez moi. Je me souviens avoir marché avec le sentiment d'être un homme juste, un homme qui a fait ce qu'il se devait de faire. Je crois même avoir réfléchi, sur le chemin du retour, à l'opuscule sur lequel je travaillais alors, *Idée d'une histoire universelle au point de vue cosmopolitique.* J'y expliquais qu'une certaine idée du progrès historique pouvait venir réguler notre action dans l'Histoire, j'y militais même pour la création d'une Société de nations dont s'inspireront directement les créateurs de la SDN en 1919, j'y expliquais qu'il fallait savoir être guidé par certaines idées comme je l'avais été, moi – du moins c'est l'impression que j'en avais alors –, lorsque je lui avais justifié l'impossibilité de notre mariage. Mais le soir venu, il s'est produit quelque chose de vraiment inhabituel.

Il semble regarder autour de lui, les livres dans la bibliothèque, les petites statuettes sur le chambranle, j'imagine son regard se posant sur la gueule ouverte du cobra, ou sur la hache que tient Ganesh dans une main, et qui est une invitation à trancher dès maintenant, avant que la mort nous y oblige, les liens qui nous retiennent à la vie. Et puis finalement :

— Ce soir-là, je me suis assis à ma table de travail. Et je n'ai rien fait.

— Vous n'avez rien fait ?

— Non, je suis resté immobile. Je n'ai pas écrit un mot. Je n'ai pas travaillé. Je n'ai même pas lu une ligne. Pourtant, je ne me sentais pas triste, je pensais avoir agi comme il fallait que j'agisse. Mais c'est la seule fois de ma vie où je n'ai pas travaillé. Dès le lendemain, heureusement, tout a repris son cours, mes habitudes, mon rythme de travail, ma concentration. C'est la seule fois où j'ai failli à la règle de mon organisation journalière.

— Eh bien, la voilà votre façon de pleurer.

— Peut-être... Oui, peut-être.

Et il ajoute, d'une voix mi-interrogative mi-affirmative :

— C'est quand même mieux que le cancer.

Après l'avoir raccompagné à la porte, je vais chercher dans ma bibliothèque ses ouvrages principaux et les dépose sur mon bureau. La *Critique de la raison pure* où il pose les limites de la connaissance humaine, la *Critique de la raison pratique* où il indique les conditions de l'action authentiquement morale, et la *Critique de la faculté de juger* où il aborde la question des jugements que nous portons sur la nature, sur la beauté... Kant présenta son œuvre comme la réponse à trois questions : que puis-je connaître ? que dois-je faire ? que m'est-il permis d'espérer ? Je joue un peu avec les livres, les empile, les dispose de nouveau devant moi en songeant à cette phrase de Kant : « Peut-être que moi aussi, il faut que je trouve ma façon de pleurer. »

Sartre

Ce n'est pas un hasard si mon cabinet se trouve rue de Paradis, dans le prolongement de la rue de la Fidélité. En la remontant, je pense souvent à cette phrase de Jacques Lacan, que l'on peut lire à la fin de *L'Éthique de la psychanalyse* : « La seule chose dont l'homme puisse avoir à se sentir coupable, c'est d'avoir cédé sur son désir. » Au moment de composer le code, j'aperçois Jean-Paul Sartre au loin, qui vient vers moi avec sa tête de crapaud ou de méduse, ainsi qu'il l'écrivit dans son autobiographie. Au lendemain de la Seconde Guerre mondiale, il avait eu, avec le court texte d'une conférence philosophique, *L'Existentialisme est un humanisme*, un immense succès. La guerre, il l'avait vécue à la terrasse des cafés. Entre deux demis, il avait posé les bases de sa philosophie de la liberté quand d'autres mouraient sous la torture au nom de la France libre. L'Histoire l'avait remercié en lui offrant la gloire.

Je le vois qui s'arrête maintenant devant la vitrine d'une boutique SFR, j'imagine le sourire tordu qu'elle lui renvoie en surimposition de ces offres commerciales pour des portables à 1 euro, et je pense au passé.

En 1945, Sartre avait dit aux hommes ce qu'ils voulaient entendre, au moment où ils voulaient l'entendre. Tout le contraire de moi, en quelque sorte... En l'an I des Trente Glorieuses, il avait donné au désir d'optimisme de ses contemporains un fondement philosophique. L'existentialisme, résumé dans cette mince plaquette devenue best-seller, pouvait se réduire à quelques idées fortes. Puisque Dieu n'existe pas, nous ne sommes les créatures d'aucune Intention supérieure et notre existence n'a aucun sens préétabli. Il n'y a aucune « essence » humaine qui préexisterait à notre existence. Nous sommes simplement là, *jetés* dans l'existence, c'est donc à nous seuls qu'il appartient d'inventer le sens de notre vie. Comment ? En agissant : « Un homme n'est que la somme de ses actes », affirmera Sartre dans cette conférence. La somme de ses actes, et donc pas le produit d'une volonté divine, et encore moins celui d'une classe sociale. Bref, comme Dieu n'existe pas, nous sommes totalement libres : nous pouvons nous inventer comme ceci ou cela. Nous ne sommes rien qu'un champ de possibles que l'absence de Dieu ouvre à l'infini. *L'Être et le Néant* ne disait pas autre chose : c'est parce qu'à la base nous sommes le Néant que nous pouvons Être ce que nous voulons. Et puisqu'un homme n'est que la suite de ses actes, il est toujours possible de rectifier le tir : notre vie est ce chemin que nous réorientons chaque jour, jusqu'à la mort – il y avait là de quoi, en effet, nourrir l'optimisme des hommes. Évidemment, cette liberté totale ne pouvait aller sans une angoisse inédite, dont la psychanalyse offre d'ailleurs les clefs : angoisse devant le champ illimité des possibles, angoisse devant la responsabilité nouvelle pesant sur les épaules humaines – mais peu importait, les hommes ne retinrent que la *liberté totale*, ils ne voulaient entendre parler que de cela.

Sartre s'arrête maintenant devant la boulangerie, il semble hésiter à y entrer. Difficile de ne pas lire ces haltes successives comme autant de façons de reculer devant sa séance. Je l'imagine très bien, se tenant face à la porte cochère que je m'apprête à pousser, retardant encore le moment, observant d'un œil mi-clos le tracé des moulures dans le bois, la poussière noirâtre laissée par la rue à sa surface, comme protégé encore par le vacarme urbain, avant de composer finalement le code, de se retrouver avalé par le silence.

À l'origine, *L'Existentialisme est un humanisme* fut prononcé pour se défendre d'accusations de nihilisme et de pessimisme. Je me dis en l'observant, toujours immobile devant la boulangerie, comme figé par on ne sait quelle pensée, qu'il ne dut pas manquer de talent : l'existentialisme devint l'autre nom de l'optimisme de l'après-guerre et plus encore, une véritable mode. Quelques idées simples venues d'une conférence de philosophie se fondirent en une vapeur qui très vite recouvrit toutes les années cinquante. Le jazz devint existentialiste, Saint-Germain-des-Prés devint existentialiste, Boris Vian devint existentialiste, et avec lui Mouloudji, Juliette Gréco et le retour de la croissance... Même les jupes des femmes avaient, lorsqu'elles s'asseyaient et découvraient leurs cuisses dorées, des plis existentialistes. Et tout cela était l'œuvre d'un seul homme. Ce petit vieux à l'air mauvais qui hésite encore devant la boulangerie, il avait fait descendre la philosophie dans la rue.

L'existentialisme avait séduit autant par sa radicalité que par son apparente simplicité. Les esclaves adorent entendre parler de liberté, ils sont paradoxalement les premiers à *croire* en la liberté. De même les hommes déterminés jusqu'au cou, socialement, économiquement, familialement, sexuellement, adorent entendre qu'ils ne sont déterminés par rien. Sartre sut les en convaincre après la Libération. Ces déterminismes si souvent invoqués, il était temps selon lui de les comprendre enfin comme ce qu'ils étaient vraiment : des expressions de mauvaise foi, autant de façons de ne pas assumer le poids de sa liberté. Le milieu social, la malchance, la maladie de ma mère... Tous ces prétextes que les hommes affectionnaient tant pour justifier leur inaction ou leurs mauvaises actions n'étaient pour Sartre que des *situations* : des cadres dans lesquels, que nous le voulions ou non, nous étions absolument libres, au milieu desquels chacune de nos actions était un véritable choix, nous engageant devant les autres.

Je le vois entrer brusquement dans la boulangerie et je me dis que finalement, l'existentialisme de Sartre visait le même but que la psychanalyse : apprendre à l'homme à répondre de ses actes. Le différend était ailleurs. Puisque les hommes, selon Sartre, n'étaient déterminés par rien, ils ne pouvaient pas l'être par l'inconscient. Si l'homme est constitué simplement « de la somme de ses actes », il ne peut avoir d'inconscient. L'inconscient enracine l'individu dans une histoire familiale, l'assigne à une place dans une lignée, le détermine donc à être quelqu'un quelque part... L'homme qui maintenant s'allongeait devant moi deux fois par semaine avait donc vu en l'inconscient un ennemi tout désigné : Sartre avait passé une bonne partie de la

Seconde Guerre mondiale à essayer de démontrer que l'inconscient n'existe pas. Il n'avait pas beaucoup combattu les Allemands, mais il avait combattu l'inconscient avec une rage jamais démentie. Dans *L'Être et le Néant*, publié en 1943, il s'en prenait à l'existence même de l'inconscient avec des arguments dont le caractère forcé étonne chez un penseur de cette envergure : il y avait bien, convenait-il, des choses que les hommes ne pouvaient pas voir, mais c'était en fait des réalités qu'ils *choisissaient* de se cacher – c'était simplement, on y revenait toujours, de la mauvaise foi, une sorte de dédoublement, d'auto-aveuglement de la conscience. D'ailleurs, comment la conscience aurait-elle pu refouler quelque chose dont elle n'avait même pas conscience ? S'il y avait des pulsions refoulées, qui venaient constituer l'inconscient, et d'autres qui ne l'étaient pas, c'était bien, selon Sartre, que la conscience choisissait celles qu'elle refoulait, et donc qu'il y avait une conscience en lieu et place de l'inconscient. Le surmoi doit bien avoir conscience de ce qu'il refoule pour le refouler ! Il n'y avait donc pas d'inconscient mais simplement une conscience qui ne voulait plus en être une – qui ne voulait plus être conscience de ce que, pourtant, elle avait refoulé en conscience. Certes, il y avait des choses que l'homme ne voulait plus voir : c'était donc bien qu'il les avait d'abord vues ! Ainsi Sartre croyait-il s'être débarrassé de l'inconscient en le remplaçant par la *mauvaise foi*. Une chose est sûre : la mauvaise foi, il en connaissait un rayon ; il projetait sa propre mauvaise foi sur le reste de l'humanité. Toutefois, et même s'il me visait directement, il avait une conviction qui le distinguait de la quasi-totalité des autres grands penseurs, et que je partageais pleinement

– elle n'a d'ailleurs pas cessé de m'habiter : la certitude que les prétendus détails, les gestes en apparence anodins, les goûts prétendument secondaires, culinaires, vestimentaires... révélaient quelque chose d'essentiel de l'individu, étaient en fait éminemment signifiants. Et je suis bien placé pour connaître les résistances que l'on rencontre lorsque l'on développe ce genre de théories. Évidemment, Sartre ne voyait pas dans tous ces prétendus détails des preuves de l'existence de l'inconscient, ils étaient pour lui signifiants en un tout autre sens : ils disaient à chaque fois le projet de vie du sujet, manifestaient encore et toujours ses *choix* et sa liberté d'homme. Que je m'habille de vêtements amples ou près du corps, que je préfère la viande rouge ou bien cuite n'avait pour lui rien d'insignifiant : il y avait là, certes pas des manifestations de l'inconscient, mais des indices d'un projet de vie fondamental, d'une façon entière d'être au monde. Contre tous les apôtres de l'*essentiel*, Sartre s'était battu comme moi pour la reconnaissance du fait que *tout* est signifiant.

Je suis d'ailleurs persuadé que dans quelques minutes, au moment de pousser la lourde porte de la rue de Paradis, il aura une pensée pour cette étrange proximité intellectuelle entre nous, étrange mais indéniable proximité qui rend aussi le combat beaucoup plus âpre.

Mais je sais aussi qu'une fois la porte refermée il cessera d'y penser, s'engagera dans les escaliers et montera pas à pas, voûté et régulier, vers de tout autres questions.

Je compose le code et m'engage dans la cour pavée, puis dans l'escalier en bois qui me conduit au troisième. Je me sens happé, appelé, apaisé déjà. La porte de mon cabinet s'ouvre sur une grande pièce aux murs chargés de livres, traversée de lumière malgré le plafond bas. Chaque matin, je prends le temps de regarder, aux pieds des bibliothèques, les moulages grecs ou romains, les statuettes hindoues, les figurines en bronze ou en terre cuite que j'ai choisies pour accompagner l'attente de mes patients. Les retrouver est pour moi comme un besoin : ce visage de Romain, ce centaure veillant sur les livres, ce chameau chinois de la dynastie Tang, et puis plus loin, sur l'une des bibliothèques, Horus, le dieu égyptien à tête de faucon.

Je traverse la salle d'attente et ouvre la double porte qui donne sur mon bureau. J'aime, le matin, ce silence d'avant le premier patient, le parquet de la salle d'attente qui grince sous mes pas et ce geste rituel : pousser la double porte pour qu'apparaisse le divan. Il y aura, il y a toujours de la fatigue, de l'ennui, de l'abattement. Mais le matin, lorsque j'entre ici, il n'y a de place en haut de ma poitrine que pour la promesse et la joie.

J'ouvre la fenêtre sur la cour et son unique marronnier. Accrochée au mur derrière mon bureau, cette toile que Salvador Dali m'a offerte est une autre fenêtre. Autour d'elle, une petite fresque de Pompéi, un papyrus, et des dessins humoristiques : un âne observant un peintre, un poisson crachant sur une mouche. Le divan – un lit recouvert d'un couvre-lit et d'un coussin de coton – se tient juste devant mon bureau, à côté d'une chaise.

Lorsque je suis assis à ma table de travail, je ne vois donc de mon patient que le haut de son crâne et son corps allongé. C'est de ce corps sans visage que s'élèvent les mots. C'est à ce corps sans visage que je demande de tout dire. Au bout du lit, sur le chambranle surplombant la cheminée, d'autres statuettes s'offrent à la vue du patient en même temps qu'à la mienne : un sphinx de marbre noir, des bouddhas, un cobra figé dans sa détente... ainsi qu'une petite lampe à l'abat-jour désuet, et une grosse bougie ronde.

Je reste à la fenêtre. Les feuilles du marronnier sont parfaitement immobiles, le son des klaxons étouffé maintenant. L'excitation qui me gagne est comme une brûlure, mais une brûlure douce, presque sereine. Je me répète souvent cette phrase à voix basse : aujourd'hui, nous allons nous occuper de choses importantes.

Platon

Platon n'utilise plus la chaise que pour poser ses affaires avant de s'allonger. Il s'allonge et il parle, sans reprendre son souffle :

— C'est un poids que je ne peux plus porter, qui me fait mal partout, dans les muscles, les paupières, un mal qui m'empêche de dormir, me coupe l'appétit. Je regarde l'Occident et je... je ne peux pas ne pas le constater... Deux millénaires et demi d'idéalisme, de haine du corps, de peur du sexe, de mépris de la vie. On accuse souvent les chrétiens, parce qu'ils ont inventé l'au-delà, d'avoir ôté sa sève et sa valeur à notre monde ici-bas, à ses beautés éphémères et changeantes, à sa diversité et à sa luxuriance. Si seulement c'était vrai... Mais c'est un faux procès. Malheureusement, ils n'ont rien inventé. Leur au-delà n'est qu'une copie de mon ciel des Idées. Oh... une copie vulgaire, une copie pour le peuple, mais une copie quand même.

Platon a cette façon de dire « oh... » : sa voix est celle, chevrotante et rocailleuse, d'un vieillard qui s'écoute parler, mais il y perce quand même un fond de malice, de lassitude rieuse.

— Ce ciel des Idées, je l'avais conçu comme un monde parfait peuplé de vérités éternelles, une plaine du Vrai étendue au-dessus de notre pauvre monde, et visible seulement aux yeux de quelques sages... Les chrétiens l'ont démocratisé, voilà tout ; ils l'ont rendu accessible à la foule. Mais c'est bien moi...

— Oui...

— Moi qui ai inventé l'idée d'un autre monde. C'est ma faute, pas celle du christianisme...

— Qu'est-ce qui est *votre faute* ?

Il poursuit, comme si ma question n'existait pas :

— Comment voulez-vous aimer cette vie quand on vous rebat les oreilles en vous disant qu'il en est une meilleure, une plus belle et plus vraie ? Comment voulez-vous aimer la terre lorsqu'on ne cesse de vous parler du ciel ? C'est ainsi, je le sais, mais je ne l'accepte pas, tout vient de mon ciel des Idées...

— Tout ? C'est-à-dire ?

— Mais... Tout ! Absolument tout ! Le christianisme et ses promesses de paradis, ses fantasmes d'au-delà, d'un paradis où s'effaceraient toutes les différences, le romantisme et ses délires de pur amour, d'un amour qui ne serait pas sali par l'épaisseur des choses matérielles, la vie ailleurs de Rimbaud, oui, souvenez-vous de Rimbaud : « La vraie vie est ailleurs », comment ne pas y entendre l'écho quasi direct de mon ciel des Idées, toutes les rêveries des poètes et même les lendemains qui chantent de Marx...

— Mais Marx était matérialiste !

— Oui, Marx et les marxistes se voulaient *matérialistes*, mais c'étaient des idéalistes comme les autres, mon ciel des Idées... ils l'ont juste transformé en un *monde meilleur*, une société parfaite, égalitaire, sans classes, idéale !

— Mais pas dans le ciel !

— Peut-être, pas dans le ciel mais dans *les lendemains*, c'est-à-dire pas maintenant, pas ici, pas là, pas là devant nos yeux, donc pas dans ce monde-là, vous m'avez bien compris, les lendemains, c'est encore *l'autre monde*, une autre forme de ciel où chantent d'autres oiseaux qui s'appellent lendemains. Mais c'est toujours la même haine du réel, de l'ici et maintenant, le même idéalisme donc, la même gangrène qui ronge l'Occident depuis que...

— Oui...

— Depuis moi.

J'observe le grand corps étendu de Platon, ses avant-bras musclés qui semblent parfois se raidir tandis qu'il parle, les mouvements nerveux de ses pieds. Je l'écoute, une fois de plus, endosser la responsabilité de tous les malheurs de l'Occident. Sa construction théorique est brillante. Trop. Je crains qu'elle ne le protège plus qu'autre chose. Il faudrait que je parvienne à en percer la carapace pour qu'il se laisse enfin aller à parler, à dire simplement *ce qu'il y a*.

Il a probablement raison. À cause de sa philosophie idéaliste, des générations d'hommes n'ont pas su voir le monde qui était autour d'eux. À force de chercher les idées ou les vérités éternelles, ils se sont tordu le cou jusqu'à ne plus pouvoir vivre ici-bas. Mais je ne suis pas certain que ce soit là *son problème*, celui qui le fait souffrir *lui*, qui l'a jeté sur ce divan.

— Depuis moi, disiez-vous...

— Oui. Depuis moi. Plus précisément depuis mon mythe de la caverne.

Je songe à ces allégories que les philosophes élaborent pour rendre leurs idées plus accessibles mais qui, souvent, en disent plus long sur leurs auteurs que sur les philosophies elles-mêmes.

Platon voulait dénoncer la manière qu'ont les hommes de prendre pour vérité dernière ce que l'habitude a placé sous leurs yeux. Dans son allégorie, les hommes vivent depuis toujours dans une caverne sans savoir que le monde ne se réduit pas à celle-ci. Le philosophe, lui, est sorti de la caverne, mais lorsqu'il y retourne pour témoigner de ce qu'il a vu au dehors, personne ne veut le croire : les hommes sont trop attachés à leurs illusions, à leurs habitudes. Au fond, ils ne désirent pas savoir. Nous le constatons chaque jour, en tant que psychanalystes ; nous nous y heurtons sans cesse. Mais il y a autre chose, dans cette allégorie, d'au moins aussi intéressant, c'est cette figure du philosophe : celui qui va et vient dans la caverne...

Je pense aussi à la façon dont Spinoza compare l'homme à une pierre qui roule. Selon lui, l'homme se croit libre simplement parce qu'il est ignorant des causes réelles de ses actions. Il ressemble alors à une pierre qui roule, dévale une pente à forte inclinaison, mais crie au cœur de sa course qu'elle a choisi, qu'elle est *libre* de rouler. Ici encore, cette analogie de l'homme et de la pierre nous dit quelque chose de la liberté humaine. Mais au moins autant de cet homme, Baruch Spinoza, banni par les siens, chassé par sa communauté au point de devoir s'exiler, qui en vient à comparer les hommes à des pierres...

— Ah ! La caverne !

J'avais brisé le silence d'une voix ferme.

— La caverne, oui, c'est de là que tout est parti... Des hommes vivent dedans. La lumière y plonge par une petite ouverture située en hauteur. Ils ne voient donc du vaste monde que les ombres projetées sur la paroi de leur caverne par ce qui passe devant l'ouverture et, bien sûr...

— ...ils prennent ses ombres pour la réalité.

— Le philosophe est celui qui essaie de leur dire que ces ombres ne sont que des ombres, qu'il faut savoir lever les yeux, détourner son regard de ces apparences trompeuses pour aller vers le vrai.

— Il faut sortir de la caverne, mais les hommes ne le veulent pas... Pourquoi ?

Il réfléchit longuement, et puis :

— Vous posez là une vraie question. Je crois que c'est cette question qui a fait de moi un philosophe. Mais que la réponse est plus compliquée qu'on ne le croit.

— Et pourquoi ? Peut-être qu'ils y sont simplement bien...

— ...

— Hein ? Bien au chaud, dans la caverne !

J'essaie de créer quelque chose, de l'aider à *entendre* ce qu'il dit, la résonance singulière de ses mots au regard de son histoire, de sa souffrance. Ce que c'est que la caverne *pour lui*. Mais il ne l'entend pas. Il poursuit son raisonnement :

— Le message de mon mythe était on ne peut plus clair, il a d'ailleurs été entendu sans ambiguïté dans l'histoire de la philosophie : nous sommes comme les habitants de la caverne, *ce que nous voyons en face de nous n'est pas vrai*. Ces couleurs, ces odeurs, ces formes ne sont pas vraies : l'essentiel est ailleurs ! Il ne nous reste plus qu'à apprendre à détourner notre regard. Depuis des siècles, tous ceux qui font office d'enseigner la philosophie se prennent de passion pour mon mythe de la caverne... Ils commencent par ma caverne, « nous ne voyons que les ombres du Vrai », et ils enchaînent avec cette idée-force de Descartes, « nos sens nous trompent », ah la belle histoire dont je suis l'origine : toujours la même méfiance à l'égard du monde tel qu'il nous apparaît, tel qu'il se donne à nos sens, à notre vue, à notre toucher... Tout ce malheur et tout ce sang, j'ai l'impression qu'ils ne coulent que parce que j'ai donné le premier coup de couteau dans la chair du réel.

— Le premier coup de couteau... C'est-à-dire ?

— Oui, le premier coup de couteau. Il a suffi d'une seule inversion : lorsque j'ai dit que les idées étaient plus réelles que la réalité. Lorsque j'ai dit qu'il y avait un ciel d'idées pures au-dessus de notre monde sensible et que notre réalité n'était tissée que de versions dégradées de ces idées. Lorsqu'ils m'ont cru, surtout. Je n'étais pas sûr, au début, mais ils m'ont cru, et c'est leur crédulité qui m'a rempli de certitude.

Je note cette phrase sur mon carnet : *Mais ils m'ont cru, et c'est leur crédulité qui m'a rempli de certitude.* Je reprends :

— Vous déploriez récemment l'accueil que vos contemporains réservèrent à votre philosophie, et notamment à la forme dialoguée de votre philosophie, et maintenant vous vous présentez comme victime du succès de vos idées.

— Exactement, elles n'ont séduit que quelques Grecs... mais elles ont convaincu ensuite tous les chrétiens ! J'ai dit qu'il y avait là-haut dans le ciel une idée éternelle de l'homme et que nous n'étions que des traductions plus ou moins imparfaites, boursouflées de finitude, de cette idée de l'homme. J'ai dit que la vérité était dans ce ciel d'idées que nous pouvions espérer entrevoir à force de détourner nos yeux de l'épaisseur sensible, gluante, des choses et des corps de ce monde. J'ai dit cela, enfin je l'ai dit...

— Oui...

— Je l'ai fait dire à Socrate de dialogue en dialogue, je l'ai mis et remis dans la bouche de Socrate.

— Vous l'avez mis et remis...

— Dans la bouche de Socrate, oui, et ils m'ont cru. Au début, ils n'étaient que quelques sages, quelques Grecs barbus à vouloir *contempler*. Avec le christianisme, tout le monde s'est mis à lever les yeux vers un ciel où il n'y aurait plus ni grands ni petits, ni riches ni pauvres, ni bons ni mauvais – un ciel où nous serions enfin débarrassés de la diversité, de cette saleté de diversité. Mais qu'est-ce qu'un homme qui ne serait ni grand ni petit, ni riche ni pauvre, ni bon ni méchant ? Oh... je vais vous dire ce que c'est.

Son ton devient péremptoire, sa voix grave forcée :

— C'est une idée, simplement une idée de l'homme. Une idée dans le ciel.

— Oui, ça y ressemble.

— Le christianisme n'est que la généralisation de ce que j'expliquais dans mon *Banquet*. J'y démontrais que lorsque nous désirons un beau corps, nous désirons au fond l'idée éternelle du Beau, que nous n'aimons ce corps que comme une étape vers l'idée même du beau – bref, que nous désirons dans l'amour l'idée même de l'amour : que nous vivons pour les idées. En quelques pages, j'avais scellé le destin de l'Occident.

— Et maintenant, il a mal à la nuque ?

— Qui ?

— Vous le savez.

Il reste comme interdit. Le problème avec les intellectuels, c'est qu'ils peuvent se convaincre de n'importe quoi. Il y a quelque chose de forcé dans sa façon de s'accuser. Je voudrais qu'il sorte de son discours pour mieux rentrer en lui, qu'il se laisse enfin aller, me reparle de sa nuque, de ses muscles noués d'angoisse, de son corps qui lui fait mal. Mais pour l'instant rien n'y fait : il se replie dans la théorie.

— Dites, bien cher, dites ce qui vient.

— En arrivant ici j'ai croisé des hommes dans la rue, des hommes et des femmes, ils avaient l'air pressé, affairés, et je... j'ai ressenti quelque chose d'extrêmement violent, qui m'a surpris moi-même, je n'en revenais pas de sentir en moi cette... cette haine...

— Bien (je le coupe, j'entends le silence de son mécontentement, j'entends qu'il veut poursuivre), bien, restons sur ces mots aujourd'hui. Elle nous intéresse au plus haut point, cette haine dont vous parlez. Cette haine dont vous pourriez vous demander ce qu'elle prend pour objet.

Je sens qu'il hésite à poursuivre, n'apprécie pas l'interruption de séance. Je choisis de le laisser, pour que le travail ait lieu entre les deux séances, sur cette haine et les questions qu'elle pose.

J'attends qu'il se lève enfin, déploie son grand corps face à moi, sorte de sa poche quelques billets froissés et les dépose sur mon bureau. Sans me regarder.

Il m'en veut, c'est bien.

Après l'avoir raccompagné à la porte par le couloir qui longe la salle d'attente, je m'empare de *La République* dans ma bibliothèque et reste quelques instants à mon bureau, laissant ce qui vient de se dire s'organiser en moi.

Cette image, particulièrement violente, du coup de couteau : de son acte philosophique perçu comme un coup de couteau, *dans la chair du réel* il me semble.

Cette haine des passants, des hommes et des femmes trop pressés dans la rue.

Ce mépris pour ceux qui ont *cru* en sa philosophie.

Cette façon de parler de Socrate, de lui mettre et remettre des idées dans la bouche.

Feuilletant *La République*, je tombe sur cette phrase : « Tout ce qui est né est sujet à destruction. » Il y compare, dans un autre paragraphe, le peuple à un « gros animal ». Selon lui, la démocratie a nécessairement pour destin de devenir une tyrannie. Les pauvres, d'avoir soudainement le pouvoir, vont vouloir se venger de ceux qui le confisquèrent si longtemps. Une guerre civile s'ensuivra donc, à laquelle seul un tyran pourra mettre fin.

Platon semble souvent exaspéré par ce qu'il analyse, dans ses œuvres aussi bien qu'ici, lorsqu'il parle. Le peuple, les passants, la démocratie, sa propre philosophie... il y a quelque chose qu'il ne supporte pas. Mais quoi ?

Son pessimisme politique, son peu de foi en un progrès humain sont généralement interprétés comme des conséquences de la condamnation à mort de son maître Socrate, accusé, à tort, de corrompre la jeunesse et de ne pas honorer les dieux de la cité, et soupçonné de vouloir prendre le pouvoir – une condamnation qui fut de surcroît le fait de la démocratie.

Cela a dû jouer, probablement, mais j'ai la conviction que le pessimisme de Platon vient de plus loin. Je replace sur mon bureau l'un des petits cendriers en jade. De beaucoup plus loin.

KANT

— J'ai toujours agi comme je croyais devoir agir.

La phrase est tombée après un long silence. Il semble que nous devions nous en contenter. Emmanuel Kant a un mode de résistance bien spécifique : chacune de ses paroles semble avoir été pesée avant d'être prononcée. Chaque mot qui sort finalement de sa bouche semble lui coûter.

— J'ai toujours essayé de me comporter... comme il me semblait devoir me comporter...

— Oui...

— Avec cette impression que cela faisait de moi un homme.

J'essaie de le faire réagir :

— Ah... Un homme !

Mais il reste de nouveau pensif. J'en profite pour relire les notes des séances passées. Il reprend finalement :

— Alors c'est vrai qu'il m'arrive de les trouver particulièrement... injustes, ces fiascos...

— Oui.

— Enfin... J'ai dû me tromper quelque part.
— Dites, Emmanuel, dites comme ça vient.
— Écoutez...

Il semble gêné, remue légèrement sur le divan. Noue autrement ses doigts sur le haut de son ventre. L'ensemble de ces mouvements suggère un désaccord :
— Toute ma vie...
— Oui...
Il semble gagné par un souffle nouveau, retrouver subitement des forces :
— Toute ma vie, j'ai lutté contre ce qui vient.
— Oui !
— Ce qui vient, pour moi, c'est l'égoïsme et le penchant ; c'est l'agressivité. Ce qui vient, c'est l'animal en moi. C'est ce qu'il faut terrasser, dominer et tuer pour devenir un homme. Toute ma philosophie morale est construite contre la force spontanée de ce qui vient. L'homme est fait de ce bois courbe, spontanément courbe, que seule la volonté redresse. Voila, ce qui vient, c'est la courbure, c'est aussi le désordre des branchages épars, ceux qu'il nous faut discipliner si nous voulons vivre ensemble.

Au moins, il s'est mis à parler. Sur un mode certes d'abord théorique, mais très vite la parole a produit ses effets. « Ce qui vient, c'est la courbure... que seule la volonté redresse. » Je le prends en notes. *Ce qui vient, c'est la courbure.*

— Je sais bien que je ne suis pas ici pour justifier ma philosophie...
— Oui...

— Mais si j'en parle, c'est que je pense qu'elle n'a pas été inutile aux hommes, que cela ne les a pas rendus malheureux de résister à ce qui vient, de résister à leurs penchants égoïstes pour agir moralement, de résister à leur individualisme naturel pour appliquer les lois de leur pays. Et s'ils n'y sont pas parvenus, je pense que cela ne les a pas rendus plus malheureux d'essayer, au contraire même, je pense que cela les a rendus plus heureux, ou en tout cas plus dignes de l'être. Alors comprenez-moi, j'ai du mal avec ce qui vient.

— Oui, vous avez du mal avec ce qui vient...

— Oh écoutez, je sais ce que vous allez me rétorquer, mais quand même... je suis ici, je suis *venu* ici, le moins que l'on puisse dire est que je n'y suis pas venu par un effort de la volonté, c'est même plutôt parce que ma volonté ne pouvait plus rien que je me retrouve sur ce divan.

— Oui.

— Parce que je ne pouvais que constater la répétition de mes échecs. Finalement, c'est toujours la même histoire, toujours la même quête de pureté et toujours le même échec. Une fois par demi-siècle, avec la régularité d'un métronome.

— Et qu'est-ce que vous en dites ?

— De quoi ?

— Du métronome.

— Vous savez, je n'ai jamais voué aucun culte à la régularité. Mes habitudes très strictes, obsessionnelles comme vous dites, n'étaient qu'un moyen au service d'une fin. J'avais la santé fragile et je faisais tout pour la préserver. Mes journées étaient ritualisées mais c'était pour mieux me consacrer à mon œuvre. Je sais combien cela a pu faire sourire, que je sois toujours réveillé à cinq heures moins cinq par mon valet prononçant la même phrase, que je commence chacune de mes journées par la même tasse de thé brûlant à cinq heures précises, que ma promenade journalière reste la même une vie durant, que j'emprunte chaque jour pendant une vie entière le même trajet à la même heure, à tel point que les habitants de Königsberg en finissent par régler leur horloge sur mon passage, qu'à midi quarante-cinq je sonne l'heure du déjeuner des mêmes mots – « il est moins le quart ! » – pendant toute la durée d'une existence, que je ne sois jamais sorti de Königsberg, que mon œuvre ait été révolutionnaire mais ma vie, ainsi qu'il fut dit et redit, réglée comme une montre, et que sais-je encore. Mais je suis surpris que vous-même vous attardiez sur cette question si secondaire. Vous êtes psychanalyste...

— Oui, justement...

— Vous êtes psychanalyste, et vous êtes juif, ce n'est pas à vous que je vais apprendre l'importance du rite.

— Non, Emmanuel... Notez toutefois que la question n'est pas de l'importance du rite en général, mais de la façon dont *vous* viviez les rites que vous vous imposiez.

— Mais je les vivais très bien, je les aimais comme on aime ce qui nous fait du bien, je les chérissais comme mes plus fidèles alliés, comme ces petites lois qui permettent les grandes choses. Et puis surtout, je ne me posais plus de questions : je les respectais, c'est tout. J'y avais réfléchi une fois pour toutes, je n'allais pas y repenser chaque jour, ainsi je consacrais mes réflexions à des choses plus essentielles.

— Ah... Des choses plus essentielles...

— Exactement.

— Ces petites lois qui permettent les grandes choses...

— Que voulez-vous dire ?

— Eh bien ce que vous avez dit, une œuvre révolutionnaire mais une vie réglée comme une montre... Une vie réglée comme une montre pour une œuvre révolutionnaire.

— Écoutez... Je n'ai pas l'impression que vous appréciez tellement les retards de vos patients...

— Mais ce n'est pas la question, et vous n'avez jamais été en retard...

— Je vous ai vu exaspéré par les retards de Sartre...

— Exaspéré... je ne crois pas.

Je me lève, contourne mon bureau et m'adresse à lui :

— Vous auriez voulu que je le sois ?

— Ai-je dit cela ?

— Dites, bien cher, dites ce qu'il y a.

— Il y a...

Je vois ses jambes se raidir comme celles d'un enfant qui s'étire. Il noue les doigts de ses mains en un oreiller sous sa tête. Je l'entends respirer plus rapidement :

— Il y a ces femmes dont je vous ai parlé... Toutes ces histoires avortées...

Il soupire. Respire fort. Semble soudain se détendre :

— Pourtant... J'avais tellement envie d'aimer. Mais pas une fois...

Je m'apprête à interrompre la séance sur ces mots. *J'avais tellement envie d'aimer*. Mais il ajoute :

— C'est comme si, à chaque fois, je m'étais interdit l'amour. Avec une violence...

— Bien, c'est très bien. Nous allons en rester là

aujourd'hui. Sur cette violence. Sur cette idée, qui en cache peut-être une autre, que vous vous soyez interdit l'amour. Vous pourriez vous demander la forme que prit exactement cette interdiction, et de quelle violence il s'agit au juste...

— Mais je viens de vous le dire : cette violence, c'est celle par laquelle, à chaque fois, je me suis interdit l'amour.

— Vous aviez envie d'aimer, mais vous vous l'interdisiez... Peut-être que la violence que vous évoquiez n'était pas exactement celle par laquelle vous vous *interdisiez* l'amour...

— Mais que voulez-vous dire ? Je ne comprends pas.

— Nous allons en rester là aujourd'hui.

Je lui ai signifié l'interruption de la séance, mais il reste immobile. Pas le moindre mouvement, pas un mot, même pas un souffle. Il ne *comprend* pas. Son silence est un cri de protestation, son immobilité ramasse une colère immense – moi, je ne dis rien.

Platon

— Qu'est-ce que je hais de la sorte, qui m'est à ce point insupportable ? J'ai pensé à ce que je vous disais mardi, à la fin de la séance dernière, cette haine que j'ai pour les hommes, je sens bien qu'elle est cruciale, qu'elle est signifiante...

— Oui...

— J'y songeais cette nuit, en pleine insomnie, je fixais le plafond de ma chambre, je n'essayais même plus de trouver le sommeil, ne me retournais même plus, j'étais si halluciné de fatigue, si immobile que je me suis demandé si j'étais mort...

— Oui !

— Et puis après, je me suis demandé si j'étais vivant. Et ce qui m'est apparu, c'est que je n'étais ni l'un ni l'autre, je n'étais pas mort parce qu'il y avait cette souffrance, ces muscles tendus, cette douleur à la nuque...

Il s'agite un peu, joint ses doigts derrière sa nuque en soupirant :

— Et je n'étais pas vivant non plus. Parce que ça n'est pas une vie, d'attendre et de ne plus espérer, ça n'est pas une vie, de ne plus croire...

— De ne plus croire en quoi ?

— De ne plus croire en tout ce en quoi vous avez toujours cru. Comment vivre quand on comprend que ce pour quoi on se bat depuis toujours n'existe pas ? Qu'on veut se battre pour ce qui existe mais qu'on ne sait pas faire ? Mais de toute façon, là n'est pas l'essentiel...

— Ah, et il est où l'essentiel ?

Il a un léger mouvement du menton, semble interloqué, outré même, s'y reprend à deux fois avant de me lancer :

— Je suis heureux que ça vous fasse sourire...

— Je n'ai pas souri.

— Il y avait de l'ironie dans votre voix...

— ...socratique j'espère ?

J'attends un peu avant de reprendre :

— Je vous taquine mais il n'y avait pas d'ironie dans ma voix, je voulais juste vous faire entendre ce que vous dites, notamment que vous cherchez encore *l'essentiel.*

— Vous préféreriez que je cherche quoi, l'accidentel ?

— Eh bien, pourquoi pas !

— Ce que je voulais dire, en affirmant que là n'était pas l'essentiel... Je voulais revenir à ma haine des hommes, il y a quelque chose de si fort en elle qu'elle doit bien comporter quelque vérité, me dire quelque chose de moi...

— Oui.

— Je hais cette époque peut-être plus que les autres, jamais la normalisation n'avait atteint ce degré d'intensité, jamais le même n'avait été si dictatorial. Prenez par exemple ces homosexuels, tout ce qu'ils veulent maintenant, c'est ressembler aux hétérosexuels, ils veulent la même vie, le même mariage, les mêmes enfants et les mêmes impôts ; prenez les femmes aussi, elles veulent les mêmes droits que les hommes, les mêmes emplois et les mêmes salaires ; prenez les communautés... elles veulent toutes la même reconnaissance, le même défilé de fierté nationale ; regardez ces objets, ces voitures et ces lampes, ces théières et ces bols, ce sont les mêmes formes, le même triomphe de l'ovale, je ne peux plus ouvrir les yeux car je hais le *design*, je ne peux plus ouvrir les magazines car je hais tous ces corps, je ne peux même plus marcher sur un trottoir mais comprenez-moi bien, je hais tous ces corps... non pour le désir qu'ils suscitent – je les hais parce qu'ils se ressemblent.

J'ai du mal à voir où il veut en venir. Je me doute bien qu'il cherche encore à s'accuser de la marche même du monde, à accuser son ciel des Idées d'être à l'origine de l'uniformisation du monde qu'il déplore : tous les corps aspireraient à ressembler à la même idée du corps, tous les couples à la même idée de l'amour, tous les objets « désignés » à la même idée du bel objet moderne... Mais j'entends bien qu'il n'y croit pas lui-même. Je lui dis :

— Alors le Même hante vos nuits...

— Oui, je crois, le Même défile sur le plafond ou sous mes paupières quand j'essaie de les fermer et je ne sais pas pourquoi...

— Si, vous le savez.

— Non, vous me dites ça pour m'encourager, pour me faire travailler, c'est votre méthode d'analyste.

Je regarde, sur le mur d'en face, les livres sur l'étagère. Ceux de Platon s'y trouvent, qu'il a probablement repérés. Peut-être même peut-il, de là où il est, lire les titres sur les tranches. Le *Ménon*, *Le Banquet*, Le *Théétète*, *La République*... Je reprends :

— N'avez-vous pas développé vous-même cette philosophie de la connaissance comme réminiscence ? N'écriviez-vous pas, dans le *Ménon*, que connaître, c'est toujours re-connaître ce qu'on a déjà connu, se re-souvenir de ce qu'on a su dans une vie antérieure – cette vie où nous voguions parmi les idées vraies avant d'avoir le malheur d'échoir dans un corps ? Ne vouliez-vous pas ainsi donner une explication à cette impression lumineuse qui nous submerge lorsque nous *comprenons* ?

— Si, c'est vrai.

— La psychanalyse, à sa manière, postule elle aussi que le sujet « sait » déjà ce qui le hante, même s'il ne sait pas encore qu'il le sait.

— Alors peut-être que je le sais... pourquoi le Même m'empêche de dormir... Peut-être...

— Oui, vous le savez.

— C'est qui, le *Même ?*

— Qui est ce Même qui vous empêche de dormir ?

— C'est peut-être Socrate...

— Socrate...

— Oui, Socrate, c'est ce qui m'est venu, mais je ne sais pas très bien pourquoi. Je me souviens soudain d'un détail que j'avais totalement oublié. Comme tous les auteurs de l'époque, je lisais souvent mes dialogues en public, et lorsque nous attribuions un lecteur par personnage... c'est moi qui faisais Socrate.

— Vous *faisiez* Socrate...
— Le moins que l'on puisse dire est que nous ne nous ressemblions pas. Il était aussi laid que j'étais beau, aussi détaché du monde que j'étais passionné de politique, aussi pauvre que j'étais riche, mais aujourd'hui Socrate, Platon, Platon, Socrate...– c'est la même chose dans l'esprit des gens.

Il semble partir dans une longue réflexion, voyager dans de profondes pensées.
— Dites, bien cher, dites comme ça vient.
Il reprend, avec un ton nouveau, soudain plus assuré :
— Au fond, je crois que seul le message de Jésus aurait pu sauver l'Occident de ce qu'il faut bien appeler le platonisme. Aimez-vous les uns les autres ! Ça, c'était autre chose ! Ça, c'était révolutionnaire ! Un message d'amour ici-bas, aimez-vous les uns les autres, embrassez-vous ici et maintenant, avec vos imperfections et même vos tares les plus infâmes, aimez ce monde comme Dieu vous aime et aimez-le maintenant, ici et jusque dans sa bassesse, jusque dans sa diversité, ainsi, oui, ainsi vous rendrez grâce à Dieu. Mais ce message, les hommes ne l'ont pas entendu parce que saint Paul l'a immédiatement perverti.
— Saint Paul ?
— Oui, saint Paul. Il en a changé le sens : aimez-vous les uns les autres *pour* accéder au paradis, souffrez ici-bas *pour* gagner votre salut, le message de Jésus était un message d'amour ici-bas, saint Paul a fait de cet amour un passeport pour l'au-delà. Il a déplacé après la mort le centre de gravité de la vie. Et il n'a pas ménagé sa peine, il a voyagé plus qu'Ulysse pour porter la parole pervertie de Jésus, il a traversé villages et pays,

montagnes et frontières avec pour seul souci de prendre le pouvoir. Et il est arrivé à Athènes. Vous imaginez ? Saint Paul à Athènes ? ! Le christianisme expliqué à des Grecs polythéistes ! L'apologie de la souffrance rédemptrice vendue à un peuple d'épicuriens et de stoïciens ! Mais ça a marché. Le christianisme a pris avec une telle facilité... Pourquoi ? C'est tout simple : parce que j'avais préparé le terrain. L'Académie que j'avais créée cinq siècles auparavant était encore ouverte et on y enseignait toujours que « philosopher, c'est apprendre à mourir ». Et vous savez très bien ce que cela signifie : apprendre à mourir à son corps, à n'être déjà plus, dès cette vie-là, ce corps lourd et imparfait, mais déjà un esprit qui se tourne vers l'Éternel. Voilà pourquoi la philosophie pouvait être présentée comme une préparation à la mort : dans la philosophie déjà nous essayons de voir les choses sous l'angle de l'éternité. Il n'y a donc plus à craindre la mort puisqu'elle nous offre ce que nous recherchons toute notre vie : elle nous permet enfin de nous débarrasser du corps ! C'est vrai, saint Paul était un grand tribun, mais il n'a été entendu que parce que j'avais déjà dit, cinq siècles auparavant, que la mort était une délivrance et le corps notre prison. Sur cette même agora, j'avais déjà porté une parole idéaliste et mortifère. C'est vrai, les mots du prêche de saint Paul ont plu immédiatement, ils ont résonné fort, très fort. Mais ils n'ont résonné si fort que parce qu'ils réveillaient l'écho des miens.

L'écho de ses mots... J'aimerais justement qu'il y en ait davantage. Le ton, de nouveau, tend à se rapprocher, au pire, de celui d'une discussion de salon, au mieux de celui d'un cours magistral. Malgré les résistances évidentes, que favorise paradoxalement sa faconde, son discours me semble quand même traversé par une logique de vérité. Il s'en veut vraiment. Il s'en veut authentiquement, même si quelque chose sonne faux dans son autoflagellation.

Je relis mes notes :

...mis et remis dans la bouche de Socrate,
...mal à la nuque,
...et c'est leur crédulité qui m'a rempli de certitude,
...les hommes sont bien dans la caverne, bien au chaud
...Platon Aristoclès
...Un coup de couteau

Aristoclès est son vrai nom : celui de son père. Platon simplement le surnom que lui donna son professeur de gymnastique lorsqu'il était enfant. Pourquoi a-t-il conservé comme nom d'auteur ce qui ne fut d'abord qu'un sobriquet ? Un sobriquet, de surcroît, dont l'affubla son professeur de gymnastique ? Je me souviens d'une de nos premières séances, de cette phrase qu'il m'avait dite. *J'ai toujours voulu savoir la vérité, mais maintenant c'est la vérité de ma vie intime qui m'intéresse*. Étonnant aveu, je crois d'ailleurs qu'il l'avait lui-même entendu comme tel : *savoir la vérité*, il ne s'agissait donc pas de la vérité sur soi.

Se pourrait-il que les hommes ne se lancent dans l'investigation intellectuelle que pour mieux se fuir, se mettre à distance d'eux-mêmes ?

Sartre

J'ai besoin d'un peu de silence, j'ai faim et la fatigue vient de s'abattre sur moi. Sartre, comme il le fait souvent, a parlé d'un trait avant de se lever, interrompant la séance de son propre chef. Ce n'est pas conforme à ma pratique et me laisse un peu désemparé, mais je ne vais pas le forcer à rester. Lorsque je l'ai raccompagné à la porte, il a ouvert la bouche pour dire quelque chose mais aucun son n'en est sorti.

Kant, qui ne supporte aucun retard, patiente dans la salle d'attente, mais je ne peux résister à l'envie de retrouver un passage de *La Nausée* où il m'avait semblé lire un authentique trouble de la reconnaissance, une sorte de trouble narcissique de la personnalité. Je ne le trouve pas mais tombe sur cet autre paragraphe : « Mon regard descend lentement, avec ennui, sur ce front, sur ces joues : il ne rencontre rien de ferme, il s'ensable. » C'est étonnant comme ces lignes résonnent des propos qu'il vient de prononcer ici. *Rien de ferme* : aucune « identité », aucune personne fixe sous tous ces masques, ces personnages... « Ma tante Bigeois me disait, quand j'étais petit : "Si tu te regardes trop longtemps dans la glace, tu y verras un singe." J'ai dû me regarder encore plus longtemps : ce que je vois est bien au-dessous du singe, à la lisière du monde végétal, au niveau des polypes (...). Je vois de légers tressaillements, je vois une chair fade qui s'épanouit et palpite avec abandon. Les yeux surtout, de si près, sont horribles. C'est vitreux, mou, aveugle, bordé de rouge, on dirait des écailles de poisson. »

Je m'arrête un instant dans ma lecture en repensant à cette perte subite de repères qu'il m'a décrite la dernière fois, à ce hurlement muet que lui a renvoyé une vitre... J'ai cette idée que cela ne pouvait pas finir autrement. Il aura même tenu longtemps.

« Je m'appuie de tout mon poids sur le rebord de faïence, j'approche mon visage de la glace jusqu'à la toucher. Les yeux, le nez et la bouche disparaissent : il ne reste plus rien d'humain. Des rides brunes de chaque côté du gonflement fiévreux des lèvres, des crevasses, des taupinières. Un soyeux duvet blanc court sur les grandes pentes des joues, deux poils sortent des narines : c'est une carte géographique en relief. Et malgré tout, ce monde lunaire m'est familier. Je ne peux pas dire que j'en reconnaisse les détails. Mais l'ensemble me fait une impression de déjà-vu qui m'engourdit : je glisse doucement dans le sommeil. »

L'œuvre de Sartre est truffée de ces scènes devant la glace. Roquentin dans *La Nausée*, Sartre lui-même dans *Les Mots*... Et lorsqu'il n'y a pas de miroir, comme dans *Huis clos*, c'est alors le regard des autres qui en tient lieu. La philosophie du regard est le grand apport sartrien en même temps que sa grande obsession. Dans *Huis clos*, le regard de l'autre est une torture. Dans *L'Idiot de la famille*, le regard du père Flaubert sur son fils Gustave est une humiliation. Dans *Saint Genet*, c'est le regard de l'homme bien-pensant sur Genet l'enfant-voleur qui fera de lui un voleur pour la vie. Dans *Baudelaire*, le regard réprobateur de son beau-père prive l'enfant Charles de l'admiration de sa mère. Dans *Les Séquestrés d'Altona*, le regard de l'avenir est incarné par un jury de crabes... C'est la grande thèse de Sartre : le regard d'autrui m'aliène et me permet de me découvrir en même temps. Par lui je suis emprisonné dans ce qu'autrui voit de moi, mais sans lui je ne suis rien, je ne sais pas qui je suis. Hegel développait bien avant Sartre une philosophie de l'intersubjectivité : déjà chez Hegel, nous ne pouvions nous connaître que grâce à la rencontre des autres, nous avions besoin de leur reconnaissance objective pour prendre conscience de notre valeur, d'agir pour rencontrer les autres et finalement se rencontrer soi-même. Sartre a gardé cette idée mais en se focalisant sur le regard. Ce faisant il s'oppose, comme Hegel avant lui, à Descartes et à ce qu'on appelle son solipsisme, « je pense, donc je suis », autrement dit je n'ai besoin que de ma pensée pour savoir que je suis, je n'ai donc pas besoin des autres. C'est, chez Sartre, le regard des autres qui me dit qui je suis, et plus encore qui me fait être ce que je suis. Il ne fera que décliner cette philosophie du regard. « Je glisse dans la rue, raconte-t-il dans ce passage mémorable de *L'Être et le Néant*, mais c'est seulement lorsque je m'aperçois que quelqu'un m'a vu glisser que je ressens la honte – c'est donc le regard de l'autre qui me constitue comme honteux. Je n'ai pas honte de moi : *j'ai honte de moi devant autrui.* » De même, dans ses *Réflexions sur la question juive*, le juif n'est juif que dans les yeux de l'antisémite –

il est, encore une fois, institué comme juif par le regard de l'antisémite.

On voit bien là tout ce dont Sartre n'a jamais voulu, tout ce qu'il a toujours fui, qui lui a toujours fait horreur : il n'a jamais voulu que le juif *soit* juif, ni que l'homme honteux soit honteux en soi, il n'a jamais voulu que les hommes soient ce qu'ils sont – peut-être simplement parce qu'il ne voulait pas, lui, être ce qu'il était. C'est cela, je crois, qu'il nous faut chercher : ce que le jeune Sartre était, mais qu'il n'a jamais voulu être, cette vérité de son enfance dont il semble s'être très tôt coupé, au prix peut-être de ne jamais pouvoir se retrouver.

Me revient cette phrase du début de *L'Être et le Néant* : « L'être humain est ce qu'il n'est pas et n'est pas ce qu'il est. » Sartre préférait que l'homme soit défini par le regard des autres plutôt que par une quelconque caractéristique propre : un passé, une enfance, des qualités intrinsèques, un inconscient... N'étant défini par aucune caractéristique propre, l'homme ne peut se définir que par le regard des autres. « Être, c'est ne pas être », écrira-t-il aussi dans *L'Être et le Néant*. La pierre est une pierre, elle est définie par sa nature et ses qualités : pour la pierre, être, c'est être. Mais la réalité humaine n'est pas celle d'une pierre. Être humain, c'est *ne pas être* : ne pas être défini par une nature ou des qualités, c'est être libre d'une liberté infinie, celle de s'inventer et de se projeter à l'infini.

Que cette philosophie soit belle, excitante, qu'elle ait tant plu aux hommes est loin de me surprendre. Mais elle se heurte de plein fouet à l'essentiel de ma pratique de la psychanalyse. Être humain, pour le psychanalyste que je suis, qui en a vu défiler des humains sur le divan, c'est justement, avec toutes les difficultés que cela comporte, être celui que l'on est à la place qui est la nôtre, dans une histoire familiale, dans une génération, dans une économie psychique. C'est d'ailleurs souvent de le refuser, de ne pas vouloir ou de ne pas savoir être à la place qui est la nôtre, qui fait le névrosé, ou en tout cas le dépressif.

Réfléchissant à l'obsession sartrienne du regard, je me demande quel regard se posa ainsi sur l'enfant Sartre. Quel fut, par exemple, le regard que son père porta sur lui avant de mourir – il avait alors un peu plus d'un an. J'ouvre *Les Mots* à la recherche de ces pages où l'enfant Sartre se déforme en grimaces devant la glace. Je suis las, gagné bientôt par l'hypoglycémie, mais il me faut trouver ce passage maintenant ; je crois que je peux y entendre quelque chose. Je feuillette *Les Mots* et c'est comme si le livre se fendait pour m'indiquer cette grimace : « Je disparus, j'allais grimacer devant une glace. Quand je me les rappelle aujourd'hui, ces grimaces, je comprends qu'elles assuraient ma protection : contre les fulgurantes décharges de la honte, je me défendais par un blocage musculaire. » Il se protège sûrement d'autre chose que de la honte, mais de quoi ? « Et puis, en portant à l'extrême mon infortune, elles m'en délivraient : je me précipitais dans l'humilité pour esquiver l'humiliation, je m'ôtais les moyens de plaire pour oublier que je les avais eus et que j'en avais mésusé ; le miroir m'était d'un grand secours : je le chargeais de m'apprendre que j'étais un monstre ; s'il y parvenait, mes aigres remords se changeaient en pitié. Mais, surtout, l'échec m'ayant découvert ma servilité, je me faisais hideux pour la rendre impossible, pour renier les hommes et pour qu'ils me reniassent. La comédie du Mal se jouait contre la comédie du Bien ; Eliacin prenait le rôle de Quasimodo. Par torsion et plissements combinés, je décomposais mon visage : je me vitriolais pour effacer mes anciens sourires. Le remède était pire que le mal : contre la gloire et le déshonneur, j'avais tenté de me réfugier dans ma vérité solitaire, mais je n'avais pas de vérité : je ne trouvais en moi qu'une fadeur étonnée. »

Je me lève pour aller chercher Kant dans la salle d'attente mais m'arrête en chemin et regarde par la fenêtre. *Mais je n'avais pas de vérité : je ne trouvais en moi qu'une fadeur étonnée.*

Le grand style de Sartre me frappe autant que tout ce qu'il tient à distance : cette souffrance, cette enfance, dont il ne peut pourtant que provenir. Le grand style, si souvent, cache son auteur bien plus qu'il ne le révèle ; il le cache aux autres autant qu'à lui-même. Tous ces livres qui envahissent aujourd'hui librairies et supermarchés révèlent ceux qui les écrivent dans la mesure de leur pauvreté stylistique. Le grand auteur, lui, avance masqué. Mais ce n'est pas le grand auteur qui est venu s'allonger devant moi, me dévoilant son projet de tomber les masques les uns après les autres. Je repose *Les Mots* sur mon bureau, à côté de *La Nausée*.

L'enfant Sartre, dans *Les Mots*, ne trouve dans le miroir « qu'une fadeur étonnée ».

Roquentin, dans *La Nausée*, ne reconnaît dans le miroir qu'« une chair fade qui s'épanouit et palpite avec abandon ».

Pas de vérité, mais une « fadeur étonnée ». Pas d'expression humaine, mais une « chair fade ».

Qu'est-ce qui justement s'exprime, de la vérité de cet homme, dans cette *fadeur* que lui renvoie le miroir ? Une chose est sûre : petit, il se trouvait fade, adulte il bâtira une philosophie de l'indétermination, transformera le caractère vague et indécidé de toute vie en aubaine pour la liberté... J'entends sa voix tout à l'heure : *je sais aujourd'hui que toute ma philosophie ne fut qu'une tentative pour justifier mon trouble identitaire.* Oui, mais lequel ? Qu'est-ce qui fait qu'un enfant se trouve ainsi fade dans le miroir ? Qu'est-ce qui contraint un enfant à devoir ainsi, pour se délivrer du malheur, grimacer devant la glace ?

KANT

Sur le dossier de la chaise, la veste de Kant, et pardessus, son foulard plié, *parfaitement* centré.

— C'était comme un mauvais tour que me jouait ma raison, et donc que je me jouais à moi-même...

— Oui...

— Depuis que j'ai compris cela, cette façon dont à chaque fois je me suis persuadé que l'amour était impossible, je me remémore d'autres anciennes histoires mais j'hésite à en parler, je ne sais pas s'il y a vraiment un intérêt à les ressasser encore...

— Dites, bien cher, dites.

— En fait, il y eut d'abord cette jolie mondaine, un peu plus que jolie d'ailleurs, d'une beauté presque arrogante, une femme d'esprit et même de lettres dans le salon de laquelle tout Königsberg se pressait, qui se déclara à moi par une lettre, bien avant l'histoire que je vous ai relatée la dernière fois. Je reçus sa lettre en 1762, j'avoue qu'elle s'est imprimée pour toujours dans ma mémoire. Elle s'appelait Maria Charlotta Jacobi, elle était mariée. Je ne l'avais jamais rencontrée. Voici ce qu'elle m'écrivit...

Il reste silencieux quelques instants puis commence à me réciter la lettre comme s'il la lisait, en détachant les mots d'une voix douce, légèrement enjouée :

« Je croyais vous trouver hier dans mon jardin, mais après avoir parcouru avec mon amie toutes les allées et avoir constaté que notre ami n'était pas sous ce quartier de ciel, je me suis occupée à terminer une dragonne qui vous est dédiée. J'espère votre compagnie pour demain après-midi ; oui, oui, je viendrai, vous entends-je dire ; eh bien, nous vous attendrons, et ma montre sera remontée, pardonnez-moi ce rappel. Mon amie et moi vous transmettons un baiser. »

C'est la première fois que j'entends pointer sous la voix de Kant la promesse d'un affect. Ses doigts bougent étrangement au-dessus de son ventre, comme s'il mimait l'action de replier une lettre. Je lui dis :

— En voilà une femme... qui sait ce qu'elle veut. Une femme, et même deux !

— Elle savait ce qu'elle voulait plus encore que vous ne l'imaginez. Il était à l'époque de notoriété publique que j'avais apprécié un best-seller de Laurence Sterne sorti quelque temps avant et qui avait fait grand bruit, *Vie et Opinions de Tristram Shandy*. Or, dans ce livre, le père du héros avait pour rituel de remonter méthodiquement la pendule familiale, chaque dimanche, avant d'accomplir son devoir conjugal. Or, elle précise dans sa lettre que « sa montre sera remontée », et me demande même de lui « pardonner ce rappel » avant de me transmettre un baiser. Elle se dévoile d'une manière qui ne fait pas de place au doute.

— C'est le moins que l'on puisse dire...

— Certains de mes biographes, partant de cette lettre, en ont déduit que j'avais entretenu une liaison avec elle, et donc que je n'étais pas resté... enfin que j'avais connu les plaisirs sensuels. Mais elle était mariée. Il m'est immédiatement apparu comme inenvisageable de donner suite à sa lettre. Je me suis convaincu sans attendre du caractère immoral de sa démarche. Immoral était son désir d'adultère, bien sûr, mais immorale était surtout la façon dont elle m'envisageait, moi.

— Qu'est-ce que vous voulez dire ?

— Agir moralement – c'est une des idées centrales de mon œuvre – c'est considérer la personne d'autrui comme une fin et non comme un moyen. C'est la respecter vraiment, lui vouloir du Bien. À l'inverse, une relation immorale à autrui est une relation où autrui est instrumentalisé, utilisé comme un moyen au service d'autre chose. Un professeur qui utilise ses élèves pour se glorifier narcissiquement entretient avec eux une relation immorale, tandis que celui qui vise vraiment leur progrès se comporte en homme moral.

— Croyez-vous vraiment que l'on puisse ainsi viser, j'allais dire « purement », sans ambiguïté, le progrès ou le Bien d'autrui ?

— Je crois en tout cas que nous pouvons essayer. Mais cette Maria Charlotta Jacobi, elle, ne me voulait aucun bien. En 1762, j'étais déjà l'éminent philosophe de Königsberg, ma réputation s'étendait depuis bien longtemps au-delà des frontières de la Prusse. Elle avait tout intérêt à ajouter à son carnet d'adresse le nom illustre d'Emmanuel Kant, à nourrir l'aura prestigieuse de son salon mondain de la possibilité que le philosophe Emmanuel Kant y fît une apparition, et plus encore, si notre union devait être consommée, sa propre aura de femme de lettres d'une liaison avec le plus grand esprit des Lumières. Ce n'était pas moi qu'elle désirait, mais à travers moi son prestige et sa réputation. Je n'étais pour elle qu'un moyen au service d'autre chose.

— Ainsi vous vous êtes convaincu de l'immoralité de son comportement...

— Oui. Encore une fois, j'ai bâti une prison d'arguments autour de la possibilité de l'amour.

— Pourquoi ?

Il soupire. Je reprends :

— Une femme vous confectionne une dragonne, vous donne rendez-vous, vous écrit, vous envoie des baisers...

— Et je pars en courant.

— Vous n'êtes pas le premier !

Je me rends bien compte que l'intonation de ma voix était un peu particulière, que l'analyse de Kant ne serait pas la même si son analyste était une femme. Je me souviens de mon effroi devant le désir de Martha lorsqu'il se faisait impératif. Les vieux codes tombaient d'un coup et me laissaient subitement nu. Soudain, je n'étais plus cet homme qui réclame, elle n'était plus cette femme qui refuse ou joue à refuser. C'était la nudité, la vraie, j'étais devant le désir d'une femme.

— Je ne l'ai donc pas retrouvée dans ce jardin, je ne suis bien sûr pas allé au rendez-vous, et sa lettre est restée sans réponse.

— En êtes-vous bien sûr ?

— Que voulez-vous dire ?

— En êtes-vous bien sûr, de ne pas lui avoir répondu ?

Me reviennent en effet différents passages ostensiblement misogynes de l'œuvre de Kant : son argumentation en défaveur du droit de vote des femmes, sa justification d'un honneur féminin circonscrit aux limites de la cuisine, son assimilation de la femme au beau alors que l'homme, lui, peut aspirer au sublime, mais surtout un passage que Kant consacre précisément – ce qui m'a toujours surpris – aux femmes de lettres.

— Il me semble que vous tenez, dans votre *Anthropologie du point de vue pragmatique*, des propos assez sévères sur les femmes instruites...

— C'est vrai.

— Les femmes n'ont pas le droit aux lettres ?

— C'est vrai, j'y compare en effet le rapport des femmes aux livres à celui qu'elles entretiennent avec leurs montres, ce qui peut, en effet, je m'en rends compte maintenant, sembler plus ou moins lié à cette lettre de Maria Charlotta Jacobi et à cette histoire de « montre remontée ». Mais je n'y avais jamais songé...

— Vous y évoquez – c'est bien cela ? – ces livres que justement, elles *montrent* plus qu'elles ne lisent.

— J'y écris que les prétendues femmes de lettres usent de leurs livres comme de leurs montres : peu importe que la montre indique la bonne heure, ou même qu'elles s'en servent, l'essentiel est qu'elle soit portée, bien visible.

— Je ne sais pas si sa montre était vraiment remontée, vous, en revanche...

— J'ai écrit ce livre vingt ans plus tard.

— Cela n'en fait pas moins une réponse à sa lettre.

Soudain le ton de Kant change :

— Je ne suis pas sûr que l'on puisse présenter les

arguments théoriques que je déploie dans mon *Anthropologie* comme de simples réponses à cette missive de mondaine délurée.

— Parce que vous n'adressez vos textes à personne ?

— Je ne comprends pas.

— Vos écrits philosophiques ne sont pas *adressés*, ils ne sont pas des réponses ?

— Si, mais je réponds à Descartes, je réponds à saint Anselme, je réponds à Hume et à Rousseau, je ne réponds pas à Maria Charlotta !

— Eh bien nous allons en rester là aujourd'hui : *vous ne répondez pas à Maria Charlotta !*

Sur le pas de la porte, je garde un instant sa main dans la mienne et lui glisse :

— Vous pourriez vous demander à qui vous parlez au juste ?

— Vous voulez dire... dans mon œuvre ?

— À qui vous parlez, à qui vous vous *adressez*. Je vous dis à mardi.

SARTRE

— Alors voila, qui suis-je ? C'est la question que j'ose, au risque de me répéter, c'est la question qu'ici je veux affronter, moi qui n'ai eu de cesse de combattre l'idée même d'identité, d'y voir l'alliée idéale de la mauvaise foi : quoi de plus facile, en effet, que de s'abriter derrière un lâche « je suis comme ça » pour justifier ses limites, que d'invoquer cette prétendue *identité* pour justement ne pas changer, ne pas assumer sa responsabilité et donc sa liberté ?

— Mais que vous soyez bien *quelqu'un quelque part*, que vous ne soyez pas ce rien glissant d'une posture à une autre que vous évoquiez ici même, ne signifie pas pour autant d'en revenir à la fixité d'une identité...

— Je le sais bien, que je peux me rapprocher de moi-même et que cela ne signifie pas que je sois, ou que j'ai toujours été, *identique à moi-même*... Pourtant...

— Oui...

— La question me hante maintenant, et me hante, je vous le concède, dans des termes on ne peut plus classiques. La réponse qui fut la mienne, qui justement m'a donné mon identité dans l'histoire de la pensée, ne me satisfait plus – mais d'ailleurs, m'a-t-elle jamais vraiment satisfait ?

— ...

— « Un homme n'est que la somme de ses actes »... C'est bien joli mais si cette somme n'a pas de fin...

— Oui...

— Eh bien c'est intenable.

Il marque une pause avant de reprendre :

— Il y a au moins cette certitude que je suis là, étendu, sur ce divan, mon crâne enfoncé dans ce coussin encore tiède des questions de celui qui m'a précédé, à me demander qui je suis. Il y a aussi cette tentation de chercher la réponse dans mon œuvre. Après tout, c'est ce que j'ai fait, ce que les autres ont vu de moi.

— C'est ce que vous avez fait, ce que vous avez dit aussi, bien sûr qu'il y a là quelque chose à entendre.

— J'ai conscience d'avoir apporté à l'histoire de la philosophie quelque chose, qui n'est pas rien justement, de faire partie de ces philosophes à qui l'on doit une toute petite pierre de l'édifice de la pensée universelle. Le sens de la vie s'est enrichi avec ma philosophie d'une nouvelle dimension, d'une nouvelle possibilité. Non, bien sûr, que j'ai changé le sens de l'existence humaine, mais j'ai apporté à la question du sens de la vie une réponse qui figure, aux côtés de quelques autres, dans ce que l'histoire de la philosophie propose à ceux qui la consultent.

— Oui, certainement.

— Le sens de la vie se jouait pour les Grecs dans l'appartenance au cosmos : le cosmos était une maison close dans laquelle il s'agissait de trouver sa place.

— Une maison close ?

— Oui, un monde clos, une maison close. Les épicuriens comme les stoïciens le concevaient comme cette demeure où trouver son bonheur...

— Une maison close où trouver son bonheur...

— Vous riez mais il y a de cela, et c'est justement la différence avec les chrétiens. Avec eux, plus de cosmos, la maison de la vie devient secondaire : ce monde est devenu lieu de passage, vestibule où gagner son salut, sa place pour l'ailleurs. Le sens de la vie se joue alors tout entier dans la tension entre l'ici et l'ailleurs : l'ici où nous devons nous comporter en bons chrétiens et l'ailleurs dont nous aspirons ainsi à nous rendre dignes. Avec le siècle des Lumières...

— Où voulez-vous en venir ?

— À moi, c'est à moi que je veux en venir. Mais attendez. Avec les Lumières, la maison de la vie redevient centrale : il s'agit maintenant de l'aménager au mieux, de la rendre plus habitable, de la révolutionner pour la laisser en héritage. Au sein de ces Modernes, Kant montre que le sens d'une vie humaine tient à la qualité de notre intention morale, à notre capacité à vouloir vraiment le bien d'autrui, sans obéir à personne d'autre qu'à sa propre volonté du Bien. Alors seulement, selon lui, l'homme est vraiment libre. Mais il restera toute sa vie prisonnier d'un paradoxe indépassable : vouloir fonder notre liberté dans un désir du Bien qui ne viendrait que de nous alors même que ce Bien, dans l'optique chrétienne qui est la sienne, nous est d'abord demandé par Dieu ou par la morale chrétienne.

Je me dis en l'écoutant qu'il parle de Kant comme s'il s'agissait d'un autre homme que celui qu'il croise dans la salle d'attente, comme si cet imposant philosophe moraliste n'avait rien à voir avec l'homme discret, toujours tiré à quatre épingles, au regard baissé et comme battu qu'il croise le mercredi.

— Eh bien c'est contre cela que j'ai réagi, contre un Dieu qui nous dirait ce que nous sommes et une morale qui nous dirait comment agir. Nietzsche, auparavant, avait déjà réagi contre Kant et contre les chrétiens, en affirmant que le sens de notre vie était de savoir la vouloir telle qu'elle est, de vouloir en elle le bon comme le mauvais. La maison de la vie n'aura alors à être ni aménagée ni dévaluée au profit d'une demeure céleste, il n'y aura pas à vouloir simplement le Bien mais à vouloir tout ce qui est, dans une réactualisation de l'acceptation stoïcienne du destin. Eh bien j'ai proposé, comme lui, de tirer toutes les conséquences de l'athéisme, mais sans revenir au fatalisme stoïcien.

— Merci, monsieur le professeur.

— Je ne suis pas ici professeur, je suis un homme qui cherche qui il peut bien être à travers ce qu'il a dit et écrit, et je ne crois pas que l'on puisse condamner cette démarche...

— En effet, bien cher, mais le ton était celui du professeur davantage que celui de l'homme qui cherche...

— Eh bien peut-être parce que c'est un professeur qui cherche. L'existentialisme est donc cet effort pour tirer toutes les conséquences d'un athéisme cohérent, au premier rang desquelles surgit, ce qui me distingue radicalement de Nietzsche, notre liberté totale.

— Vous avez toujours été athée ?

— Non, Dieu a existé jusqu'à mes dix ans. À partir de là, j'ai cessé absolument d'y croire. Et dans ce monde-là, le sens de la vie est à inventer par chacun d'entre nous ; « être, c'est ne pas être » écrivais-je en une formule inédite dans l'Histoire : le dépassement était radical, il ne s'agissait plus d'être *ou* de ne pas être puisque depuis moi, être, c'est ne pas être : ne pas être défini, ne pas être caractérisé, n'avoir aucun destin ni essence établie, être condamné à la liberté de s'inventer comme ceci ou cela. Mais vous voulez que je vous dise ? Il me semble que c'est un autre que moi qui développa cette philosophie, ou alors que c'est moi mais que c'est moi avant, un moi dont il ne reste rien aujourd'hui qu'un souvenir au milieu de mille autres. J'entends ces phrases que je prononçais hier, j'entends ma voix convaincue comme celle d'un étranger, je l'entends dire « le sens de notre vie ».

— Dites...

— Le sens de notre vie se dessine dans le projet que nos actions manifestent devant les yeux des autres hommes – il est dans cette invention de soi soumise à leur regard... Il n'y a plus de regard de Dieu, il y a celui des autres hommes.

— Nous ne pouvons vivre que *sous le regard* ?

— Mais oui, c'est que nous sommes des hommes... nous nous sentons observés. D'ailleurs vous entendez très bien ce que je dis, vous-même l'avez nommé « surmoi ». Cet Œil sévère qui nous surveille et nous réprime, les hommes d'avant l'appelaient Dieu, Kant le rebaptisera conscience morale, mais nous parlons tous de la même chose : *nous nous sentons observés* – c'est même de nous sentir observés qui fait de nous des hommes.

— Oui... mais de quel « nous » parlez-vous ?

— Eh bien je parle des hommes, je parle des enfants, je parle de ces êtres jetés là dans le plus pur délaissement, à quoi voulez-vous qu'ils s'accrochent si ce n'est aux yeux qui les regardent ?

— Parlez-moi de ces yeux.

— Eh bien ce sont des yeux, de grands yeux écarquillés qui vous tiennent au milieu de leur rondeur, ils vous voient mieux que vous-mêmes ne vous verrez jamais, ils sont dans votre dos quand vous vous retournez, fixés sur votre nuque lorsque vous plongez entre les cuisses d'une femme, ils ne tremblent jamais, ne connaissent pas l'effroi ni même la fatigue, ils veillent la nuit dans le jardin du Luxembourg, attendent les enfants et leurs cris joyeux, ils sont silencieux, immobiles et nous nous agitons, ils voient nos gestes d'écrevisses...

« Les yeux surtout, de si près, sont horribles. C'est vitreux, mou, aveugle, bordé de rouge, on dirait des écailles de poisson. » Ces phrases de *La Nausée* me reviennent en l'écoutant. Je m'empare du livre pour les retrouver mais tombe sur un autre passage duquel émerge, encore une fois, le mot « poisson » : « Je suis seul au milieu de ces voix joyeuses et raisonnables. Tous ces types passent leur temps à s'expliquer, à reconnaître avec bonheur qu'ils sont du même avis. Quelle importance ils attachent, mon Dieu, à penser tous ensemble les mêmes choses. Il suffit de voir la tête qu'ils font quand passe au milieu d'eux un de ces hommes aux yeux de poisson, qui ont l'air de regarder en dedans et avec lesquels on ne peut plus du tout tomber d'accord. » J'observe Sartre immobile et muet. *Un de ses hommes aux yeux de poisson...* Je referme le livre en un petit claquement sec, il sursaute :

— Que faites-vous ?
— Je vous lisais. Plus exactement, je vous relisais.
— Alors ?
— Il y a beaucoup de poissons. De poissons, et de crabes et de langoustes...
— Oui, c'est vrai.
— Pourquoi ?
— Vous le savez.

Il joue avec moi. Il a imité l'intonation de ma voix pour dire « vous le savez » comme je le dis souvent. D'entendre « vous le savez » me donne d'ailleurs une idée que je n'avais pas eue. Les poissons, crabes, écrevisses ou langoustes ne sont peut-être pas ici dans la mer, mais dans un aquarium, dans un bocal. Ils sont donc là *pour être vus*. Je le lui dis :
— Ils sont dans un aquarium, ne peuvent échapper à notre regard ?
— Bien, docteur Freud ! Les hommes parfois font subir aux animaux toute la violence de leur réalité... Pauvres langoustes, contraintes de vivre comme des hommes, d'aimer et de souffrir sous le regard ! Oui, pauvres langoustes...

Sur quoi il se lève sans même que j'aie interrompu la séance, enfonce sur son crâne son bonnet de laine bleu et tourne les talons. Il a déjà la main sur la poignée de la porte qui donne sur le couloir.
— Bien cher, n'oubliez pas de régler votre séance !

PLATON

Lorsque j'ai ouvert la porte de la salle d'attente et fait entrer Platon, il m'a semblé sentir l'énergie dans son corps, une forme de rage contenue ou d'agacement extrême. Dans le bref regard qu'il m'a lancé aussi. Il parle maintenant d'une voix forte, théâtrale, en appuyant souvent son propos de la main droite :

— J'entends déjà votre objection : mais l'époque, aujourd'hui, n'est plus à l'idéalisme ! Elle est au réalisme ! Comment donc puis-je en venir, moi le philosophe du ciel des Idées, à m'attribuer la responsabilité de tous les maux d'aujourd'hui ? Le spectacle de tous ces hommes, plus terre à terre que jamais, devrait être de nature à apaiser ma culpabilité... Ah... Quelle courte vue !

— Pourquoi ?

— Mais parce que tous ces hommes assoiffés de profit ou de rentabilité obéissent comme des chiens à une *idée de l'homme*, voilà pourquoi.

— Vous voulez dire à une norme, à un idéal...

— Exactement. Que cette idée de l'homme soit celle d'un sage contemplatif ou d'un cadre dynamique ne change rien : c'est toujours une idée de l'homme qui écrase les hommes de son poids d'inaccessible norme. Je leur ai donné la catégorie mentale de leur servitude : l'idée même qu'une idée de l'homme puisse exister. Je leur ai insufflé le poison de l'idéalisme.

Il s'emporte maintenant, comme un orateur qui se met à y croire, mais sa position allongée lui donne des airs de pantin. Son débit s'accélère :

— On m'objectera pareillement que l'époque est au culte du corps, que les corps des mannequins sont les dieux d'aujourd'hui et que tout cela est quand même bien loin d'être platonicien, et je ne sais quoi encore, que partout triomphe la pornographie, où il est malaisé de lire l'avènement de mon platonisme. Mais là encore, quelle courte vue... Ces mannequins qui défilent sont allégés de ces formes qui sont la vie même dans sa richesse et sa diversité. Sur ces podiums plus que partout ailleurs, c'est une *idée du corps humain* qui tyrannise les corps.

— Ce n'est pas faux.

— Regardez dans les yeux de ces filles aux proportions parfaites : il n'y a aucun désir dans les yeux de ces filles aux jambes mécaniques. *Top model*, dit-on, c'est exactement cela : au lieu de se laisser aller à sa vie de corps exultant, le corps est modelé pour obéir à la tyrannie de l'idée, modelé pour être au top dans une fureur mortifère...

— Pour être conforme à l'idée qu'on s'en fait...

— À l'idée dans le ciel des Idées, exactement.

Je m'adresse à lui, mais sans aucune conviction dans la voix :

— Alors tout est votre faute...

J'essaie de le faire réagir, de lui rendre sensible ce décalage flagrant entre son affect et la façon dont il prétend l'éclairer. Il se sent coupable, c'est indéniable, mais bien sûr pas d'avoir insufflé à l'Occident le poison de l'idéalisme. Cela me semble une théorie bien pratique, destinée à occulter ce qui est le véritable lieu de sa culpabilité. Il enchaîne comme si je n'avais rien dit, comme si le ton de ma voix n'était pas une invitation à se recentrer sur soi :

— Les filles les plus prisées sont d'ailleurs celles qui ont réussi à n'avoir dans les yeux absolument plus rien, à être parfaitement désincarnées, pour faire signe le plus directement possible à la pure idée de la beauté. Tous ces défilés de mode me rappellent à chaque fois ce que j'avais fait graver au fronton de mon Académie, à destination de ceux, élèves ou visiteurs, qui envisageaient d'y pénétrer : « Nul n'entre ici s'il n'est géomètre ». Nul n'entre ici, donc, s'il n'est pas amoureux des proportions pures, de la vérité géométrique des proportions et non des formes elles-mêmes, non des corps eux-mêmes avec leur singularité, leur épaisseur particulières. Vous parlez d'une philosophie de la vie ! Mais la vie...

Il s'interrompt. Son pied droit est animé de petits mouvements nerveux. Cet autodénigrement me trouble vraiment : il est à l'évidence *surjoué*, mais il suffit de regarder son pied, ou même son poing qui parfois se contracte, pour ne pas douter de l'authenticité de son mal-être. Je reprends :

— La vie...

Il se tait de nouveau.

— Dites, bien cher, dites comme ça vient.

— La vie...

— Oui...

— La vie, ça n'est pas la géométrie.

Il soupire, las, et reprend d'une voix de nouveau conquérante :

— Et la pornographie... c'est bien plutôt la peur du sexe que le sexe : c'est le sexe tenu à distance, le sexe derrière l'écran de son PC ou de sa télévision.

— Pourquoi me parlez-vous de pornographie ?

— Parce qu'il n'y a qu'à voir toutes ces figures imposées par la pornographie pour comprendre qu'il s'agit, ici encore, d'obéir à une certaine idée du sexe...

— Une idée du sexe ?

— Une idée tyrannique, totalitaire, tombant du ciel de la société de consommation. Que font les hommes, maintenant, lorsqu'ils rencontrent des femmes ? Ils essaient de reproduire les figures imposées des films pornographiques, ainsi ils sont bien sûrs de ne pas rencontrer l'inconnu, de ne pas se heurter à un réel qui pourrait les surprendre, les obliger à changer l'idée qu'ils se font d'eux-mêmes, ils prennent les corps des femmes pour leur imposer les figures modèles de la nouvelle norme pornographique et ce sont, là encore, des corps modelés par la tyrannie des idées.

— Vous voulez dire qu'ils sont *idéalistes* à leur façon, qu'ils sont tenus par une certaine idée de la sexualité...

— Mais oui, tenus en laisse même.

— Je ne sais pas si l'idéalisme...

— Mais c'est la définition exacte de l'idéalisme : ne pas s'en remettre à la rencontre avec le réel pour découvrir comment agir mais se référer encore et toujours à ce que cette action devrait être – à une norme idéale préexistante. Cette façon qu'ils ont de s'aimer, ce n'est rien d'autre que ce à quoi j'invitais les hommes dans *Le Banquet*.

— Dans *Le Banquet* ?

— Mais oui, dans mon *Banquet*. Aimer une idée au travers de notre désir pour un corps, qu'est-ce que cela veut dire d'autre ? Que la vérité est ailleurs que dans ce corps unique et cet instant unique, qu'elle n'est pas dans ce corps qui bouge comme aucun autre mais dans cette idée même du corps, du sexe ou de la beauté, idée tombée du ciel pour s'imposer à moi. Et que vivent-ils d'autre, ces enfants de l'ère pornographique qui ne savent s'aimer que dans le mime d'une norme impérative ? Plus je regarde cette époque, plus je me sens coupable.

— Oui, coupable. Mais coupable de quoi ?

Il garde le silence. Je reprends :

— *Coupé* de quoi ?

— Coupable de cette tyrannie imposée aux corps des hommes par une idée du corps. Les hommes prennent du Viagra pour avoir la même érection, les femmes de la DHEA pour avoir la même peau, elles se font implanter les mêmes seins pour avoir la même jeunesse... C'est partout le même amour d'une certaine idée du corps, partout la même haine du corps réel. Un corps c'est toujours différent, ça peut être imparfait et tombant, mais c'est encore la vie quand c'est la vie qui tombe tandis que c'est la mort, oui, c'est bien la mort qui relève ces seins à coups de bistouri, et c'est la mort encore qui gonfle ses lèvres à coups d'injections, c'est la mort parce que c'est le refus de la vie telle qu'elle est, avec ses cycles et ses renouvellements : c'est le refus de la vie tel que je l'ai inauguré dans ma philosophie

– « philosopher, c'est apprendre à mourir », c'est quand même de moi !

— C'est vrai. C'est de vous.

Une idée me vient soudain. Je prends mon temps, heureux qu'il marque enfin une pause. Puis je lui lance :

— C'est de vous. Ou de Socrate ?

Il reprend de plus belle, comme si je n'avais posé aucune question :

— Il faut haïr le corps pour refuser ainsi son vieillissement, sa beauté particulière, le meurtrir ainsi pour lui faire épouser une idée. Et cette haine du corps, c'est moi qui l'ai *inventée* : le premier dans l'Histoire, j'ai pensé avec une telle ampleur le corps comme ce lieu qui abîme tout et qui s'abîme lui-même, un lieu où l'âme échoue, une prison où elle chute, où son éternité se retrouve emmurée. Aimer le corps, au contraire, aimer vraiment le corps, ce serait aimer *les* corps avec leurs différences et leurs imperfections. Ce qu'on appelle culte du corps est une haine des corps particuliers, le culte rendu non au corps mais à une idole : à une idée du corps.

— Ainsi il n'y aurait rien de plus... platonicien que le culte du corps.

— En effet, le culte du corps est une passion idéaliste.

Je l'ai écouté conclure d'une oreille distraite en regardant, sur le chambranle au-dessus de la cheminée, la gueule ouverte du cobra de bronze.

Platon, l'homme du *logos*... Logos : raison et discours à la fois, dit l'étymologie grecque. Mais désormais, Platon n'est plus que logorrhée. S'arrêtera-t-il jamais ?

Platon

Pourquoi aime-t-il à ce point s'écouter parler ? Voilà par où il faudrait commencer... Il parle de sa haine du corps comme fondatrice d'un travers de l'Occident mais ne laisse rien apparaître de ce que c'est que le corps *pour lui*. Son discours rationnel est comme un manteau dans lequel il s'enroule pour se protéger de la blessure qu'elle recouvre. Mais les belles théories n'ont jamais guéri personne. Et je suis parvenu si souvent à leur « faire la peau », à mettre à jour ce qui tremblotait dessous ! Seule une parole libre, libérée du carcan de la raison – seule une parole *émue* lui permettrait de se rapprocher de lui-même. Il parle vite, mais sans dire les choses comme elles viennent. Il est encore dans la maîtrise : il lui reste à lâcher prise.

Kant

— C'est terrible, ce que je suis en train de découvrir ici.

C'est la seule phrase qu'il ait prononcée de la séance, et c'était il y a dix bonnes minutes. Je me décide finalement :

— Dites, Emmanuel, dites ce qu'il y a.

— Il y a... cette lumière crue, terrible, qui vient de se faire en moi.

— Oui...

— Mon problème avec les femmes, avec le corps, avec la sueur... J'ai la sueur en horreur...

— Oui, « ce qui vient »...

— Ce qui vient, c'est la sueur. Je me suis employé toute ma vie à ne pas transpirer, à régler la température de ma chambre au degré près pour ne pas suer... Et lorsque cela advenait néanmoins, j'étais saisi d'horreur.

— Vous évoquiez, lors d'une séance récente, ces larmes qui ne venaient pas...

— Oui. Pleurer... suer... C'est...

— Dites, dites comme ça vient.

— Enfin ce que je voulais dire tout à l'heure, c'est que mon problème... car je crois qu'il est possible de parler de *mon* problème, de voir dans cette répétition des histoires d'amour avortées le nœud de mon problème...

— Tout à fait.

— Eh bien ce problème, je veux le résoudre, c'est pour cela que je suis ici...

— Oui.

— Je veux le résoudre, mais je viens de comprendre que sa résolution n'était pas une question de volonté. Je voulais aimer... et cela n'a pas suffi. Maintenant je veux guérir... et cela ne suffit toujours pas. Voyez-vous...

— Oui...

— Cette idée...

— Laquelle ?

— Qu'il ne suffit pas de vouloir pour pouvoir...

— Oui.

— C'est pour moi quelque chose... d'atroce.

Au ton de sa voix je devine le rictus sur son visage. Il reprend après quelques secondes :

— De profondément atroce.

Je me lève et commence à arpenter la pièce. Je vois qu'il ne s'en rend pas compte. Il regarde fixement le plafond. Je m'adresse à lui avec douceur :

— Cela dépend de vous, votre guérison dépend de vous, mais pas, ou en tout cas pas d'abord, de votre volonté. C'est exact.

Il ne dit rien. Je poursuis :

— Imaginez un homme sous l'eau...

J'ai à peine prononcé cette phrase que je la regrette. Son lien avec sa phobie de la sueur, auquel je n'avais pas songé, m'apparaît immédiatement, et elle me semble de plus trahir grossièrement ce que je pense de lui. J'enchaîne néanmoins :

— Un surfeur par exemple, parti affronter des vagues imposantes mais englouti par l'une d'elles. Chahuté par des courants violents pendant de longues secondes, ne disposant d'aucun repère lui indiquant où est le fond et où est le ciel. Mais disposant d'une grande volonté. S'il produit dès le début son effort, manifeste la puissance de sa volonté et commence à nager en espérant trouver de l'air, il risque de s'épuiser rapidement et de mourir noyé. Si, en revanche, il commence par accepter, s'il sait se laisser d'abord porter par ce qui est plus fort que lui, il pourra espérer entrevoir la direction dans laquelle l'eau s'éclaircit – la direction du ciel. Alors, alors seulement, il lui faudra vouloir, et même vouloir fort, nager intensément en direction de la lumière pour survivre. C'est tout le paradoxe de la volonté. Une volonté qui veut trop, ou trop tôt, est contre-productive. Il y a le temps de vouloir, et le temps d'accepter.

— Comment dois-je entendre cela ?

— Comme vous l'entendez.

— Il me semble que j'ai déjà accepté beaucoup de choses, notamment – et ma présence ici l'atteste – que j'étais responsable de mon état.

— C'est vrai. Et c'est bien pourquoi vous êtes en analyse. Il n'y a de thérapie possible que chez celui qui cesse d'attribuer son mal à autrui, à la malchance, aux circonstances... Qui se reconnaît comme responsable, au sens propre – qui répond de ce qui lui arrive.

— Et maintenant ? Nous en revenons à ce que je disais : je veux guérir mais ce n'est pas affaire de volonté.

Je veux guérir mais ce n'est pas affaire de volonté. Kant parti, je prends toute la mesure de ce qui est pour lui, un « atroce » constat. Le kantisme n'est en effet rien d'autre qu'une philosophie de la volonté. Que l'on se situe sur le plan du progrès individuel ou sur celui de l'amélioration historique, Kant démontre toujours que c'est, justement, « affaire de volonté ».

Seule la volonté peut selon lui libérer l'homme du déterminisme de ses instincts, de ses « penchants naturels » comme l'égoïsme ou l'agressivité. C'est elle qui lui donne la liberté dès lors qu'il devient véritablement l'auteur de sa volonté. Pour Kant, agir librement, c'est agir conformément à une loi que l'on s'impose soi-même – la liberté est alors autonomie. Tout le kantisme procède de ce souci d'évincer l'autre de ma volonté. Si je suis moi-même la cause de ma bonne volonté, je suis libre, puisque je n'obéis qu'à moi-même. Étrange comme cette instance à laquelle il s'agit d'obéir, que Kant nomme conscience morale, préfigure par certains aspects ce que j'appellerai surmoi : cette autorité qui dit le Bien, dicte la norme, cette grosse voix à qui on ne peut désobéir sauf à porter ensuite le fardeau du remords ou de la culpabilité. Il faut, chez Kant, *vouloir* être un homme, *vouloir* être libre, *vouloir* être digne de bonheur. Rien ne nous est donné : tout est à conquérir. C'est une philosophie de la bonne volonté, on devrait plutôt dire de la volonté bonne : une volonté qui doit vouloir le Bien, être bonne dans son intention même.

C'est ce qui rend la présence de Kant sur le divan si compliquée : il a du mal à entendre ce que signifient ses actes ou ses paroles dès lors qu'ils lui semblent contredire ses *intentions*. Obsédé par la prétendue qualité de ses intentions, il ne voit pas ce que disent ses actes. C'est comme s'il répétait à chaque fois, lorsqu'il évoque ses amours empêchées, qu'il avait pourtant l'intention d'aimer, ou lorsqu'il relate cette jeune fille laissée en pleurs, qu'il avait l'intention de bien faire.

J'ouvre la fenêtre et lève les yeux vers le ciel. Je vois aux nuages que le vent se lève. La morale, selon Kant, c'est s'arracher par un effort de volonté à ses penchants mauvais : être moral, c'est vouloir être moral, c'est « affaire de volonté ».

Le problème, c'est que nous ne pouvons pas, même dotés de la meilleure volonté du monde, *nous arracher* à une partie de nous-mêmes : nous ne pouvons que la refouler, et c'est alors dans l'inconscient qu'elle produira ses effets – angoisse, névrose, dépression... C'est la première chose que j'ai comprise en me confrontant aux hystériques : nous ne pouvons pas, sans dommages graves, nous couper d'une part de nous-même. Kant conçoit sa morale dans un cadre dualiste : d'un côté le corps, la nature « méchante » – c'est son expression exacte – à laquelle il faut s'arracher, de l'autre la volonté et la raison qui nous permettent de le faire. Qu'y avait-il en lui, dans son corps, qu'il ne supportait pas au point de vouloir l'arracher comme une mauvaise herbe ? À quelle part de lui-même voulait-il ainsi s'arracher ?

L'autre problème, c'est que nous ne sommes jamais autonomes dans notre façon de vouloir le Bien. Intériorisé dès l'enfance, le surmoi incorpore des interdits ou injonctions venus *de l'extérieur* du sujet : de la civilisation, du passé, des parents, des prêtres... Il s'agit encore d'une grosse voix, elle crie elle aussi « tu dois ! » et « tu ne dois pas ! » Mais le sujet ne fait qu'intérioriser ce qui ne vient pas de lui. Peut-être le fait-il sien, mais il ne le veut pas « librement ». Peut-être même ne le *veut*-il pas du tout. « Tu dois ! », « Tu ne dois pas ! » Tu dois faire le Bien, tu ne dois pas tuer, ni convoiter la femme de ton voisin. C'est ainsi, c'est la civilisation – mais personne ne nous demande de le *vouloir*. Et s'il y a un malaise dans la civilisation, s'il y aura toujours un malaise, c'est justement parce qu'elle exige de nous des choses que nous ne *voulons* pas. Et parce qu'une part de nous, en conséquence, ne fait qu'attendre l'occasion de prendre sa revanche sur la civilisation.

Je songe à tous ces philosophes qui ont proposé aux hommes de s'en sortir par la volonté. Les stoïciens de l'Antiquité invitaient déjà à accepter le destin par un effort de la volonté. Descartes ira jusqu'à présenter la volonté comme la marque du divin en nous. Notre entendement est limité par nos capacités humaines, notre imagination est limitée car nous n'imaginons qu'à partir de ce que nous connaissons déjà, mais notre volonté, elle, est infinie : nous pouvons toujours vouloir plus, écrira Descartes – c'est donc par la volonté plus que par la raison que nous ressemblons à Dieu. Et c'est encore par la volonté, chez Kant, que nous pouvons espérer nous améliorer indéfiniment, jusqu'à devenir des hommes moraux. Il développera même sa philosophie de la volonté au niveau des relations internationales, au plan « cosmopolitique » : il s'agira encore de vouloir l'amélioration des relations entre États et la paix perpétuelle, de vouloir le bien des générations futures, c'est même ainsi qu'il définira la responsabilité historique des hommes des Lumières dans *Qu'est-ce que les*

Lumières ? Il faut, il faut, il faut. Vouloir, vouloir, vouloir.

J'ai envie d'un cigare, envie d'avoir mal à la gorge comme lorsque le cancer menaçait de me tuer, envie de tousser à nouveau de cette toux d'homme qui ne sait faire autrement que se nuire, de cette toux d'homme mortel. Il faut, il faut, il faut. Peut-être que la philosophie kantienne fut un bienfait pour l'humanité, qu'elle lui donna des directions pour être plus responsable et plus digne. Mais cela ne l'empêcha pas d'être nuisible à Kant lui-même : je sens qu'il y a dans ce *il faut*, dans la violence de ce *il faut*, quelque chose qui est précisément au cœur de son problème.

J'observe en face de moi le sphinx de marbre noir, ces épaules humaines qui semblent émerger lentement, douloureusement, en une victoire toujours menacée, du corps du félin.

Évidemment que cette statuette n'est pas là par hasard, que le hasard n'existe pas : le sphinx dit aux hommes allongés à ses pieds, sur le divan, qu'ils y sont justement parce que ce combat laisse des traces, parce que l'animal en nous, l'animal refoulé, censuré, interdit, ne cesse de réclamer son dû. Parce que c'est lui qui hurle dans le silence du patient, lui qu'à longueur de journée j'essaie d'entendre et de faire entendre.

Ah... les philosophes avec leur *devoir*, leur *volonté*, leur *progrès*... Comment leur dire que la victoire... c'est déjà quand les hommes ne régressent pas ?

Sartre

— Vous savez, parfois, lorsque j'essaie de comprendre ces bouffées de jalousie, ces crises de possessivité qui me submergent, je tente de m'ouvrir à votre lecture des choses, enfin à celle de la psychanalyse, et alors il m'arrive de chercher des clefs dans mon passé. Mais je n'y trouve rien, et plus encore que de n'y rien trouver j'y découvre toutes les raisons de *ne justement pas* être affecté par la jalousie, et cela me renforce dans l'idée que vous vous trompez, que notre passé n'explique pas tout, voire qu'il n'explique rien du tout.

— Dites.

— Eh bien, voilà, prenons votre complexe d'Œdipe et la manière dont il est censé éclairer les accès de jalousie de l'adulte : l'homme jaloux retrouverait la morsure qu'enfant il a ressentie – enfin, vous diriez, qu'enfant il a éprouvée *inconsciemment* –, pendant l'« Œdipe », lorsqu'il ne supportait pas que sa mère soit aussi à un autre que lui, que sa mère soit à son père qu'il avait envie de tuer, de destituer. C'est cette blessure, cette jalousie-là qui resurgirait dans la jalousie de l'adulte, comme un feu mal éteint ravivé par une histoire nouvelle. Mais mon père est mort quand j'avais quinze mois, et même avant je ne l'ai pas connu, il a commencé à mourir à ma naissance, cela lui a pris ensuite quelques mois pendant lesquels j'étais tranquillement à l'abri de ses plaintes, confié à une nourrice, loin de son agonie et du dévouement obligé de ma mère. Ne l'ayant jamais connu, je n'ai donc pu connaître d'agressivité à son égard : il m'a épargné en mourant la découverte de cette violence, de cette jalousie ; j'ai eu, grâce à sa mort, ma mère à moi tout seul. Et je n'avais pas de frère ou de sœur, il ne peut donc pas s'agir non plus de la réactualisation d'une jalousie fraternelle.

— Oui.

— Comment, oui ? Je suis en train de vous expliquer que votre théorie échoue à éclaircir mon problème et vous ne dites que oui ?

— Je disais oui : votre père en mourant vous a laissé votre mère à vous tout seul.

— Et donc j'ai dû attendre si longtemps pour découvrir la jalousie, je m'en serais bien passé. Parfois, quand Rose n'est pas là et que je sens que ça me prend, j'essaie de me raisonner mais rien n'y fait, c'est ma tête tout entière qui chauffe et mon ventre qui se tord et toutes mes forces qui m'abandonnent, je me sens trahi, abandonné, je suis soudain comme un possédé de vouloir la posséder et de ne pas le pouvoir ; je la vois s'offrant à un autre, ne vois d'autre raison à son absence, arpente l'appartement de plus en plus vite avec l'envie de hurler ma rage d'être tombé là-dedans ; parfois je repense au Castor et je me dis que notre couple libre et transparent n'était qu'une façon de me prémunir contre ce que je devais sentir au fond de mes entrailles, cette possessivité maladive qui est le contraire absolu de tout ce à quoi j'ai toujours aspiré, qui est tout le contraire de moi et qui est en même temps moi...

— Vous disiez que n'ayant pas connu votre père, vous n'avez pas pu connaître d'agressivité à son égard...

— Oui...

— Cela n'a rien d'évident.

— Écoutez, je n'ai pas envie de revenir sur le passé, je pense qu'il n'explique pas ce que je vis aujourd'hui.

— Vous voulez faire une analyse sans revenir sur le passé ?

— Oui, exactement. S'il y a une chose que j'ai envie de garder dans ma philosophie, c'est cette idée que nos actes, nos ressentis, nos émotions dessinent à chaque fois un projet de vie, une manière d'exister. Leur sens tient donc à l'avenir qu'ils annoncent et dessinent, non au passé dont ils ne seraient que les produits. Pour les comprendre, il faut s'interroger sur le projet qu'ils manifestent et non sur le passé qui les aurait déterminés. Dans *L'Être et le Néant*, j'ai appelé psychanalyse existentielle cette psychanalyse qui justement ne reviendrait pas sur le passé, essaierait d'éclairer tout acte, toute émotion, tout symptôme en fonction de l'avenir qu'il esquisse, de la manière d'être au monde qu'il manifeste et qu'il s'agit alors d'essayer de comprendre.

— Je sais. Votre psychanalyse existentielle a fait quelques émules aux États-Unis.

Il semble troublé par l'apparente neutralité de ma remarque. J'hésite à dire autre chose. Sa simple présence ici trahit déjà ce qu'il pense de sa « psychanalyse existentielle ». Je sais aussi qu'il demanda par le passé à son ami Jean-Baptiste Pontalis, qui ne devait pas vraiment donner dans la « psychanalyse existentielle », de le prendre en analyse, mais que celui-ci refusa. Il n'a peut-être pas eu d'agressivité à l'égard de son père, mais il en a à mon égard. Son refus d'évoquer plus avant le passé, sa façon de m'opposer sa prétendue psychanalyse existentielle en sont une expression indéniable. Cette agressivité a dû être tournée d'abord vers un membre de sa famille, mais lequel ? J'ai découvert, au début de ma pratique, que mes patients ne manquaient pas de réagir comme si j'étais un de leurs parents : je recevais les sentiments positifs ou négatifs de mon patient pour sa mère, son père, sa sœur, son grand-père... Depuis, je n'ai jamais douté de la réalité du transfert, ni de la nécessité d'en jouer pour mieux comprendre ce qui blesse.

— Je ne dis pas que le passé n'existe pas, évidemment. Les faits sont là, le passé est là, mais il n'explique rien, il suffit d'ailleurs que je change d'humeur pour que mon passé change de couleur, « une biographie, ça s'invente » ce n'est pas de moi mais de Céline, le passé change à mesure qu'évoluent mes projets présents, que voulez-vous que j'aille y chercher ?

— Et dans la jalousie, vous allez chercher quoi ?

Il reste interdit quelques instants et puis, comme inspiré :

— Je ne sais pas, la souffrance, la vérité...

— Bien, c'est très bien, nous allons en rester là aujourd'hui.

Platon

Il ôte sa veste de toile et la dispose sur le dossier de la chaise, puis dépose sur le siège son portefeuille et son trousseau de clefs. Lorsqu'il s'allonge sur le divan en contenant un râle, le sommier accuse le coup. Il reste longtemps silencieux.

— Dites, bien cher, dites comme ça vient.

— Je pensais à quelque chose, mais je ne sais pas ce que ça vaut... Tous ces dialogues que j'ai écrits, où je parlais à travers le personnage de Socrate, c'est comme si... comme si je m'étais mis en scène dans un autre corps, tellement je voulais me débarrasser du mien.

— Oui !

— Mais cette douleur à la nuque... qui me tient éveillé la nuit, c'est bien la mienne. Parfois, lorsque j'ai faim mais qu'il m'est impossible d'avaler, je me sens si faible que j'aimerais en finir, c'est... de l'angoisse pure...

— Qu'est-ce qui vous angoisse ?

Il ne répond pas. J'entends ma question revenir à nos oreilles. Avec le temps, je trouve ces questions simples de plus en plus utiles, lorsqu'elles sont posées au bon moment, sur le bon ton. Comme il ne répond toujours pas, je me lève et saisis dans ma bibliothèque le livre qu'Alain consacra à Platon, où il imagine un dialogue avec lui. J'ai envie de lui lire à voix haute :

« L'ombre de Platon me dit : "(...) dans vos statues, tout est tourmenté, même l'image de la sagesse. Et si l'on vous représente quelque profond mathématicien, ou quelque physicien divinateur des essences, il faut qu'ils aient le sourcil froncé et les épaules houleuses. (...) – Mais, lui dis-je, ô Platon, crois-tu que les plus hauts esprits aient échappé aux misères terrestres, au désir, à la souffrance, à la crispation ? – S'ils en ont souffert, il ne faut point le dire, répondit Platon. Que celui qui souffre se cache (...). Une belle statue, qu'est-ce autre chose que l'image d'un homme qui contient ses passions, dont l'attitude et la physionomie n'expriment rien de plus que la paix intérieure et le sage gouvernement de soi ? (...) Vos acteurs se tortillent comme des serpents, et votre musique aussi, et vos statues aussi, comme si l'amertume, le regret, les folles ambitions et les amours tragiques formaient la vraie couronne humaine. Je ne vois guère ici que vos lions de pierre qui puissent servir de modèles aux hommes." »

Je referme le livre d'Alain et remarque, au léger mouvement des épaules de Platon, qu'il se demande ce que je fais. Peut-être croit-il que j'ai besoin, pour l'entendre, de l'écouter comme un écolier. *S'ils ont souffert, il ne faut point le dire*, déclare l'ombre de Platon dans le dialogue imaginaire qu'élabora Alain. On ne peut mieux dire : il faudrait taire les souffrances pour les tenir loin de soi, leur ôter leur pouvoir de contagion. Nous avons ici la définition exacte de la superstition : la peur de nommer ce qui effraie, ce qui angoisse. Comme si, d'être évoquée, d'être simplement nommée, la source de l'angoisse allait devenir plus réelle. Comme s'il était possible de guérir par le silence, de devenir un sage à force de se taire, de tenir ce qui fait mal le plus loin possible de sa conscience. Mais le plus loin possible de sa conscience, c'est justement là où ça fait le plus mal – et ça s'appelle l'inconscient. *Que celui qui souffre se cache*, fanfaronnait aussi l'ombre de Platon, et il fallait entendre : que celui qui souffre se cache à lui-même sa propre souffrance.

— Qu'est-ce qui vous angoisse ?

— Je ne sais pas, c'est drôle, enfin si on peut dire, j'ai parfois l'impression...

— Oui...

— J'ai refusé le corps, et maintenant...

J'observe son long corps allongé, ses chaussures abîmées, leur cuir recroquevillé par le temps, je songe aux souliers peints par Van Gogh pour dire le labeur des hommes, leur vie de souffrance. À sa souffrance à lui, à son suicide, à tous les imbéciles qui répètent à l'envi que les plus grands génies n'auraient pas peint une toile, pas écrit une ligne s'ils avaient fait une analyse. Il faut croire que la souffrance des autres ne les dérange pas, pour qu'ils la voient ainsi comme le juste prix à payer de l'œuvre à créer. Je ne suis pas comme eux, je crois que je ne saurai jamais pourquoi la souffrance des autres me pèse tant. Mais c'est ainsi, elle me pèse ; elle me pèse et elle me passionne. Le silence dure, semble même s'alourdir, se charger de violence. Je l'invite à poursuivre :

— Et maintenant...

Mais il reste muet. Mon regard tombe, au milieu de mes notes éparses, sur une lettre de Platon, une de celles que je lui ai proposé de me remettre au début de son analyse. Elle est adressée « aux amis de Dion », le beau-frère de Denys. Denys de Syracuse est le tyran que Platon tenta de « conseiller » lors d'un de ses voyages en Sicile. Un passage s'offre à mes yeux : « Au temps de ma jeunesse, j'ai effectivement éprouvé le même sentiment que beaucoup d'autres jeunes gens. Aussitôt que je serais devenu mon maître, m'imaginais-je, je m'occuperais sans plus tarder des affaires de la cité. »

Levant les yeux de la lettre, je retrouve le corps immobile de Platon, l'un de ses pieds animé d'un petit mouvement nerveux. À plusieurs reprises, il essaie de parler. Mais il n'y parvient pas.

Aussitôt que je serais devenu mon maître... Quelle faille, quelle dépossession faut-il sentir au plus profond de soi pour en arriver à exprimer le désir de devenir « son propre maître » ?

L'histoire a retenu des nombreux voyages de Platon qu'il inaugura la tradition du philosophe conseiller du prince, une histoire où s'inscriront après lui Descartes éclairant Christine de Suède, Diderot Catherine II de Russie, Voltaire Frédéric II de Prusse... Ils seront tous présentés comme purs esprits en quête de concret, d'un réel où éprouver la force de leurs théories. Les hommes croient-ils vraiment en de telles balivernes ? Non, je ne pense pas : ils désirent le croire, ce qui n'a rien à voir.

Ils ne sont pas dans l'erreur, mais dans l'illusion. C'est leur désir qui est malade, non leur raison. Et depuis si longtemps je ne pose qu'une question : pourquoi se mentir ainsi ?

Je relis cette phrase, ô combien fascinante : « Aussitôt que je serais devenu mon maître, je m'occuperais sans plus tarder des affaires de la cité. » Mais le moi n'est pas maître dans sa propre maison : c'est justement pourquoi il s'en va au dehors, chercher d'autres maisons à dominer, d'autres empires à conquérir, chercher le pouvoir sur les autres parce qu'il en a si peu sur lui-même. Probablement est-ce lorsque l'on sent, très tôt, très jeune, que l'on ne sera *jamais* le maître dans sa propre maison que l'on se tourne vers le pouvoir. Le pouvoir est la consolation des ratés, je ne sais plus où j'ai lu cette phrase. Mais comment le dire mieux ? Quel besoin du pouvoir pour celui qui connaît en lui l'harmonie et la paix ? *Aussitôt que je serais devenu mon maître, je m'occuperais sans plus tarder des affaires de la cité...*

Platon a beaucoup voyagé mais l'homme que j'imagine, en refaisant son parcours, n'est pas un philosophe en quête d'une géographie pour mettre en œuvre sa pensée politique. Non, je vois l'ombre courbée d'un fuyard et je veux savoir ce qu'il fuit. Tout ce qu'il a fui pendant si longtemps pour finalement pousser la lourde porte de la rue de Paradis. Plus d'un siècle de pratique clinique me permet d'affirmer, sans trop de risque d'erreurs, que les grands voyageurs sont d'immenses fuyards, qu'ils cherchent à oublier dans le fracas du monde, dans la hâte des gares routières ou les halls d'aéroport tout ce qui au fond d'eux réclame d'être entendu. Un vacarme sur un autre... Mais le bruit n'éteint pas le bruit.

Dans ce silence tenu comme une note me reviennent les mots de Platon tout à l'heure. *Je parlais à travers le personnage de Socrate.* Nombreux sont les auteurs à mettre en scène un personnage leur permettant de s'exprimer. Mais Socrate a existé avant d'être personnage, et Platon en fut le disciple bien réel. Il n'a donc pas pu jouer avec ce personnage comme tout créateur avec les siens, il n'a pas pu lui faire dire ce qu'il voulait, sa liberté ne pouvait être la même. Peut-on vraiment construire une œuvre en essayant de faire vivre la pensée d'un autre ? Et qu'avait-il à dire, lui, Platon ? Lui qui est mon patient, où donc s'exprime-t-il, où dans son œuvre s'est-il exprimé ? L'histoire de la philosophie s'intéresse peu à cette question. On répète que Socrate n'écrivit rien mais que son élève Platon fit vivre sa pensée dans des dialogues le mettant en scène. Pourtant, c'est bien Platon que l'on étudie depuis vingt-cinq siècles. Mais qui est Platon s'il n'est que le porte-voix de Socrate, s'il n'est que cette plume tremblante, courant sous la dictée d'un autre ?

Peut-être est-il – c'est du moins mon vœu le plus fort – cet homme allongé devant moi dont j'attends la parole, qui va se mettre à parler comme il n'a jamais parlé : en son nom.

— J'ai refusé le corps et maintenant...

Sa voix était claire, comme revenue de loin, mais son ton se fait soudain plus bas, plein d'une sorte de défaite ou de révélation :

— Maintenant... c'est lui qui refuse.

— Bien. Restons sur ces mots aujourd'hui. C'est bien, c'est même très bien.

Avant de se redresser, il reste assis au bord du lit, la tête rentrée dans les épaules, les cuisses entre les poings. Puis il déplie lentement son grand corps aux muscles noués. Son regard croise le mien. Sa barbe est celle d'un vieillard, son front cabossé par les siècles. Il sort un billet de sa poche et le fait claquer sur mon bureau. Il paie sa dette. Mais laquelle ? Il se sent coupable. Mais de quoi ? Pas d'idéalisme, pas de son influence sur l'Occident. Tout ceci n'est qu'une protection, un peu comme les souvenirs écrans servant à masquer à la conscience d'autres souvenirs : une sorte de théorie écran.

Je pense encore à cette phrase de Jacques Lacan sur laquelle nous avons eu tant de mal à nous mettre d'accord, au terme d'une des séances de travail les plus mémorables de l'association internationale : « La seule chose dont l'homme puisse avoir à se sentir coupable, c'est d'avoir cédé sur son désir. » Tant de dépressions s'éclairent de cela : avoir cédé sur son désir. Encore faut-il savoir identifier ce désir, ce désir inconscient – *son désir*. Celui autour duquel s'articule tout notre être et toute notre histoire, ce désir que nous pouvons ignorer toute notre vie mais que nous ne pouvons trahir sans en porter ensuite les séquelles dans l'épaisseur de notre chair, dans les symptômes de la dépression, comme autant de signes à déchiffrer.

Et c'est cela, l'objet d'une analyse, le déchiffrage de ces signes. Retrouver ce désir autour de quoi s'articule une vie, ce désir trahi qui a jeté le patient sur le divan. Qui a conduit Platon ici.

Kant

Lorsque je suis allé chercher Kant dans la salle d'attente, j'ai remarqué, sur la table, en évidence, ce vieux numéro de *L'Express* qui avait traîné ici longtemps mais que je pensais avoir jeté. Kant avait dû l'extraire de l'une des piles. En une, barrant le visage barbu de Platon, ce gros titre : « Le bonheur par la philo ». Kant, comme toujours tiré à quatre épingles, les jambes croisées dans une pose de dandy, un petit foulard éclairant la poche de sa veste, me fixait de son œil étonnamment bleu, avec quelque chose de rieur qui tremblotait un peu. Je me suis demandé si Platon était tombé sur ce numéro de *L'Express*. Voyant ce que je regardais, Kant me lança sans se lever :

— Ah... les cons.

— Venez, bien cher, venez.

Je le fais passer devant moi et le suis dans mon bureau. Tandis qu'il ôte sa veste, la plie et la dépose sur le dossier de la chaise, je romps avec mon habitude d'attendre que le patient soit allongé pour lui parler :

— Vous auriez donc quelque chose contre la *philothérapie* ?

Une fois allongé, il commence sans attendre :

— Cela s'est produit de nouveau.

— Qu'est-ce qui s'est produit de nouveau ?

— Dans la rue, une femme marchait derrière moi.

— Oui.

— Elle marchait, et le son de ses pas m'obsédait.

— Dites, dites-moi.

— Ses talons claquaient sur le trottoir, juste derrière moi. C'était comme un galop, une hâte angoissante. Elle marchait exactement à mon rythme mais j'avais sans cesse l'impression qu'elle me rattrapait. J'ai dû ralentir pour qu'elle passe devant moi.

— Oui.

— J'avais l'impression d'être poursuivi par les talons.

— Par les talons ?

L'entend-il ? Par les talons, par l'étalon, par la règle.

— J'ai cru que j'allais me mettre à hurler, lui crier d'arrêter de me suivre. Le rythme de son pas était oppressant. Toc toc, toc toc, toc toc, toc toc... Sans cesse cela repartait de plus belle. C'est seulement lorsqu'elle m'a doublé que j'ai pu respirer de nouveau, que cette pression au niveau du thorax s'est enfin relâchée.

— L'étalon vous a doublé.

— Oui, et le bruit s'est éloigné. Toc toc, toc toc, toc toc, toc toc.

— Qu'est-ce qui vous poursuivait ainsi ?

— Je ne sais pas...

— Dites-moi...ce qui vous poursuit ainsi...

— Je ne sais pas... Une femme... Un homme aussi... peut-être celui que je dois être, mais j'ai l'impression de ressasser...

— Vous ne ressassez pas, vous vous confrontez à ce qu'il y a.

— Vous savez... j'ai pensé à quelque chose... J'ai montré dans ma philosophie comment certaines idées, que nous avons en nous, dans notre raison, pouvaient aider à vivre. L'idée de Dieu, l'idée du moi, celle du monde aussi. Comment nous pouvions faire un usage régulateur, humaniste, de ces idées, sans pour autant y croire de façon dogmatique. Avoir en soi l'idée de Dieu, ce n'est pas avoir une foi aveugle en Dieu. Celui qui croit de façon dogmatique, qui est certain de l'existence de Dieu et s'en remet au Tout-Puissant pour être guidé et consolé, celui-là risque de régresser. C'est ce que vous avez si bien montré dans *L'Avenir d'une illusion*, que j'ai lu dès sa sortie, en 1927.

Ce n'est pas la première fois que Kant fait référence à mes travaux, qu'il cherche à me flatter ou à me contredire. Il poursuit :

— Vous y expliquez parfaitement comment ce genre de relation à Dieu entretient l'enfant en l'homme, fait régresser l'homme à un stade de son développement normalement dépassé. Comment Dieu le Père est la transfiguration du père réel de l'enfance, mais à la mesure de l'homme adulte. Or, une telle régression ne peut avoir lieu si, loin de croire béatement en Dieu, nous avons simplement l'idée de Dieu comme d'une possibilité. J'ai failli entrer en contact avec vous, à l'époque, pour vous dire...

— Pour me dire que ça n'allait pas ?

Il marque une petite pause :

— Oui, si on veut.

Il aura attendu encore trois quarts de siècle... Il semble hésiter, puis se décide :

— D'un côté, je pense avoir vu juste : nous avons en nous des idées, qui ne sont que des idées, dont nous ne pouvons pas démontrer la réalité, mais qui orientent notre effort pour connaître, pour vivre, et plus généralement pour être humain. Il en va ainsi de l'idée de Dieu : elle a orienté l'effort des plus grands scientifiques pour connaître. Ou de l'idée d'une vie éternelle de l'âme : elle oriente notre effort à tous pour devenir moraux. Mais de l'autre côté, je sens aussi qu'il y a dans cette théorie des idées régulatrices, qui ne sont pas nécessairement vraies mais dont nous pouvons faire un bon usage, quelque chose qui est à questionner dans mon analyse.

— Oui, tout à fait.

— Prenons l'idée de Dieu. Le scientifique qui cherche à comprendre le monde se trouve d'abord devant une diversité insensée de phénomènes. S'il a en lui l'idée d'un Dieu qui aurait créé le monde selon un ordre et une cohérence, il va être comme lancé dans l'aventure de la connaissance. Il disposera d'une première direction grâce à laquelle les phénomènes commenceront à s'ordonner dans son esprit, il commencera à y voir un peu clair, il aura des idées de relations entre les phénomènes, entre la pluie qui tombe et l'herbe qui pousse par exemple – et ce, que Dieu existe ou non. C'est cela, l'usage régulateur de l'idée de Dieu.

— Ce n'est donc pas Dieu qui est bon, mais l'idée de Dieu qui est bonne !

— Dieu est une bonne idée, exactement : elle oriente l'effort pour connaître. Prenons maintenant l'idée de la vie éternelle du moi. L'effort que nous avons à fournir pour devenir moraux est tel que nous risquons de baisser les bras si nous n'avons aucun espoir de vie éternelle. Si la mort vient demain mettre un terme définitif à mon effort, pourquoi commencer à lutter pour devenir meilleur ? Le progrès moral est tellement lent, ardu, qu'il nous faut au moins l'idée de la vie éternelle pour nous engager sur ce chemin escarpé. Si j'ai devant moi la vie éternelle, du moins sa possibilité théorique, si ma vie éternelle est possible, si j'ai en moi cette *idée*, alors je veux bien m'y mettre *dès maintenant*. Autrement, autant se laisser aller à ses penchants égoïstes.

Écoutant Kant me faire la leçon, je retrouve encore sa philosophie de la volonté : sa théorie de l'usage régulateur des idées prend évidemment son sens par rapport à la volonté qu'elles visent à réguler. L'idée de la vie éternelle est comme l'auxiliaire de notre volonté morale. Il s'agit encore et toujours de vouloir.

Il a bien raison de songer à questionner dans son analyse sa théorie des idées régulatrices. Il ne peut y avoir d'analyse sans logique de vérité, même si cela doit être, dans un premier temps au moins, coûteux ou douloureux. Or, peu importe à Kant que ces idées soient vraies, que Dieu existe vraiment ou que nous soyons éternels. Seul lui importe l'effet de ces idées sur notre volonté, sur nos vies humaines. C'est un défaut qui se retrouve chez de nombreux philosophes : ils sont animés par une logique de progrès moral davantage que par une logique de vérité. Ils disent aux hommes ce qu'ils estiment *devoir leur dire* pour les aider à progresser, non ce qu'ils pensent être le vrai. Pour les aider à grandir, ils leur parlent donc comme à des enfants. Je me lève subitement :

— Alors les idées ne sont pas vraies ou fausses, elles sont bonnes ou mauvaises... Alors il faut se faire des idées, si elles aident à vivre...

— Justement, c'est de cela dont je voulais parler, j'y pensais en venant, en marchant vers votre cabinet...

— Lorsque les talons vous poursuivaient...

— Oui, les talons de cette femme... ou de l'homme que je veux être...

— Dites.

— Donc si j'en ai parlé, c'est parce que j'ai bien compris que je m'étais interdit l'amour... avec des idées justement, des idées, des raisonnements.

— Oui...

— Moi qui ai théorisé le bon usage des idées...

— Oui.

— C'est quand même un peu bizarre...

— Un peu bizarre, je ne sais pas. En tout cas cela est.

— À moins que je n'ai théorisé ce bon usage des idées... que parce je sentais que j'en faisais un mauvais.

— Elles viennent bien de quelque part, vos idées...

Il semble un instant interdit. Je regarde mes notes : *poursuivi par l'étalon... toc toc toc toc... ce n'est pas affaire de volonté... j'avais envie d'aimer...* Je pense au paradoxe de la volonté : de trop vouloir, parfois, nous rend incapable de vouloir. Quiconque a déjà essayé de lutter contre l'insomnie le sait bien : vouloir absolument s'endormir induit une crispation qui interdit le sommeil. Il faut savoir lâcher prise, accepter même de ne pas s'endormir, et le sommeil pourra alors venir en récompense. Lorsqu'il reprend la parole, je suis surpris d'entendre sa voix :

— C'est très étrange ce que vous venez de dire... Je me suis toujours demandé où iraient mes idées, comment elles seraient reçues, quelle serait leur postérité, quels effets elles produiraient sur les hommes. Mais jamais...

— Dites.

— Jamais... je ne m'étais demandé d'où elles venaient.

Platon

Pour la première fois, il est resté complètement silencieux. Moi aussi. Je l'ai laissé à son silence. Lorsqu'il est parti, je suis allé à la fenêtre et je l'ai vu, en bas, dans la cour, marcher de son pas lent et hésitant, s'arrêter un instant puis repartir. J'ai cru qu'il allait lever les yeux vers mon cabinet.

Je retourne à mon bureau et déplie à nouveau sa *Lettre aux amis de Dion*. Je tombe sur un passage où il évoque la tyrannie des Trente à Athènes, et la présente comme une des raisons de son départ pour la Sicile :

« Trente avaient les pleins pouvoirs, qui se posèrent en maîtres absolus. Certains d'entre eux se trouvaient justement être de mes parents et de mes relations, et tout naturellement ils firent aussitôt appel à moi comme si j'étais fait pour m'occuper de ces affaires. »

Je ne savais pas que Platon avait de la famille parmi les Trente Tyrans, qu'il avait ce lien de sang avec la tyrannie des Trente... Il faudra que je me renseigne d'un peu plus près. Je me souviens de cet autre passage de la lettre de Platon : « Aussitôt que je serais devenu mon maître, je m'occuperais sans plus tarder des affaires de la cité. » Les « maîtres absolus », les tyrans donc, ont-ils attendu de devenir leurs propres maîtres pour s'occuper des affaires de la cité ?

« Je m'imaginais en effet qu'ils allaient bien sûr administrer la cité de façon à l'amener d'une vie injuste à une condition juste ; aussi portais-je la plus grande attention à ce qu'ils allaient faire. Et voilà que je vois, n'est-ce pas, ces hommes faire en peu de temps apparaître comme un âge d'or le régime politique précédent. Entre autres choses, Socrate, mon ami, qui était plus âgé que moi, et dont, je pense, je ne rougirais pas de dire qu'il était l'homme le plus juste de cette époque, ils l'envoyèrent avec d'autres chercher un citoyen, pour l'amener de force en vue de le mettre à mort, dans le but évident de le rendre complice de leurs agissements, de gré ou de force ; mais lui refusa d'obéir... (...) Je fus indigné et me dissociai des crimes qui étaient commis. Or, bientôt tombèrent les Trente. »

Comment s'est-il « dissocié » des crimes commis ? Quels « parents » et « relations » de Platon figuraient parmi les Trente Tyrans ? Jusqu'à quel point étaient-ils proches de lui ? Juste après le départ des Trente Tyrans apparaissent de nouveaux gouvernants, visiblement plus modérés. Dans sa lettre, Platon commente ainsi ce changement de régime : « Et voilà que de nouveau, me reprenait le désir de m'occuper des affaires publiques. » Ici, c'est vraiment Platon qui parle et c'est tout l'intérêt de ces lettres, par différence avec les dialogues où il donne la parole à Socrate. Car Socrate, justement, n'a jamais eu aucun désir politique. Devant son aura et le nombre de ses disciples, certains redoutèrent une prise de pouvoir, mais c'était méconnaître Socrate. C'est d'ailleurs probablement cela qui lui coûta la vie : son détachement, sa hauteur de vues. Cela que ses contemporains ne pouvaient pas comprendre : qu'il ait le pouvoir de prendre le pouvoir, mais qu'il n'en ait pas le désir, qu'il n'en fasse rien.

Je regarde par la fenêtre les feuilles immobiles du marronnier, revois la grande silhouette courbée de Platon dans la cour tout à l'heure.

« Mais je ne sais par quel hasard, de nouveau, ce Socrate, notre compagnon, des gens au pouvoir le traduisent devant un tribunal en portant contre lui la plus impie des accusations et celle qui de toutes convenait le moins à Socrate. En effet, c'est pour impiété que les uns traduisirent devant un tribunal, et que les autres firent périr celui qui autrefois... »

Quelque chose m'échappe dans le ton de cette lettre, quelque chose sonne faux dans cette posture d'un Platon spectateur naïf de l'infamie des hommes. Je sais bien que c'est ce qu'a retenu l'histoire officielle : Platon jeté dans la philosophie par le scandale de la mort de Socrate...

« Moi qui, bien sûr, observais ces choses et les hommes qui faisaient de la politique, plus j'approfondissais mon examen des lois et des coutumes, et plus j'avançais en âge, plus il me paraissait difficile d'administrer correctement les affaires de la cité. (...) Et je fus nécessairement amené à dire, en un éloge à la droite philosophie, que c'est grâce à elle qu'on peut reconnaître tout ce qui est juste dans les affaires de la cité ; que donc le genre humain ne mettra pas fin à ses maux avant que la race de ceux qui, dans la rectitude et la vérité, s'adonnent à la philosophie, n'ait accédé à l'autorité politique ou que ceux qui sont au pouvoir dans les cités ne s'adonnent véritablement à la philosophie. »

Autrement dit, pour qu'une cité soit bien gouvernée, il faut soit que le philosophe devienne roi, soit que le roi devienne philosophe. Et dans ce dernier cas, il a besoin d'un conseiller particulier, d'un Platon par exemple. Je me demande à qui il s'adresse vraiment dans cette lettre, auprès de qui il tente de justifier son statut de conseiller spécial du tyran de Syracuse. Les idées les plus grandes trouvent souvent leur origine dans de petites histoires : cela ne m'étonnerait pas que la fameuse doctrine platonicienne du philosophe roi ne soit d'abord que la justification de certains de ses voyages aux motivations obscures. Qu'y cherchait-il vraiment ? Pourquoi repartait-il si souvent ? Mais la suite me saute aux yeux et je ne peux contenir un mouvement de stupéfaction :

« Voilà dans quel état d'esprit je vins en Italie et en Sicile, lors de ma première visite. Mais, une fois sur place, cette vie qui là-bas encore était dite heureuse, parce que remplie de ces tables servies à la mode d'Italie et de Syracuse, ne me plut nullement sous aucun rapport : vivre en s'empiffrant deux fois par jour et ne jamais se trouver au lit seul la nuit, sans compter toutes les pratiques qu'entraîne ce genre de vie, voilà, en effet, des mœurs qui ne permettront jamais à aucun homme au monde de devenir sage. »

Je me lève et fais les cent pas dans mon cabinet, j'arpente la salle d'attente à grandes enjambées en me répétant cette phrase par laquelle Platon semble décrire le feu même de l'Enfer : *vivre en s'empiffrant deux fois par jour et ne jamais se trouver au lit seul la nuit* !

Ainsi le philosophe déçu par les mœurs politiques grecques s'en va-t-il en Sicile chercher un terrain où faire grandir son idéale République, mais à quel mur se heurte-t-il, à quelle réalité sordide se heurte sa belle âme ? Qu'est-ce qui soudain glace son espérance ? Ce vin qui coule dans les pichets, cette sueur sur le corps des amants ! Lorsqu'il évoque *toutes les pratiques qu'entraîne ce genre de vie*, sa voix trouve des accents de sincérité inédits. La tyrannie orchestrée par sa famille, la condamnation à mort de son maître ne lui inspirent qu'indignations convenues, mais l'évocation des plaisirs de la vie lui arrache les mots du dégoût le plus pur.

Me rasseyant à mon bureau, je ne sais ce qui l'emporte en moi, de l'excitation ou de l'inquiétude ; pourtant j'essaie de rester lucide, sérieux, d'opposer encore et toujours à l'excès de la névrose une attitude de savant. C'est mon combat depuis le début, ce que je me répète à chaque fois que j'ai peur, que je crains d'être emporté. Rester correct, comme je me le répète à chaque fois que je sens que les forces vont me manquer : *même devant la bile noire, même devant le rouge de l'hystérie, rester le savant en blouse blanche.*

Je me jette néanmoins sur la suite de la lettre :

« De même aucune cité ne pourra connaître la tranquillité, si les citoyens s'imaginent qu'il faut en tout dépenser à l'excès, et si par ailleurs ils estiment que, vivant dans une oisiveté totale, ils ne doivent s'adonner qu'aux banquets et aux beuveries, sans compter le soin qu'ils apportent à poursuivre les plaisirs de l'amour pour lesquels ils se donnent beaucoup de peine. »

Il a la haine du corps chevillée au corps. Mais d'où vient-elle ? Rien ne le dégoûte tant que cette peine qu'on se donne pour se donner du plaisir.

« Dion mit à m'écouter une attention et une ardeur que n'égala jamais aucun des jeunes gens que j'ai rencontrés, et il consentit à passer le reste de son existence à vivre autrement que la plupart des Italiens et des Siciliens, faisant plus de cas de la vertu que du plaisir et de ce qui, par ailleurs, relève de la luxure. (...) De la sorte, si jamais devait pleinement se réaliser l'espoir de voir les mêmes hommes être à la fois philosophes et dirigeants d'une grande cité, c'était bien à présent. »

Ah... le philosophe roi ! C'est donc d'abord le roi de son corps, celui qui est capable de dompter en lui cette bête ignoble qu'on nomme corps, qui n'a de cesse de s'empiffrer encore et encore avant de retrouver au fond d'un lit une autre bête, qui elle aussi n'a que ce cri : encore ! C'est parce que Dion consentit à vivre loin de la luxure que Platon vit en lui la possibilité d'un authentique philosophe roi, maître de lui-même avant d'être maître de la cité. La doctrine platonicienne du philosophe roi a souvent été critiquée pour son caractère élitiste, antidémocratique. Cette lettre en livre une autre dimension, probablement plus fondamentale : ce philosophe roi est surtout le roi de la haine du corps.

« Ces conseils, d'accord avec Dion, je les donnais aussi à Denys II : en premier lieu, vivre chaque jour de façon à devenir le plus possible maître de soi. »

Le fond morbide de cet idéal de maîtrise est ici révélé : Platon veut d'abord sauver Dion de cette vie où l'on s'empiffre deux fois par jour pour finir à deux, ou plus, dans le même lit.

« À ces doctrines, l'homme qui est avide de richesses et dont l'âme est pauvre ne prête pas l'oreille, et s'il lui arrive de l'entendre exposer, il s'imagine qu'il doit en rire ; de tous côtés, sans pudeur, il se jette, à la façon d'une bête sauvage, sur tout ce que, précisément, il s'imagine être bon à manger, à boire ou à lui procurer jusqu'à satiété ce plaisir servile et disgracieux, improprement appelé plaisir d'Aphrodite, en aveugle qu'il est et parce qu'il ne voit pas le mal qui est toujours contemporain à chaque manquement à la justice (...), en un mouvement d'aller et retour honteux et misérable dans sa totalité et sous tous ses points de vue. »

Je replie la lettre avec soin, absorbé par ce que je viens de lire. Je regarde, sur le divan, la marque laissée par le corps de Platon. *Un mouvement d'aller et retour honteux et misérable...*

Je me lève et me poste à la fenêtre. Platon voudrait que les hommes soient aussi immobiles que les feuilles de ce marronnier. Aussi immobiles que les idées dans le ciel éternel. Penseurs immobiles, à contempler la vérité.

C'est la lettre d'un unique effroi : l'effroi devant le sexe. Philosopher, c'est apprendre à mourir... Et mourir, c'est ne plus aller et venir. C'est retrouver l'immobilité, le grand bain de l'immobile vérité. Rien ne le remplit plus d'horreur que ce sexe qui va et vient, *honteux et misérable*, ce sexe qui va et vient dans le trou.

Dans la caverne.

Sartre

J'ai fait entrer Sartre en entendant encore sa voix la dernière fois : *Je n'ai pas envie de revenir sur le passé, je pense qu'il n'explique rien de ce que je vis aujourd'hui*. Il s'est allongé et a poussé un long soupir. Au bout d'un certain temps, je lui ai proposé de dire les choses comme elles venaient. Il ne m'a pas répondu. J'ai attendu. C'est seulement lorsque j'ai entendu sa respiration se faire plus forte, et plus régulière, que j'ai compris qu'il s'était endormi.

J'en profite pour relire les toutes premières pages des *Mots* consacrées à l'histoire de sa famille.

Son grand-père paternel, le docteur Sartre, crut épouser une riche héritière du Périgord mais s'aperçut au lendemain du mariage qu'elle était désargentée. Il la punit par le silence : il ne lui adressa plus un mot pendant leurs quarante ans de mariage – tout au plus s'exprimait-il par quelques signes, à table, pour lui demander le sel ou le vin. Ils vivaient, écrit Sartre, dans la triste grand-rue de Thiviers. « Il partageait son lit, pourtant, ajoute-t-il et, de temps à autre, sans un mot, l'engrossait : elle lui donna deux fils et une fille ; ces enfants du silence s'appelèrent Jean-Baptiste, Joseph et Hélène. » Jean-Baptiste est le père de Sartre : il dit au début des *Mots* ne connaître de lui quasiment rien, si ce n'est le récit de sa mort lente l'année de sa naissance. Joseph, l'oncle de Sartre, ne trouva jamais ni femme ni métier : resté chez ses parents, il réagit au silence par lequel son père assassinait sa mère en bégayant toute sa vie. Sa tante Hélène allait aussi finir vieille fille, elle trouva finalement un officier de cavalerie mais c'est lui qui devint fou. L'histoire familiale des Sartre éclaire cette détestation de la petite bourgeoisie provinciale qui fait une bonne partie du charme de *La Nausée*, ainsi que les raisons du malaise de Sartre nommé, jeune agrégé de philosophie, au Havre pour son premier poste.

Du côté maternel, son grand-père Charles Schweitzer incarnait le patriarche type, imposant barbu alsacien, professeur d'allemand à la carrière exemplaire mais aux manières frustres, inventeur de la méthode d'apprentissage dite directe. Il épousa une certaine Louise qu'il traumatisa pendant son voyage de noces. Elle fit chambre à part dès leur retour et vécut essentiellement alitée, dans la terreur de ses migraines répétées et des colères de son mari. Toute sa vie elle raconta, trouvant là son seul plaisir, des histoires de nuits de noces virant au cauchemar. « Charles lui inspirait de la crainte, un prodigieux agacement, parfois aussi de l'amitié, pourvu qu'il ne la touchât pas. Il lui fit quatre enfants par surprise. » Deux filles et deux garçons. La première fille mourut en bas âge, la seconde, la mère de Sartre donc, retourna vivre chez ses parents avec son fils d'à peine un an à la mort de son mari. Des deux fils du grand-père Schweitzer, le premier oncle de Sartre, brouillé avec son père, étonnamment secret sur sa vie, resta célibataire et attendit de mourir pour délivrer quelques clefs de son mystère : un revolver sous son oreiller et une quantité impressionnante de chaussettes et de chaussures déchirées, laissant deviner une existence de vagabond. L'autre réussit Polytechnique et par là même à s'éloigner de cette famille pathogène, de ce père écrasant et de cette mère éteinte. Mais ce père odieux, qui détruisit méthodiquement ses fils, fut pour le petit Sartre un grand-père aimant et attendri. « Ce Dieu de colère se gorgeait du sang de ses fils. Mais j'apparaissais au terme de sa longue vie, sa barbe avait blanchi, le tabac l'avait jaunie (...). M'eût-il engendré, cependant, je crois bien qu'il n'eût pu s'empêcher de m'asservir : par habitude. Ma chance fut d'appartenir à un mort : un mort avait versé les quelques gouttes de sperme qui font le prix ordinaire d'un enfant ; j'étais un fief du soleil, mon grand-père pouvait jouir de moi sans me posséder : je fus sa “merveille” parce qu'il souhaitait finir ses jours en vieillard émerveillé (...). Il m'appelait son tout-petit d'une voix qui chevrotait de tendresse, les larmes embuaient ses yeux froids. Tout le monde se récriait : “Ce garnement l'a rendu fou !” Il m'adorait, c'était manifeste. »

Ces phrases de Sartre écrivain m'intriguent au plus haut point, je pourrais les relire à l'infini tant il frôle toujours la sincérité sans jamais y tomber. Il prend la pose, à la manière de ces écrivains français de droite qu'on appelle les Hussards, avec le style rapide, enlevé, tenant le pathos en respect du bout de la plume, d'un Roger Nimier ou d'un Jacques Laurent, ses talents de conteur et de styliste sont immenses, mais sa prose m'apparaît surtout comme un rempart, une façon de maintenir à distance la violence de l'histoire familiale, d'en recouvrir le vacarme d'une musique de mots. Cette façon, par exemple, qu'il a d'évoquer la mort de son père en la présentant immanquablement comme une chance : tantôt une aubaine lui épargnant la violence de l'Œdipe, tantôt l'occasion d'une relation privilégiée à son grand-père, tantôt un miracle lui offrant la liberté, le débarrassant de celui qui l'aurait obligé à faire ceci ou à être cela : « La mort de Jean-Baptiste fut la grande affaire de ma vie : elle rendit ma mère à ses chaînes et me donna la liberté... » Comment ne pas voir là une manière inconsciente de se protéger ? *Ma chance fut d'appartenir à un mort : un mort avait versé les quelques gouttes de sperme qui font le prix ordinaire d'un enfant...*

Très peu d'affects... ce serait vulgaire, une faute de style. Ce n'est pas l'orphelin qui s'exprime dans ces lignes, c'est le philosophe ne ratant jamais une occasion de souligner la contingence de la vie humaine. Un enfant, sous la plume de Sartre, ne peut pas être voulu : il serait comme menacé dans sa liberté totale. D'avoir été voulu le déterminerait trop, donnerait trop de sens à une existence qu'il lui appartient d'inventer : c'est pourquoi l'enfant n'est l'enfant que de *quelques gouttes de sperme*. Ainsi reste-t-il libre d'inventer le sens de sa vie. *Je fus sa merveille parce qu'il souhaitait finir ses jours en vieillard émerveillé...* Ce genre de phrases est symptomatique : nul auteur sincère ici en quête de sa vérité, mais plutôt un philosophe cherchant à justifier sa philosophie. Si tout est choix dans l'existence d'un homme, alors son grand-père n'était pas simplement émerveillé par lui, il avait *choisi* de finir ses jours en vieillard émerveillé. Toute l'écriture de Sartre est stratégique : revenant sur son enfance, il cherche encore à convaincre

– à se convaincre – de sa philosophie de la liberté absolue.

Malgré tout, il apparaît qu'il fut un enfant aimé et même plus que cela : chéri par sa mère et son grand-père, applaudi en le moindre de ses mouvements. Ce petit être qui avait survécu, presque nain et bientôt borgne, était une merveille pour une mère qui retrouvait une raison de vivre et un grand-père qui découvrait sur le tard que son cœur n'était pas fait que de pierre. En retournant chez ses parents avec son fils, la mère de Sartre obligea son père, qui venait de demander sa retraite, à continuer à enseigner l'allemand, et sa mère, aigrie et vieillissante, à tenir une maison pour une véritable famille. Aussi Sartre vit-il sa mère se muer en femme de chambre, en cuisinière et en servante pour essayer d'obtenir le pardon de ses parents. Mais rien n'y fit, elle fut elle aussi victime du silence. S'ils ne reprochèrent jamais explicitement à leur fille d'avoir épousé un mort, tout dans leur comportement tenait lieu de reproches. Sa mère partagea longtemps la chambre de Sartre, que ses grands-parents appelaient même « la chambre des enfants ». Ainsi, après avoir vu l'une de ses grands-mères punie par un silence de quarante ans, l'autre clouée dans son fauteuil par les manières brutales et la méthode directe d'un alsacien barbu, Sartre voyait sa propre mère, de jeune veuve redevenir jeune fille, peinant à obtenir son argent de poche ou la permission de vingt-deux heures pour des dîners chez ses amies mariées, se résignant finalement à ne plus rien demander. Sartre se réjouissait-il alors vraiment *d'avoir sa mère à lui tout seul* ? Et comment ne pas voir là, dans sa mère enfermée dans la « chambre des enfants », l'origine de l'obsession sartrienne de la liberté ?

La respiration de Sartre se fait un peu plus forte encore, il dort profondément. Je ne sais s'il connut dans son enfance des blessures de jalousie, mais il dut en connaître bien d'autres. Il parle toujours de l'amour qu'il reçoit ou ressent comme s'il ne voulait pas y croire. Après avoir écrit que son grand-père l'appelait « son tout-petit » avec tendresse, il ne peut s'empêcher d'ajouter : « Il m'adorait. C'était manifeste. M'aimait-il ? Dans une passion si publique, j'ai peine à distinguer la sincérité de l'artifice... » Étrange phrase d'ailleurs, que l'on pourrait évidemment appliquer à tous les engagements publics de Sartre, existentialiste, communiste ou finalement mystique, pour l'avortement ou contre les *boat people*, pour les ouvriers de Renault ou contre l'Académie française... *Dans une passion si publique, j'ai peine à distinguer la sincérité de l'artifice...* En effet... « Et puis mon grand-père se plaît à emmerder ses fils. Ce père terrible a passé sa vie à les écraser ; ils entrent sur la pointe des pieds et le surprennent aux genoux d'un môme : de quoi leur crever le cœur ! » L'amour de son grand-père n'est alors plus simplement de l'amour, mais ruse supplémentaire pour meurtrir un peu plus ses deux fils... De même lorsqu'il parle de sa mère, il ajoute là aussi un sérieux bémol à l'évidence de l'amour : « Il ne fallut pas longtemps pour que la jeune veuve redevînt mineure : une vierge avec tache. » La tache, c'est lui, l'enfant de quelques gouttes de sperme : une tache qui aurait pu ne pas être. Cette vierge en résidence surveillée, soumise à tous, je vois bien qu'elle est là pour me servir. Je l'aime : mais comment la respecterais-je, si personne ne la respecte ?

Mais évidemment, c'est lorsqu'il évoque son père que son ironie se fait la plus sèche, que son ton se gonfle de la distance la plus froide : « Plus tard, j'ai hérité de livres qui lui avaient appartenu (...). » Il les énumère alors, et puis conclut : « Il avait de mauvaises lectures comme tous ses contemporains. » Pour parler de son père qu'il n'a pas connu, il choisit donc le détachement hussard, voire le ton mondain et snob du chroniqueur de presse. Et il poursuit : « J'ai vendu les livres : ce défunt me concernait si peu. Je le connais par ouï-dire (...) et ce que je sais de lui ne se rapporte jamais à moi : s'il m'a aimé, s'il m'a pris dans ses bras, s'il a tourné vers son fils ses yeux clairs, aujourd'hui mangés, personne n'en a gardé mémoire : ce sont des peines d'amour perdues. Ce père n'est pas même une ombre, pas même un regard : nous avons pesé quelque temps, lui et moi, sur la même terre, voilà tout. Plutôt que le fils d'un mort, on m'a fait entendre que j'étais l'enfant du miracle. De là vient, sans aucun doute, mon incroyable légèreté. » Sa légèreté... Et ce qu'il veut être sa liberté. Lisant une telle construction, j'avoue ne pas trop savoir comment m'y prendre. *Ce père n'est pas même une ombre, pas même un regard...* Encore le regard, même sous le jour de l'absence... Le style de hussard, l'ironie, la distance, les formules rapides et ramassées... : tout sert ici à dire qu'il n'y a pas eu blessure ; tout, ici, ne fait que dire la blessure.

Kant

— Cela s'est encore produit.

— De quoi parlez-vous ?

— Des talons sur le trottoir... qui hoquetaient derrière moi, pressés, de cette insupportable cavalcade.

— Des talons ?

— Les talons d'une femme qui claquent sur le bitume, juste derrière moi, qui me poursuivent...

— Vous pourriez vous demander ce qui vous poursuit ainsi...

— L'homme que je veux être, c'est ce que je vous ai déjà répondu, mais...

— Oui ?

— Cela me semble peu convainquant. C'est un son atroce, toc toc, toc toc, toc toc, toc toc, comme un métronome qui s'emballe.

Il rassemble ses mains derrière sa nuque et reprend d'un ton plus las, mais en détachant bien les « toc toc » :

— Toc, toc, toc, toc, toc, toc, toc, toc...

— Dites, bien cher, dites ce qui vient...

— Ce qui vient c'est une femme...

— Quelle femme ?

— Oh arrêtez avec vos sous-entendus, ce n'est pas ma mère en tout cas !

— Mais je ne sous-entends rien !

— Ma mère était la douceur et la morale faites femme, c'était l'être le plus attentionné que la terre ait porté, toujours soucieuse de bien faire, comme mon père d'ailleurs. Lorsqu'elle est morte...

— Oui...

— J'avais treize ans... Non, la femme qui vient ici est autoritaire, elle n'a pas que ça à faire, j'entends le son de ces talons sur le trottoir comme une injonction, quelque chose qui m'est adressé, qui ne me lâche pas...

— Qu'entendez-vous ?

— Toc, toc, toc, toc, toc, toc... Une voix autoritaire, un peu moqueuse...

— Et que dit-elle ?

— Qui ?

— La voix.

— Je ne sais pas... Les talons claquent, leur rythme semble d'abord irrégulier mais, en vérité, il ne l'est pas... Ça résonne dans mon dos.

— Que vous dit-elle, cette voix ? Qu'est-ce qui résonne ?

— Je... je ne sais pas, elle me dit tu...

— Oui... elle vous dit tu ?

Il reste un temps silencieux avant de reprendre :

— Je crois qu'elle me dit tu dois, oui, je crois que c'est ça, tu, dois, tu, dois, tu, dois, tu, dois...

— Oui !

— *Tu, dois, tu, dois, tu, dois...* C'est cela qu'elle me dit, la voix, c'est pour cela que je ne supporte pas les talons dans mon dos.

— En tout cas, c'est cela que vous entendez, et cela nous intéresse au plus haut point. Vous avez lu L'Ecclésiaste ?

— Bien évidemment, pourquoi me demandez-vous cela ? Je l'ai lu et relu, analysé et commenté. Comment n'aurais-je pas lu ce texte majeur de l'Ancien Testament ?

— Vous devriez le relire.

— Pardon ?

— Vous devriez le relire. Je crois que c'est important pour vous.

— Et comment donc font vos patients moins cultivés, s'ils doivent lire ou relire l'Ancien Testament pour déchiffrer vos suggestions ?

— Mais ce n'est pas une *suggestion.*

— Ah bon ? Mais qu'est-ce alors ? ! Un ordre ?

— C'est justement parce qu'il est question dans L'Ecclésiaste d'un certain ordre donné à l'homme, et de ce que ça lui fait de recevoir cet ordre, que je me permets de vous en parler. Et puis c'est à vous que j'en parle, pas aux autres.

— Je ne pensais pas qu'en venant trouver Freud je serais renvoyé à la Bible.

— Eh bien vous vous trompiez. Cette voix qui vous poursuit de ces *tu dois* impératifs, elle ressemble bien sûr à celle que Moïse entendit sur le mont Sinaï, à cette grosse voix qui fit retentir les dix commandements au-dessus de sa tête, elle ressemble aussi à celle de votre conscience morale, c'est vrai, et même à celle de ce que nous pourrions appeler le surmoi – mais pas seulement. Et je crois que vous pourrez trouver dans l'Ecclésiaste de quoi mieux saisir ce qui vous poursuit ainsi – de quel *tu dois*, précisément, il s'agit.

— Bien, je vais le relire. D'ailleurs je sens bien que ce *tu dois-là* n'est pas exactement celui de ma conscience morale, que le *tu dois* de ma conscience morale n'est, lui, pas vraiment problématique.

— C'est-à-dire ?

— L'impératif moral est la marque que j'ai laissée dans l'histoire de la philosophie. Mais je n'ai pas l'impression que ce *tu dois*-là, le *tu dois* moral, soit celui qui me poursuit, me fait souffrir...

— Tu dois considérer autrui toujours comme une fin et non comme un moyen...

— Oui, et puis aussi : tu dois toujours agir de manière à ce que la maxime de ton comportement puisse être érigée en loi universelle. Autrement dit, devant une action possible, pour savoir si elle est morale ou non, il suffit de se demander comment fonctionnerait le monde si chacun agissait de la sorte. Si je ne peux pas faire de la maxime de mon action une loi universelle, alors c'est que mon action est immorale. Prenons l'exemple d'un mensonge, mais pour la bonne cause, pour éviter de faire souffrir celui à qui l'on ment. Est-il ou non moral ? Pour le savoir, il faut d'abord chercher à extraire ce qui serait la maxime de mon action – ici ce pourrait être « si c'est pour le bien d'autrui, alors tu peux mentir », et ensuite se demander s'il est possible d'en faire une loi universelle, se poser cette question simple : le monde des hommes serait-il possible si chacun mentait dès lors qu'il juge son mensonge légitime, utile à quelqu'un ? On voit tout de suite que la réponse est négative, que c'est le fondement même de la communauté des hommes – la confiance en la parole de l'autre, qui serait alors sapé. Le mensonge, même pour la bonne cause, n'est pas *universalisable* : il n'est donc pas moral.

— Et alors ?

— J'avais présenté le sentiment du respect pour soi comme une forme de gratification, de récompense venant couronner l'action authentiquement morale, l'action accomplie par pure volonté de faire le bien, non l'action qui est simplement conforme à la morale. Si vous ne mentez pas, mais que c'est simplement par crainte d'être démasqué, vous ne ressentirez pas ce sentiment de respect pour vous-même. Si en revanche, à l'issue d'un conflit intérieur, vous décidez de ne pas mentir par pure intention morale, alors vous serez gratifié de ce sentiment de respect pour vous-même. L'action est la même, mais pas l'intention qui la motive. Si vous recherchez ce sentiment, vous ne le ressentirez pas, car votre action ne sera pas motivée par la pure recherche du Bien mais par la quête intéressée de ce sentiment d'estime de soi. Si en revanche vous agissez vraiment en vue du Bien, alors vous serez récompensé par ce sentiment d'estime ou de respect de soi, mais parce que vous ne l'aurez pas recherché. Mais je ne sais pas pourquoi je parle de cela maintenant...

— Si, vous le savez.

— Peut-être parce que je me sens loin d'une telle estime de soi, ou pour questionner cette recherche de pureté... de l'intention absolument pure. J'entends bien désormais qu'elle cache quelque chose...

— Oui...

— Mais quoi ?

— C'est bien, c'est très bien. Nous allons en rester là aujourd'hui, sur cette quête de pureté et tout ce qu'elle cache, tout ce qu'elle a justement pour fonction de recouvrir.

Il dépose les billets sur mon bureau et je le raccompagne. Je lui confirme notre rendez-vous de jeudi mais il reste sur le pas de la porte en me regardant bizarrement, puis lâche :

— En fait... je le sais depuis le premier jour, qu'elle cache quelque chose cette quête de pureté.

— Vous m'en parlerez jeudi.

Platon

— *J'ai refusé le corps, maintenant c'est lui qui refuse.* Lorsque j'ai dit cela, je crois que j'ai touché quelque chose d'important.

— Oui.

Il y aurait une forme de résistance de la part du patient, pensent bon nombre d'analystes, à commencer une séance par les derniers mots d'une séance passée. Il s'agirait, ici encore, d'une stratégie de résistance, d'une protection pour ne pas dire ce qui vient. Je n'en suis pas sûr.

— Donc, j'ai compris ça. Oui, je l'ai compris. Et maintenant ?

Il parle fort comme un homme qui cherche à se donner du courage, qui essaie de comprendre :

— Hein ? Et maintenant ? Il semblerait qu'il ne suffise pas de comprendre pour aller mieux. J'ai l'impression d'avoir compris beaucoup de choses et pourtant l'angoisse ne m'a pas quitté, ni les insomnies, ni rien de ce qui me mine. J'ai toujours ma nuque qui se coince, qui soudain se fige et je ne peux plus relever la tête, parfois même je suis obligé de marcher tête baissée, oui... tête baissée comme un condamné.

Je sens de l'agressivité dans sa voix. Pas vraiment à mon égard, ni même retournée contre lui. Il est simplement en train de découvrir quelque chose qui est pour lui, pour l'instant en tout cas, insupportable. C'est lorsque la parole en analyse entraîne de profondes émotions qu'elle peut induire les changements espérés. Le problème de toute analyse pourrait être ainsi posé : comment passer d'une saisie intellectuelle de la vérité à une « expérience émotionnelle » de cette « vérité » qui, seule, aura des vertus thérapeutiques ? Et il n'est pas illogique que ce problème se pose à un philosophe avec une intensité toute particulière.

— Ou alors je n'ai pas tout compris ? Je suis encore à côté du sens de ma maladie ? Parce que quand même, je sais bien que vous n'allez pas me répondre, mais elle a bien un sens ma maladie ? C'est ce sens que je veux comprendre.

— Exactement.

— Quoi exactement ?

— Exactement. Vous cherchez encore *la* vérité, *le* sens de votre maladie. C'est précisément votre problème.

— Vous préféreriez quoi ? Que je recherche le faux, le mensonge ?

— Il n'y a pas que la vérité ou le mensonge. Vous le savez bien.

— Comment ça ?

— Vous le savez.

Je me lève, contourne mon bureau et fais quelques pas pour me mettre à son niveau. Je baisse mes yeux vers son regard tendu, et je pose ma main sur son épaule. Je sais qu'il a envie de parler, de me demander de préciser, de me dire que non, vraiment, il ne voit pas. Puis je me poste à la fenêtre, en lui tournant le dos. J'entends, au léger bruissement du coussin sous son crâne, qu'il me cherche des yeux.

— Il n'y a pas que la vérité ou le mensonge, il n'y a pas que le vrai ou le faux. Il y a aussi l'équivoque. Cela, les philosophes l'oublient souvent.

Je ne sais depuis combien de temps dure le silence. Au-dessus de ses pieds, sur le chambranle, je regarde ces bouddhas entre le sphinx et le cobra. Le bouddhisme aussi enseignait à apprendre à mourir : à refuser le corps, à se déprendre, pour n'en plus souffrir, de son individualité, à ne plus désirer. L'Occident n'a pas le monopole des sagesses mortifères.

Je me demande si le regard de Platon se pose comme le mien sur ces statuettes de Bouddha, qui doivent, de là où il est, lui paraître surplomber ses pieds. Je me demande à quoi il pense.

J'ouvre mon carnet de notes et relis ce que j'ai découvert récemment. Il m'a suffi de chercher dans un dictionnaire étymologique : « Platon », en grec ancien, signifie en fait « largeur ». C'est donc ainsi que le surnomma un jour son professeur de gymnastique. Il évoquait, m'a dit Platon, la largeur de son front, peut-être parce qu'il théorisait sans cesse, et qu'il a effectivement un front large, peut-être parce qu'il avait les idées larges, peut-être aussi pour se moquer, parce qu'il était un piètre gymnaste, un « intellectuel » empêtré dans son corps, pourtant massif et bien proportionné.

Mais au fond, peu importe. Platon – Front large –, ce surnom est resté ; il l'a *marqué*. Il a marqué la mémoire de chaque molécule de son corps, et peut-être même l'Occident tout entier. Et si c'était lui, qui l'avait *enfermé* ?

Je me souviens d'une de mes patientes, la benjamine d'une famille de quatre enfants qu'on appelait depuis toujours « la petite dernière ». C'était affectueux et, je crois, plein d'une réelle tendresse. Mais elle avait toute sa vie obéi à ce qu'elle avait reçu comme une injonction : elle était restée la petite dernière en tout. Elle était restée, même adulte, plus petite que ses frères et sœurs, elle était restée la dernière socialement, professionnellement, affectivement, jusqu'à ce qu'une longue analyse ne la délivre finalement de la prison de son surnom. Qu'est-ce qui fait qu'un nom ou un surnom, une parole qui nous était adressée, ou même ne l'était pas, ont parfois sur une vie un pouvoir immense – un pouvoir *absolu* ?

Platon

À peine allongé, il se prend le visage entre les mains. Je n'arrive pas à savoir s'il bâille, se masse les joues ou se frotte les paupières. C'est lui qui a souhaité, en prévision de sa prochaine absence, avoir deux séances le même jour. Pour que le rituel soit respecté, je lui ai quand même proposé de patienter en salle d'attente avant sa seconde séance. Malgré cela, je me demande si je n'aurais pas dû refuser. Finalement, il semble émerger de sa fatigue et se met à parler :

— Je voudrais l'aimer, ce corps, mais je n'y arrive pas, je ne parviens pas à m'y sentir bien, je suis comme en Égypte, il y a cette pression dans mes muscles, cette tension constante...

— Vous êtes comme en Égypte ?

— Je suis allé en Égypte juste après la mort de Socrate, en Égypte, et même en Italie, en Sicile... Je crois que c'est là, en Égypte, que j'ai découvert l'angoisse pour la première fois, cette morsure qui vrille le sang, qui l'alourdit, cette impression d'un ciel couvert au-dessus du cœur, ce souffle court et cette peur étrange, sans objet précis... Ce nez qui coule aussi, j'ai le nez qui se met à couler dès que je suis angoissé.

En Égypte, et même en Italie, en Sicile... Cette énumération fait jaillir dans mon esprit l'image d'un Platon errant, cherchant dans le voyage un impossible oubli. Mais lequel ?

Platon l'Égyptien... Je me souviens d'une étude étymologique qui m'avait étonné. Le mot « gipsy » viendrait du mot « égyptien » : égyptien, egyptian, gipsy... Soudain je vois autrement le vieil homme étendu devant moi : Platon l'Égyptien, Platon le gitan... Lui l'amoureux de la fixité des idées éternelles, lui, le sage immobile contemplant le ciel immobile, le voici nomade à la mort de son maître, glissant de pays en pays dans une errance sans fin... Ce n'est pas vraiment le Platon des manuels scolaires, ni celui qu'on voit représenté sur le tableau de Raphaël, *L'École d'Athènes*, où il apparaît debout, le doigt désignant la vérité, entouré de ses élèves. Platon le nomade est un autre Platon. De ces lettres qu'il m'a remises se dégage une impression très nette d'errance. Même dans sa façon d'évoquer ses évolutions psychologiques, il y a en lui quelque chose d'un homme ballotté, si peu maître de lui justement. J'entends certaines phrases de sa lettre à Dion : *Or, bientôt tombèrent les Trente... Et voici que me reprenait le désir de m'occuper des affaires publiques.* Voici que me *reprenait* le désir : comme un désir plus fort que lui, ce n'est pas lui, philosophe sage, qui prend une décision, c'est le désir qui le prend et même le *reprend*.

— Je me souviens d'un miroir soudain, c'était en Égypte, où je ne me suis plus reconnu, où je n'avais plus ce plaisir que j'avais toujours connu à croiser mon regard. Je me souviens m'être dit, mais qu'est-ce qui a changé ? Pourquoi ne vois-je plus le monde comme avant ?

Le monde ? Ou son visage ? Ce n'est pas qu'il ne voit plus le monde comme avant. Il a toujours « vu le monde » ou contemplé la vérité pour mieux ne pas voir ce qu'il y avait à voir en lui : sur son visage. Mais le jour où ça ne tient plus, où il ne peut plus continuer à vivre en se fuyant, il a l'impression qu'il ne voit plus le monde comme avant. C'est que le monde ne marche plus, le monde comme rempart entre lui et lui-même ne marche plus comme avant. Je le relance :

— Avant quoi ?

— Avant son procès.

— Son faux procès ?

— Que voulez vous dire ?

— Ne parliez-vous pas, récemment, d'un faux procès ?

— Si, mais je ne parlais pas de ça, je parlais du faux procès fait au christianisme, d'avoir dévalorisé le monde sensible alors que c'était d'abord mon fait, je ne parlais pas de Socrate...

— Parce que Socrate, ce n'était pas un faux procès ?

— Si, bien sûr... Cette nuit j'ai refait ce cauchemar...

— Oui...

— Ce cauchemar avec le bébé. Il y a un bébé, un nouveau-né, il est sous l'eau, il ne peut pas respirer, il semble remonter mais à la surface de l'eau il y a une couche de glace, assez épaisse.

— Oui...

— Il se heurte doucement à la couche de glace, doucement mais à répétition, il n'y a pas d'issue, il est pris dans la glace...

— Qu'est-ce que vous en dites ?

— Je ne sais pas, que je ne veux pas être père ? Que je ne veux pas être le père de tout cet idéalisme, que j'aurais préféré qu'il ne perce jamais la glace...

— Pourquoi ne pas lire le récit de votre rêve dans le fil de votre séjour en Égypte, donc de votre évocation de Socrate ? Cet enchaînement, en tout cas, nous intéresse au plus haut point.

— Je ne vois pas le rapport. Je disais simplement que j'avais quitté Égine juste après le procès de Socrate, que j'étais parti pour l'Égypte...

— Égine ? Vous parlez de cette petite île, la plus proche d'Athènes je crois ?

— Oui, Égine.

— Vous n'étiez pas à Athènes lors du procès de Socrate ?

— Non... J'ai voulu, mais c'était trop dur. Je suis resté à Égine...

— À Égine ? !

— Oui, à Égine... à une heure de bateau.

Je savais que Platon n'avait assisté ni au procès de Socrate ni à sa mise à mort la nuit où il but la ciguë. Cette absence est souvent présentée comme décisive dans l'histoire de la philosophie : Platon, coupable à jamais de n'avoir pas été aux côtés de son maître en ses derniers instants, lui aurait offert par ses dialogues une manière d'éternité. Mais voila qui ne nous éclaire aucunement sur les raisons, ou les déraisons, de cette absence. D'autres disciples étaient là, mais lui, Platon, son disciple le plus fervent, le plus doué, celui en qui il plaçait ses plus grands espoirs, est resté à Égine sur la plage ? ! Je me souviens aussi de cette étrange phrase de Platon dans je ne sais plus quel dialogue : « La mer lave de tous les maux » – si étrange dans la bouche de celui qui ne vit que pour le ciel des Idées.

— Non... je n'étais pas à son procès. Je ne l'ai pas accompagné la nuit de sa mort, je ne l'ai pas vu boire la ciguë, je ne l'ai pas... c'était trop dur.

— Qu'est-ce qui était trop dur ?

— Je n'ai pas pu, je ne sais pas.

— C'était la glace ?

— Pardon ?

— C'était la glace qui était trop dure ?

— Je ne comprends pas...

— C'était d'être pris dans la glace ? C'est vous qui l'avez dit. Il est pris dans la glace, le bébé de votre rêve. *Pris dans la glace*. Vous évoquiez l'Égypte, après ce dernier rendez-vous manqué avec Socrate, et puis, dans la foulée, ce rêve de la glace, où il est pris dans la glace.

— Qui ?

— Vous le savez.

— Vous voulez dire...

— C'est vous qui l'avez dit...

— Le bébé, dans mon cauchemar, ce serait moi, moi qui serais pris dans la glace, mais quel rapport avec Socrate ?

— Vous ne le voyez pas ?

— Je serais pris dans la glace... de ma rivalité avec Socrate ?

Je me demande si je ne *suggère* pas trop, si cela ne vient pas trop de moi, et pas assez de lui, si je ne viens pas ici de trahir cette neutralité qui doit toujours être celle de l'analyste pour que la cure puisse fonctionner.

Je hais cet orgueil thérapeutique déplacé qu'il y a à donner au patient des directives explicites, à l'inviter trop franchement à rassembler ses souvenirs, à songer par exemple à un certain moment de sa vie ou même à privilégier, comme je viens de le faire, une signification ou un rapprochement. Neutralité et même, comme on dit en langage diplomatique, neutralité bienveillante : c'est la condition de l'analyse. Autrement, on *suggère* ; on parle encore à des enfants.

SARTRE

— Dites, bien cher, dites comme ça vient.

— Vous savez, d'être le maître de toutes les impostures ne vous rend pas une guérison facile, d'avoir été le maître des mots ne vous libère pas une parole de sitôt. J'ai tant usé des mots pour dire ceci et cela, ceci tout autant que cela, j'ai revêtu si jeune un habit de mots pour me protéger qu'il m'est difficile aujourd'hui de m'y enrouler de nouveau pour me livrer...

— Ce ne sont pas les mêmes mots. Plus précisément, cela n'est pas la même parole.

— Je sais bien, mais par les mots je me suis toujours protégé, j'allais devenir fou, non vraiment ça ne tournait pas rond, je n'avais pas huit ans quand mon grand-père me jeta dans l'imposture des mots : dans la posture de l'écrivain. Mais c'est entendu, ce fut une posture comme une autre, une imposture de plus et même, de toutes, celle qui me fit le plus grand mal en prétendant me sauver... Sans elle, sans ce talent et les ailes qu'il m'offrit, j'aurais peut-être fait face à tout ce qui devait bien me blesser, au lieu de cela je ne faisais que glisser dessus, je n'en faisais pas tout un plat, j'en faisais tout bonnement des livres : à l'âge de dix ans j'en avais déjà écrit une douzaine, je l'ai raconté dans *Les Mots* mais je crois, paradoxalement, que de l'écrire dans *Les Mots* m'a empêché de l'entendre vraiment, que de l'écrire, encore une fois, m'en a en quelque sorte isolé, écoutez donc : « Peut-être perdrais-je un bras, une jambe, les deux yeux. Mais tout était dans la manière : mes infortunes ne seraient jamais que des épreuves, que des moyens de faire un livre. Aveugle ou cul-de-jatte, fourvoyé par mes erreurs, je gagnerais la guerre à force de perdre les batailles... »

— Oui...

— C'est beau, hein ?

Sa voix était nasillarde, saturée d'ironie et d'aigreur, avec aussi quelque chose de mondain. Je note : *tout était dans la manière*. Il reprend dans un souffle :

— C'est beau de se voiler la face, je repense souvent à ce passage lu et relu dans les écoles et je m'interroge – mais qui l'entend ? Qui l'entend vraiment ? *Je gagnerais la guerre à force de perdre des batailles...* Eh bien non... je ne l'ai pas gagnée, la guerre, et me voilà ici, étendu, avec mes bras le long de mon corps.

— Quelle guerre ?

— Sortir de l'enfance, en sortir victorieux... je ne l'ai pas gagnée.

Je me lève et commence à arpenter mon cabinet en silence. Finalement, je m'adresse à lui :

— Voyez-vous, je crois que vous l'avez gagnée, cette guerre. Comme nous tous, vous l'avez gagnée. Mais justement, c'est de l'avoir gagnée qui nous fragilise. C'est une lutte, effectivement, nous nous arrachons à l'animalité en quelques années, que dis-je, en quelques mois, le petit mammifère devient sujet humain mais au prix de quoi, de quelle violence, de quels renoncements, de quels refoulements... Oui, c'est un combat que tous nous menons, que tous nous remportons, mais nous gagnons la victoire en même temps que les blessures, et nous ne nous souvenons ni de l'une ni des autres. Jusqu'au jour où les blessures se rouvrent, plus ou moins spectaculairement il est vrai. Alors, c'est l'explosion psychotique. Ou plus simplement, c'est l'angoisse, quelque chose de nouveau et d'incompréhensible, une possessivité maladive, cette jalousie peut-être dont vous me parliez, enfin, les symptômes ne manquent pas... Je vais vous dire, bien cher, nous ne sommes humains que d'avoir remporté cette victoire mais elle est notre faille autant que notre fierté – voilà : nous sommes *civilisés*, mais cette victoire que nous avons arrachée ne nous laisse pas en paix ; elle est notre fragilité. Cette victoire est la nôtre, mais nous en sommes en même temps les victimes.

Je retourne à mon bureau. À son mutisme, j'entends sa résistance. Que nous soyons les enfants de notre enfance, je sais qu'il ne peut encore l'accepter. Il a déjà du mal à accepter que nous soyons les enfants de nos parents.

— Écrire, pour moi, dès le début, c'était mentir. Éprouver l'infinie liberté du mensonge et y puiser sa vérité. Comme si ma seule vérité était justement là, de mentir en écrivant. J'écrivais avec une telle rage et une telle nécessité que mon existence devenait l'exacte opposée de celle que ma philosophie attribuait au reste du genre humain. Pendant que le philosophe peignait, avec le succès que l'on sait, l'existence indécise, flottante jusqu'à la nausée, offerte à l'infini des possibles et à l'angoisse du choix, l'individu que j'étais se jetait sur sa plume avec au ventre la force de la nécessité. J'écrivais que les hommes étaient libres jusqu'à l'angoisse, que leur vie était un vertige devant des choix multiples mais moi, écrivant cela, je n'avais ni choix ni angoisse, écrire était mon destin lors même que j'écrivais que le destin n'existe pas. C'est à s'y perdre, non ?

— Pas forcément...

— J'ai écrit dans *L'Être et le Néant* que l'homme était une « passion inutile », c'était même la dernière phrase de mon dernier chapitre, l'idée n'a pas beaucoup plu aux chrétiens il faut le dire, elle n'a pas beaucoup plu à grand monde en fait. J'aurais peut-être dû, pour leur plaire, leur dire qu'en l'écrivant je me sentais plus utile que jamais, je puisais mon utilité profonde dans la dénonciation de l'inutilité des hommes mais je n'étais pas sincère, je m'écoutais écrire, je m'écoutais penser comme on s'écoute parler, cela venait avec une telle facilité, il suffisait que je m'assoie, parfois même je n'avais pas besoin d'amphétamines, il suffisait d'une bière, je n'avais même pas besoin de la boire, je la commandais, je m'asseyais à ma table et c'était parti, ma plume se mettait à courir comme un insecte qui sait ce qu'il a à faire, je devenais spectateur de sa course folle. Je serai pareillement spectateur lorsque j'écrirai à *La Cause du peuple*, j'observerai cet homme engagé dans la lutte politique et sociale, celui qu'on appellera « Jean-Paul Sartre » et qui incarnera la figure nouvelle de l'intellectuel, mais mon cœur sera ailleurs, oui, il était alors tout entier à Flaubert, c'était l'époque où je passais mes nuits à écrire mon livre sur Flaubert, *L'Idiot de la famille*, je n'avais vraiment qu'un souci et c'était de comprendre comment Flaubert avait pu survivre à tant de désamour : enfant personne ne l'avait jamais regardé, personne ne l'avait jamais considéré, valorisé, je n'avais qu'une passion à l'époque et elle était loin d'être inutile, comprendre à travers Flaubert comment un enfant mal aimé peut former un véritable projet existentiel.

— Que recherchiez-vous dans la biographie, et même dans l'enfance de Flaubert ?

— C'est une question qui m'a souvent été posée, et comme je l'ai déjà dit et écrit, je crois qu'il m'intéressait parce qu'il était le contraire de moi. Il avait une conception de la littérature à l'opposé de la mienne, une littérature absolument désengagée des questions politiques et sociales, habitée par un souci formel très éloigné de mes préoccupations...

— Vous parliez d'un enfant mal aimé, que personne ne regardait, ni ne valorisait...

— Oui, c'est bien sûr surtout en cela qu'il était le contraire de moi, je n'ai pour ma part que des souvenirs de regards aimants, admiratifs, portés sur l'enfant que je fus : j'étais plus que valorisé, chacun de mes gestes d'enfant était comme le bras tendu d'un sportif franchissant le premier la ligne d'arrivée, le moindre de mes rots était un signe à déchiffrer, la promesse de mon génie.

— Oui, et qu'est-ce que vous en dites ?

— Que c'est gênant le génie.

— Qu'est-ce qui était gênant ?

— Moins d'ailleurs mon génie, mon prétendu génie que tous ces regards sur lui, toute cette approbation...

— Oui... Toute cette approbation ?

Il se tait. C'est la première fois qu'il évoque ces regards sur lui comme gênants. Je reprends :

— Oui, tous ces regards...

— Mais si j'évoquais Flaubert, c'était pour dire encore une fois combien je fus insincère : ma plume d'intellectuel engagé signait à la chaîne des tribunes politiques mais la seule chose qui me préoccupait vraiment était de l'ordre le plus intime qui soit.

— Mais vous étiez donc, dans votre travail sur Flaubert, sincère...

— Oui, de ce point de vue. C'était l'époque où l'on nomma sartrisme cette attitude du philosophe ou de l'écrivain se mêlant de vie publique et moi, pendant ce temps, je n'avais d'yeux que pour un petit garçon que personne ne regardait et qui allait devenir Flaubert.

Il marque une pause pendant laquelle je m'interroge sur son intérêt pour Flaubert. *Un petit garçon que personne ne regardait et qui allait devenir Flaubert...* Le petit Jean-Paul aurait été trop regardé et ne serait jamais devenu Sartre... Il disait tout à l'heure qu'il avait senti le poids gênant de trop de regards, comme s'il avait quant à lui souffert de trop d'approbation. Je le note, je sens qu'il y a là quelque chose d'important. J'hésite à interrompre la séance en disant, comme à Vienne autrefois : « Bien, nous nous sommes occupés de choses importantes. »

— Mais il y a mieux, ou pis, c'est bien avant, c'est *La Nausée*. Je suis en Allemagne au début des années trente. Le matin, j'étudie la philosophie de Husserl, l'après-midi j'écris *La Nausée*. C'est simple, je suis devenu une machine à traduire en scènes romanesques la philosophie de Husserl que je découvre le matin, je suis méthodique et efficace mais le moins que l'on puisse dire c'est que je ne l'ai pas, la nausée. Je vais vous le dire, la nausée, je ne sais pas ce que c'est. Je ne l'ai jamais ressentie. Je ne l'ai même pas ressentie quand est venu le succès, pourtant j'aurais peut-être dû... : j'avais dit dans un tel souffle que notre vie n'avait pas de sens que la mienne, soudain, s'en trouvait comme remplie. Personne n'avait sa place en ce monde de choses, je le montrais dans *La Naus*ée mais, moi, de le montrer ainsi, je me faisais une place et pas n'importe laquelle, une place au panthéon des grands auteurs. Je l'ai écrit clairement dans *Les Mots* : « Je réussis à trente ans ce beau coup : d'écrire *La Nausée* – bien sincèrement, on peut me croire – l'existence injustifiée, saumâtre de mes congénères et mettre la mienne hors de cause. »

— Mais il me semble qu'avant le succès, en effet retentissant, vous avez essuyé différents refus avec le manuscrit de *La Nausée* ?

— Oui, quatre. Gallimard a refusé quatre fois le livre, et j'ai alors connu une forme de dépression, mais ce n'était pas la nausée, cela n'avait rien à voir avec ce sentiment radical d'une absence de sens, ce n'était rien qu'une petite dépression d'impatience et d'échec. À l'époque, je voulais être Stendhal ou rien. Je pensais que l'art pouvait guérir de tout.

— Pourquoi avoir finalement refusé le prix Nobel ?

— Ce n'était pas simplement pour être fidèle à ma philosophie, pour ne pas être enfermé dans une essence ou une identité qui serait « prix Nobel », pour ne pas être déterminé par cette identité factice de *Nobel*...

— Oui, vous ne vouliez pas *être* prix Nobel...

— Oui...

— Vous vouliez n'être rien, n'être *sartrien*...

— Non, être le néant, et le néant n'est pas rien, puisqu'il peut tout devenir. Mais c'était aussi parce que je savais combien ma plume, si souvent, m'avait éloigné de moi, et je crois que cela m'effrayait, c'était comme de la superstition, je ne voulais pas qu'on insiste là-dessus, je savais trop ce qu'il y avait dessous, ah... le bien nommé génie...

— Oui...

— Est-ce encore du génie s'il ne s'agit par lui que de s'éloigner de soi ?

Il semble profondément absorbé, accablé par sa propre question.

— Dites.

— Je ne voulais pas être reconnu par l'activité qui me rendait à moi-même si méconnaissable. Et puis la littérature, à l'époque où l'on voulut me décerner le prix Nobel, était déjà pour moi un rêve d'un autre temps, j'avais compris qu'on ne se sauve de rien par la littérature, j'étais guéri de cette illusion que m'avait insufflé mon grand-père. D'ailleurs *Les Mots* se présentaient déjà explicitement comme un adieu à la littérature...

— Un adieu à la littérature... éminemment littéraire.

— Peut-être, mais un adieu quand même. Je vais vous raconter une histoire. C'était bien avant mon refus du Nobel, nous étions trois, en voiture, et traversions un village quand nous fûmes victimes d'une panne. Nous trouvâmes un garagiste et, le temps qu'il répare la voiture, pendant que mes amis se promenaient, je décidai d'aller écrire dans un café. J'eus le temps de finir une nouvelle avant qu'ils viennent me chercher. Une fois repartis, à quelques minutes du village, je pris conscience de mon oubli : la nouvelle était restée sur la table du café. Ils proposèrent *illico* de faire demi-tour et c'est alors que j'eus comme une révélation : cela n'en valait pas la peine. Ce n'était pas que je doutais de sa qualité littéraire, ni même que je pensais pouvoir m'en souvenir, c'était simplement que je ne croyais plus au salut par l'Art. Cela venait de m'apparaître, là, subitement, sur cette route bordée de hêtres : la littérature... ça ne valait pas mieux que le reste.

— Et pour le dire vous avez refusé le prix Nobel...

— Plus tard, beaucoup plus tard, vous savez... J'ai aussi refusé une chaire au Collège de France et la Légion d'honneur, l'Académie française malgré l'insistance de Mauriac... mais le Nobel c'était autre chose, mon refus était plus viscéral, je n'ai pas eu à réfléchir une seule seconde, je ne voulais pas, je ne voulais plus... comment dire ?....être acc...

— *Acc* ? Acclamé ? Comme l'enfant que vous fûtes ?

— Enfin : je ne voulais pas être acclamé pour de mauvaises raisons.

— Je croyais que le regard de l'autre disait toujours la vérité ?

— Je n'ai pas dit exactement cela : j'ai dit que sans lui nous ne pouvions espérer nous connaître, mais en même temps que par lui nous étions enfermés, aliénés.

— Vous ne vouliez plus être acclamé... mais vous avez aussi été beaucoup détesté, beaucoup insulté dans votre vie...

— Je ne voulais plus... c'est étrange cette idée qui vient de me venir, je ne sais pas ce qu'elle vaut mais bon, c'est une idée que je viens d'avoir...

— Dites, dites comme ça vient.

— Je ne voulais plus qu'on me regarde.

Platon

— Je veux bien entendre que ce rêve me dit que j'étais pris dans le miroir, dans la rivalité, mais rivalité avec Socrate je ne sais pas, je ne crois pas, la rivalité...

— Oui...

— Je l'ai connue bien avant. Avant la philosophie, j'ai commencé par peindre...

— Quel genre de peinture ?

— Oh... pas mal de choses, des choses abstraites, pas mal de ciels aussi...

— Dites, bien cher.

— Jeune, j'écrivais surtout des poèmes, et du théâtre, j'ai même écrit plusieurs tragédies. C'est seulement plus tard que j'ai développé ma philosophie rationaliste...

— Plus tard ?

— Oh... longtemps après, j'avais enterré mes rêves de jeunesse depuis longtemps. J'ai développé bien après ma philosophie rationaliste, ainsi d'ailleurs que ma diatribe contre le théâtre tragique et ma critique si virulente de l'art qui eut une influence considérable dans l'histoire de la pensée. C'est vrai : c'est parce que j'étais pris dans la rivalité.

— Vous vouliez percer la glace...

— C'est peut-être le sens de mon rêve, enfin de mon cauchemar ; en effet, comme ce bébé de mon cauchemar je voulais percer la glace, je voulais percer, alors oui, peut-être, rivalité, mais pas avec Socrate. Je voulais créer, avec mes dialogues philosophiques, un nouveau genre littéraire qui ne fût ni du théâtre, ni du mythe, ni de la poésie. J'espérais qu'il attire en masse mes contemporains.

— Oui.

— Mais le théâtre classique avait plus de succès, beaucoup plus de succès, c'était sans commune mesure. Les Athéniens se précipitaient pour assister aux représentations de Sophocle ou d'Euripide. Au regard de cet engouement, de ce besoin si fort qu'ils avaient du théâtre et de ses héros tragiques, oh, mes dialogues philosophiques attiraient bien peu de monde. J'ai mis du temps à comprendre que je n'avais inventé cette forme-là, le dialogue philosophique, que pour rivaliser avec les auteurs de théâtre, que je n'avais théâtralisé la philosophie que pour prendre une place qu'on ne me reconnaissait pas. C'est vrai, j'étais jaloux.

Il inspire longuement, avant de soupirer.

— Vous vouliez être reconnu, c'est bien normal de vouloir être reconnu.

— Être reconnu... je ne sais pas... je voulais surtout être connu.

— Oui.

Peut-être que c'est de n'avoir pas été suffisamment reconnu qui nourrit le désir d'être connu, que c'est d'avoir manqué de l'amour d'une mère, ou de la fierté d'un père, qui rend inextinguible cette soif de pouvoir et de gloire... Être reconnu dans la rue, sur la place publique, parce qu'on ne l'a pas été là où il fallait l'être, au moment où il fallait l'être...

— Connu de qui ?

— J'ai bien conscience de ce que je viens de dire : le sage qui veut connaître les idées éternelles veut aussi être *connu* de ses contemporains... mais que voulez-vous... si ce n'est pas ici que je le dis...

— Mais oui...

— J'étais jaloux.

— Pourquoi ne l'auriez-vous pas été ?

— C'est pour ça que j'ai développé cette condamnation radicale du théâtre. J'ai écrit qu'il nous habituait au mal au lieu de nous en dégoûter, qu'il nous faisait éprouver un plaisir malsain au spectacle de la mort, de la mise à mort du héros de la tragédie.

Sa voix se fait plus forte, presque rieuse :

— Non, je n'y suis pas allé de main morte ! J'ai présenté le théâtre comme troublant nos repères moraux, je l'ai condamné comme flattant notre immoralité. J'ai dit que le théâtre, que l'art même étaient un mal pour la cité, qu'il fallait chasser de la cité ces poètes qui excitaient nos passions mauvaises, qui attisaient notre désir quand la cité politique exigeait de nous que nous développions notre raison. J'ai voulu détruire la tragédie grecque pour prendre le pouvoir. Je n'ai voulu chasser les poètes de la cité que parce qu'ils étaient plus écoutés que moi, mais de tout ce que j'ai dit, même si je ne m'en rendais alors pas compte, je ne croyais pas un mot. J'ai dit qu'il fallait chasser les poètes de la cité parce que la cité n'avait pas voulu de mes poèmes.

Je songe, en regardant Platon allongé sur le divan, à sa théorie illustre des « trois lits », qu'on trouve au livre X de *La République* et par laquelle il ouvre, en effet, toute une histoire philosophique de dévalorisation de l'art.

Platon distingue d'abord l'idée du lit, sa vérité, son essence éternelle dans le ciel des Idées, de la réalité du lit, cette version abîmée et concrète de l'idée du lit. Puis il distingue cette réalité du lit de l'image du lit telle qu'on la trouve, par exemple, sur une représentation picturale du lit. Encore plus éloignée de l'idée éternelle du lit, cette peinture n'est pas seulement fausse mais aussi inutile. Elle est l'œuvre d'un homme pour qui la vérité ne compte pas, le fruit du loisir d'un homme que ne tient aucune nécessité : un *artiste* donc. C'est ce genre d'hommes – les peintres, mais aussi les sophistes, ces artistes de la parole, les poètes – qu'il faut chasser de la cité. L'étrangeté de cette théorie, qui résonne maintenant de l'aveu de sa jalousie, a longtemps occulté une autre étrangeté : celle du choix du lit pour illustrer sa théorie. Il aurait pu prendre n'importe quoi, et notamment des objets qui sont plus fréquemment des motifs de peinture. Les peintres peignent-ils plus souvent des lits que des tables, des bols ou des fruits ? Mais il a pris le lit, non la table, le bol ou le fruit. Il a pris le lit, et il a mal à la nuque.

Je griffonne nerveusement sur une feuille devant moi : mal à la nuque, nu que, nu queue, tandis que me reviennent les mots écœurés qu'il écrivit à Dion : *De tous côtés, sans pudeur, il se jette, à la façon d'une bête sauvage, sur tout ce que, précisément, il s'imagine être bon à manger, à boire ou à lui procurer jusqu'à satiété ce plaisir servile et disgracieux, improprement appelé plaisir d'Aphrodite...*

— Mais ça n'a pas marché, reprend-il en saisissant sa nuque d'une main, mes diatribes n'ont pas porté, les Athéniens ont continué à courir au théâtre et à trembler d'empathie pour leurs héros accablés par le destin. Ça n'a pas marché, parce que j'avais tort, le théâtre tragique n'est pas dangereux pour la cité : il participe au contraire de son équilibre subtil. Ça n'a pas marché parce qu'encore une fois j'avais tort contre Aristote, oui, Aristote mon élève. Pour me répondre, il a développé sa théorie de la catharsis, de la purgation des passions excessives : en sortant du théâtre, les hommes seraient comme lavés, apaisés d'avoir ainsi craint et souffert pour leur héros, et c'est alors plus sereinement qu'ils se consacreraient aux affaires de la cité. Loin d'entretenir en eux l'immoralité, le théâtre viendrait apaiser cela même qui pourrait les rendre immoraux...

— Ah ! Au lieu de s'empiffrer, ils vont au théâtre !

— Exactement, c'est une purge, mais d'homme civilisé...

— Pas de Sicilien !

— Vous plaisantez, mais vous connaissez un grand auteur tragique sicilien ? Remarquez que nous avions posé les termes d'un débat quasi intemporel : la violence du cinéma est-elle nécessaire à la paix sociale ? La violence dans la représentation induit-elle une violence réelle ou au contraire nous en protège-t-elle ? J'ai répondu que l'art était dangereux, mais je crois pourtant qu'Aristote voyait juste : l'art, et plus précisément la violence dans l'art, est nécessaire à la civilisation. La représentation est ce miracle : nous vivons des passions par procuration, mais nous sommes apaisés comme si nous les avions vraiment vécues.

— Oui.

— L'art est pour une masse d'hommes l'occasion d'exprimer, d'une façon civilisée, une violence que la civilisation justement les a obligés à refouler.

— Oui.

— Oui, à refouler.

Lorsque Platon me parle ainsi, sa voix change. Il essaie de me plaire, de me flatter, comme il essaya peut-être de plaire à son père, ou à Socrate. Je l'imagine très bien disant à Socrate ce qu'il veut entendre, comme il vient de me parler avec des mots qu'il sait être les miens. Il revit, par le transfert, des émotions anciennes. J'aimerais qu'il aille plus loin encore, vers des émotions plus anciennes, plus négatives surtout. La condition à cela est que je me maintienne sur cette ligne ténue de la neutralité bienveillante, qui est la condition du transfert.

— C'est plus généralement encore qu'Aristote avait raison, dans ce que je pourrais appeler son amour du multiple, son attention à la diversité du réel, par laquelle il prit le contre-pied direct de mon idéalisme.

— C'est-à-dire ?

— Quand je regardais vers le Ciel, lui voulait embrasser la Terre : il passait des heures à classer les plantes, les animaux, les qualités humaines... Je ne regardais la Terre que pour y voir les reflets déformés des idées, il avait ce courage de regarder d'abord le monde dans sa diversité, et de s'interroger ensuite seulement sur les principes capables de leur donner sens. C'est ce que représente si bien *L'École d'Athènes*, ce tableau de Raphaël où nous marchons tous les deux côte à côte, Aristote la paume tournée vers le sol, moi l'index tendu vers le ciel. Toute l'histoire de la philosophie pourrait être relue au travers de ce tableau : d'un côté, les enfants d'Aristote, ceux dont la paume essaie courageusement d'embrasser le réel, et de l'autre les miens, qui choisissent de s'en détourner et lèvent le doigt vers le ciel pour entrer en philosophie. Évidemment, mes enfants sont les plus nombreux, les enfants de mon idéalisme sont de loin les plus nombreux et je n'en suis pas fier.

Il soupire. Ses mains se rejoignent sur son ventre, puis ses bras retrouvent leur position le long de son corps. Je me lance, peu sûr de moi :

— Pourquoi être si dur avec vous-même ? Vous avez fait au mieux : vous avez cherché à donner du sens au monde, vous y avez apporté une réponse, une réponse qui fût la vôtre, vous avez cherché, comme Aristote a cherché lui aussi... Vous vous fustigez pour votre ciel des Idées, mais vous avez simplement dit, à votre façon, que les hommes recherchent quelque chose, des valeurs peut-être, ou des principes, quelque chose qui soit un peu au-dessus de leurs vies, qui puisse les guider...

— Non, je n'ai pas dit que cela. Non. Et maintenant le remords ne me quitte pas, il est là, bien là (il porte une main à sa nuque), planté comme un poignard.

Mon regard se pose sur les rayonnages de la bibliothèque faisant face à Platon. De tous ces philosophes, lequel tenta comme Aristote d'embrasser la complexité du réel, de ne pas la réduire à quelques idées éternelles ou à un unique principe ? Hegel peut-être, qui ressemble à Aristote par son courage devant la diversité du réel, Hegel qui voyageait des semaines durant en calèche pour vérifier dans les musées d'Europe ses théories esthétiques, mais même lui... Il a situé cette diversité et cette complexité dans une Histoire unique pensée comme la réalisation... de l'Idée ! L'idée n'est plus immobile dans le ciel des Idées, elle se réalise dans l'Histoire au travers même des différentes cultures. D'un idéalisme l'autre...

— Ce poignard, j'aimerais tant l'arracher, l'enlever pour être libéré, mais je n'y arrive pas.

Je me lève, et reste derrière mon bureau. Je regarde Platon maintenant silencieux : « Front large » poignardé, comme épinglé sur le divan. Je me souviens de sa voix lorsqu'il m'a raconté cette séance de gymnastique, de son ton en apparence anodin pour me raconter la première fois où son professeur l'a affublé de son surnom. C'était notre deuxième séance. Le jeune Aristoclès s'entraînait avec d'autres sur le stade en vue d'une compétition. Il y avait des spectateurs et beaucoup de soleil. C'est donc publiquement qu'il devint, suite à un mauvais geste et dans le cri sans nuances de son professeur, *Platon*.

Il est là, bien là, planté comme un poignard.

Son surnom ?

Je me dis que c'est la définition exacte de ce que Jacques Lacan et moi, un soir d'avril étonnamment doux, tandis que nous marchions rue de Lille, nommâmes *signifiant*.

Un mot qui poignarde son homme, qui lui colle un destin dans la peau.

Kant

J'ouvre la porte de la salle d'attente et découvre Kant plongé dans la lecture de *L'Express*. Toujours le même numéro il me semble... Je m'adresse à lui d'une voix forte :

— Le voilà !

Je le fais entrer et le laisse s'installer. Puis je lui dis :

— Je vous ai attendu, jeudi.

— Oui, pardonnez-moi, j'ai voulu vous prévenir mais...

— Mais ?

— Je n'ai pas pu. Peut-être pourrions-nous rattraper la séance manquée ?

— Je crois que cela va être difficile.

— Bon, je vous la réglerai.

— C'est mieux. Disons qu'ainsi, votre séance aura quand même eu lieu.

— Dites-moi, dites comme ça vient.

— Je réfléchissais, ces derniers jours... Je me suis moi aussi, et dès le début, posé des questions sur mon obsession de la bonne intention...

— Oui... Vous disiez la dernière fois avoir toujours

su que votre souci de l'intention pure, purement morale, cachait quelque chose. Que vous n'aviez pas attendu de me rencontrer pour réfléchir à votre attachement au désintéressement, à votre intérêt pour le désintéressement pourrait-on dire.

— Oui. Cet impératif moral – « Agis toujours de telle sorte que la maxime de ton action puisse être érigée en loi universelle » –, je l'ai défini comme étant le seul impératif *catégorique*, qui vaille toujours, pour n'importe quelle action, indépendamment des circonstances, qui ne soit pas un impératif sous conditions.

— Oui. Il faut ! Il faut venir à ses séances !

— Si vous me permettez, ce *il faut*-là – *il faut venir à ses séances* – n'est justement pas un *il faut* moral : il n'est pas un impératif catégorique mais simplement hypothétique. Si l'on fait l'hypothèse qu'un progrès dans son analyse est souhaitable, alors seulement il faut venir à ses séances. L'impératif moral, lui, ne dépend d'aucune hypothèse, il vaut partout et toujours. Si nous voulons être moraux, il suffit, partout et toujours, d'obéir à cet impératif, d'appliquer cette loi morale : de se demander si notre action, ou plutôt le principe de notre action, pourrait être universalisable. De viser purement et simplement la dimension universelle du Bien.

— Rien que ça !

— Dès le début, j'étais conscient de la radicalité de ma philosophie de l'impératif moral. Dès le début je doutais que l'on puisse rencontrer une telle bonne intention, parfaitement pure. Je l'ai plutôt posée comme un idéal, un horizon capable de guider les hommes. Toutes les objections que l'on m'a faites plus tard, je me les étais déjà faites.

— Celle de Schopenhauer, par exemple.

— Par exemple, c'est d'ailleurs celle qui les résume toutes. Croyant retourner mon raisonnement, il a essayé de démontrer que mon impératif moral catégorique n'était en fait qu'un impératif hypothétique : que nous ne faisons pas le Bien pour faire le bien, de façon désintéressée, mais parce que nous attendons des autres qu'ils en fassent autant, et même que nous ne faisons le Bien qu'à la condition que les autres en fassent autant.

— Oui, nous pourrions dire aussi qu'il faut agir moralement, seulement si nous voulons progresser dans notre capacité à vivre moralement, et qu'en ce sens notre effort pour devenir moral est lui aussi intéressé.

— Ce sont toujours les mêmes types de retournement. Schopenhauer n'a fait que réactualiser les thèses des moralistes français, de Chamfort ou de La Rochefoucauld par exemple, qui aiment à démasquer sous l'apparent altruisme les véritables mobiles que sont l'intérêt ou l'amour-propre. Mais tous, lui comme eux, comme vous à l'instant, ne font qu'opposer un fait à un idéal, et c'est en quoi ces objections sont grossières. Dans les faits, je sais pertinemment que les motivations des hommes sont l'intérêt bien compris ou l'image de soi, comme je sais qu'il leur arrive d'accomplir de bonnes choses pour de mauvaises raisons. J'ai toujours conçu la pure bonne intention comme un idéal, j'espérais bien sûr qu'il puisse avoir un effet régulateur sur le réel des vies humaines, mais cela n'en restait pas moins un idéal. D'ailleurs Schopenhauer le savait bien, il se plaisait à opposer froidement le prosaïsme de la réalité humaine à la beauté de l'idéal, mais il était malhonnête et cela se voyait.

— Cela se voyait ?

— Oui, je suis allé assister à un de ses cours à la faculté de Berlin, celui qu'il consacrait justement à démonter, comme il disait, « l'illusion de la morale kantienne ». Je crois que l'intitulé exact de son enseignement était « De l'impératif catégorique kantien comme impératif hypothétique ». C'était un cours qu'il donnait dans un amphithéâtre presque désert, exactement à la même heure que celui de Hegel dans l'amphithéâtre voisin, sauf qu'on se déplaçait des quatre coins de Prusse pour assister aux leçons magistrales de Hegel. On y trouvait des élèves mais aussi des professeurs, des employés, des fonctionnaires, des avocats... Je ne l'ai fait qu'une fois, de me rendre à Berlin le jour où ils enseignaient tous les deux. Le cours de Hegel portait sur les « Principes de la philosophie du droit », lui aussi me prenait directement pour cible.

— Et que ressentiez-vous ?

— C'était en 1820, seize ans après ma mort, et je les observais tous les deux... avec une forme d'envie pour tout dire : ils ne savaient pas encore ce qui les attendait. Ils étaient vivants de cette vie pleine, remplie par la menace de la mort. Je passais d'un amphithéâtre à l'autre, sans y entrer vraiment. Je restais debout, tout en haut, tout contre la porte. Quasiment invisible à chaque fois. Dans l'amphithéâtre de Hegel parce que les élèves se massaient en foule, la plupart debout, bien au-delà des bancs en arrondis, gonflés du sentiment d'assister à des leçons historiques. Dans celui de Schopenhauer aussi, parce que de là où je demeurais, je pouvais le voir en contrebas sans que lui ne m'aperçût. Et parce que les quelques aigris ou revanchards qui constituaient son auditoire étaient tellement fascinés par leur maître en ressentiment qu'ils ne remarquaient pas, là-haut, cet homme élégant, plutôt petit, au visage partiellement recouvert d'un foulard de soie. Ils ne semblaient sensibles ni aux clameurs qui venaient régulièrement de l'amphithéâtre voisin ni au caniche que Schopenhauer ne quittait jamais et qui parfois se mettait à japper, comme saisi en plein cauchemar. Schopenhauer lui-même, qui haïssait Hegel et ce qu'il appelait sa « mystification » philosophique, avait insisté auprès du doyen de la faculté de Berlin pour obtenir un cours en même temps que celui de Hegel. Il espérait lui faire concurrence mais n'eut jamais plus de cinq élèves et son cours ne fut pas reconduit. Ma mort était encore récente mais déjà, j'avais ma postérité face aux yeux : Schopenhauer organisait son propos sur la déconstruction de ma « morale » et Hegel développait une philosophie de la liberté objective qu'il présentait comme une critique de ma conception, selon lui trop abstraite, de la liberté. Le propos de Hegel était solide, passionnant, il discutait avec moi en un débat exalté et profond. Il ne pouvait se douter que j'étais là, en chair et en os, concentré pour ne pas transpirer malgré la température et la barrière humaine d'auditeurs subjugués qui m'empêchaient de le voir, mais cela ne changeait rien : j'étais là dans sa parole, il me parlait vraiment, son cours tout entier était un dialogue avec moi. Il parlait très bas, ce qui était la meilleure façon de captiver son auditoire, avec de surcroît un accent souabe qui obligeait les Berlinois à redoubler d'efforts pour le comprendre. À ma conception d'une liberté humaine se jouant dans l'autonomie morale, dans la capacité à vouloir librement le bien, il opposait l'idée que la liberté devait se manifester dans des actions, *s'objectiver* répétait-il, trouver sa vérité non dans la qualité secrète de l'intention mais dans des œuvres publiques, attestées par autrui. Le propos de Schopenhauer, en revanche, était d'une tout autre teneur. Il prétendait parler de moi, enfin de ma philosophie, mais en fait il ne parlait que de lui, il se parlait quasiment à lui-même...

— Oui...

— Il ne parlait que de sa souffrance, n'arrivait pas à s'en défaire, il présentait des arguments philosophiques mais je n'entendais que sa souffrance...

— Oui.

— Je savais que cela vous plairait... Et même j'allais dire, ce qui criait dans sa philosophie était l'ampleur de sa souffrance, une souffrance dont on sentait qu'elle ne datait pas d'hier...

— Sa mère...

— Je sais, sa mère l'a délaissé, c'était une femme mondaine qui se piquait d'écrire, Johanna, une des meilleures amies de Goethe...

— Ah... Encore une femme de lettres !

— Oui, c'est vrai, une autre Maria Charlotta. Elle a eu d'ailleurs des succès d'auteur importants... Elle préférait en tout cas les salons littéraires aux langes et aux biberons. Elle le laissait, tout petit, à n'importe qui. Il en a tiré un ressentiment inextinguible. Toute sa haine du monde vient de sa mère...

— Oui...

— Toute sa haine du monde vient de sa mère mondaine.

Je songe à tous les grands pessimistes, Schopenhauer, Thomas Bernard, Cioran, Houellebecq... à tous les grands apôtres de la détestation de soi et du monde, qui vomissent à longueur de pages l'absurdité de l'existence, qui haïssent leur corps et même *le* corps et rêvent de la mort comme d'une panacée. Tous ont manqué du même accueil dans l'existence : une mère prenant l'enfant qu'ils furent dans ses bras pour lui rendre le monde supportable, sachant, par sa peau contre la sienne, par ses mains, ses mots, ses lèvres, le remplir de confiance et de force pour la vie. Ils ne s'en sont jamais remis. Ils ne savent même pas pourquoi ils se détestent, ils accusent le monde et son vide métaphysique au lieu d'accuser le vide du cœur de leur mère, ils détestent les autres parce que les autres ne détestent pas le monde autant qu'eux, ils détestent la psychanalyse parce qu'*il n'y a rien à comprendre.* Tous ils ont manqué de ces mains sur leur corps d'enfant pour lever leur angoisse, de cet amour qui rend capable d'amour. Est-ce que nous pouvons *réparer,* à défaut de pouvoir guérir ? Que peut exactement la psychanalyse ?

— Schopenhauer a eu cette formule, ce jour-là : « Notre vie est un pendule qui oscille de la souffrance à l'ennui, et de l'ennui à la souffrance. » Il semblait en tirer, devant les cinq dépressifs qui buvaient ses paroles, une étrange jubilation. Cette vie oscillant entre la souffrance et l'ennui, l'homme la devait à son désir : désirer, c'est souffrir du manque, mais satisfaire son désir, c'est bientôt s'ennuyer, alors il faut désirer encore un autre objet, et de nouveau c'est la souffrance du manque. Il en venait à présenter la mort comme une délivrance, une façon de retrouver ce néant auquel la naissance n'aurait jamais dû nous arracher... Et moi je me tenais là-haut, plus discret qu'une ombre, à écouter le prêche schopenhauerien : « La mort cette délivrance... » Je me tenais là-haut et je me disais : comment pouvait-on se tromper à ce point ?

— Oui...

— Je me demandais aussi comment on pouvait souffrir autant.

— Oui, cela vous surprend qu'un homme puisse souffrir à ce point...

— Oui, c'est vrai.

Il marque un temps d'arrêt et répète :

— Oui, c'est vrai, une telle souffrance me surprend.

Il marque de nouveau une pause.

— Ce jour-là, j'ai quitté la faculté de Berlin en me disant que je n'avais pas appris grand-chose. L'air était doux, Hegel et Schopenhauer m'avaient tous deux pris pour cible ou interlocuteur, et maintenant je me sentais un peu seul. Je prenais conscience de ce qui m'avait conduit là. C'était comme si j'avais espéré de ce voyage qu'il m'éclairât sur mon obsession de l'intention pure. Mais, au fond, je n'avais pas besoin d'eux pour trouver ce que je cherchais à sauver avec ma morale de l'intention, visant le Bien et rien que lui. Je le savais déjà...

— Oui...

— Je l'avais toujours su. En tout cas maintenant il me semble que je le vois un peu mieux. C'est peut-être un effet de l'analyse mais il me semble que j'y vois un peu plus clair...

— Dites.

— Ma mère était une femme exemplaire, qui s'occupait de tout, de la maison et de nous, de mes sœurs et de mon frère, de mon père et de sa fatigue lorsqu'il rentrait le soir, il avait un métier éreintant, il fabriquait des selles et des courroies, il revenait très affecté mais ne se plaignait jamais. Ma mère était là pour nous tous, soucieuse de notre bien-être, de nos devoirs...

— De vos devoirs...

— Elle s'arrangeait du manque d'argent qui nous rendait la vie si difficile, elle pensait à tout avec amour, bonté, dévouement. Enfant, elle était mon réconfort, je me sentais enveloppé, protégé par sa bienveillance, sa douceur, mais un jour...

— Oui...

— Ce fut à la fois imperceptible... et très violent. C'était peu de temps avant sa mort accidentelle, je devais avoir douze ans. Elle venait de m'apporter un chocolat chaud, j'avais des devoirs à faire et me sentais mal, inquiet. Dans ces moments-là, je m'étais toujours accroché à elle, à sa bonté, à ses égards mais cette fois-là, pour la première fois...

— Oui...

— Je ne lui avais pas dit clairement que ça n'allait pas mais je lui demandais sans cesse quelque chose, un peu plus de chocolat, je prétextais des conseils...

— Dites, bien cher...

— Et je n'ai pas senti son amour, ni sa bonté, je ne me suis pas senti consolé, il m'a semblé soudain qu'elle faisait tout cela par réflexe ou par habitude, et même, qu'elle était ailleurs, qu'elle me servait mon goûter, me demandait comment ça allait, répondait à mes questions mais qu'elle était ailleurs, c'étaient les mêmes mots, les mêmes gestes que d'habitude et pourtant tout était différent. Elle n'était plus cette pure bonne volonté, toute entière inquiète de moi, elle n'était plus ma mère soucieuse exclusivement de mon Bien mais une femme avec la tête ailleurs, des soucis et même des envies, d'autres envies en tout cas que de s'occuper de son fils. C'était comme si je la voyais pour la première fois. Comme si je comprenais soudain qu'elle avait toujours été comme ça. Quelque chose venait de mourir, de finir, et...

— Oui...

— Peut-être est-ce cela que j'ai voulu préserver dans ma philosophie de l'intention pure, ce que j'avais connu ou cru connaître, enfant, avant de découvrir la vérité, quand il me semblait que ma mère n'était que bonté, n'était que dévouement, désintéressement pur, toute entière tournée vers le Bien des siens, quand je ne savais pas encore qu'elle aussi avait en elle de l'égoïsme et des désirs, ce souci de soi qui nécessairement se mêle au souci des autres, qu'en elle aussi, comme en nous tous, les choses se mêlent inextricablement, le souci des autres et celui de soi, le bien et le mal, la culture et la nature, l'homme et la bête...

— Mais toute votre philosophie est construite contre cette idée, sur cette exigence, justement, de démêler ceci de cela, et même d'arracher ceci à cela, la culture à la nature, le souci des autres au souci de soi, le triomphe du bien à la tentation du mal...

— Elle l'est en effet, et cela est moins incohérent qu'il n'y paraît, ce n'est pas à vous que je vais l'apprendre. Nous n'aurions pas à nous arracher à cette part de nous si elle n'était justement mélangée à l'autre. « Tu ne tueras point, tu ne voleras point », il faut que nous ayons en nous une sacrée envie de tuer ou de voler pour que de tels commandements en viennent à nous être adressés.

— C'est vrai. Pour le premier des commandements en tout cas. « Tu ne tueras point... » Un interdit si puissant ne peut se dresser que contre un désir de puissance comparable. Ce que l'homme ne désire pas profondément, nul n'est besoin de l'interdire.

— Toute ma philosophie part de là, et y revient, et de ce point de vue je l'assume avec fierté : il n'y aurait aucune grandeur à être moral si cela était facile. C'est parce que nous pouvons faire le mal qu'il est beau de faire le bien. Et cela était vrai pour ma mère aussi, elle n'était pas cette pure bonté vers laquelle enfant je tournais mes regards, elle était comme les autres, comme nous tous, partagée et même déchirée, j'entends encore sa voix ce jour-là, soudain si pleine d'absence, elle me parlait mais ne m'écoutait pas – je tombais de haut...

— Cela s'appelle grandir.

Je l'ai observé si souvent : la sortie de l'enfance est comme fixée dans la mémoire par un changement de regard sur un parent, ou même un grand-parent, avec peut-être une force particulière chez les garçons. Une mère, une grand-mère qui était la douceur, l'amour même, la voici qui apparaît soudain comme une femme avec « la tête ailleurs », avec des soucis et même des désirs. Voici le petit garçon propulsé sur la scène des grands.

— Elle est morte peu de temps après, quelques mois plus tard. Finalement, c'est tant mieux, elle est morte avec son vrai visage. Et c'est troublant, cette impression d'avoir toujours su ce que je viens de formuler – que cette figure de la pureté morale avait quelque chose à voir avec celle de ma mère, avec une certaine figure de ma mère que je voulais préserver parce que je lui avais découvert un autre visage.

— C'est bien, c'est très bien. Nous allons en rester là aujourd'hui : sur cet autre visage de votre mère – son vrai visage disiez-vous aussi. Ce visage que vous avez voulu... comme recouvrir par votre philosophie.

Platon

— Parfois je me dis que je pourrais, qu'en fait je pourrais supporter tout ce qu'ici je livre...

— Oui...

— J'ai l'impression de sentir au fond de moi une brûlure qui ressemble à de l'espoir, ou même à du courage, je me dis pourquoi pas, oui, finalement pourquoi ne pas vivre avec cette responsabilité, peut-être que je pourrais y parvenir, je me dis cela et il y a cet espoir dans mes veines qui me rappelle le goût que peut avoir la vie. Mais j'ai à peine le temps de le sentir jaillir qu'il retombe de sitôt, il suffit que je me dise que c'est *pour toujours* et le voilà qui se dégonfle, et de nouveau j'étouffe, quelque chose se resserre au niveau du thorax.

— Dites-moi.

— Ah... je songe souvent à ce que dit Kant de la vie éternelle : elle serait le seul cadre dans lequel nous pourrions lutter pour devenir meilleurs, nous aurions besoin d'elle, au moins d'en avoir l'idée, de la savoir possible nourrirait notre effort pour devenir meilleurs, nous donnerait l'espoir et la force...

Ses derniers mots se sont éteints au fond de sa gorge,

la force n'est pas passée. Il a un rire mauvais avant de prendre une grande inspiration :

— Je le lui ai dit l'autre jour, à Kant, dans la salle d'attente : moi c'est l'éternité qui me tue, me brise mon élan, éteint le peu de courage que j'ai... Je pourrais essayer d'assumer, mais pour... toujours ? Non... *pour toujours* je ne peux pas.

Il reste silencieux un long moment, comme pour se ressaisir. Je dois faire un effort pour ne pas l'interroger sur la réaction de Kant.

— Mon immortalité... m'oblige à supporter tout cela, je ne peux même pas fuir dans la mort. L'oubli m'est interdit. Le succès de mes idées m'a enfermé dans ce corps que je hais. Pour l'éternité. Comment voulez-vous que je m'en sorte ?

— Vous voudriez aller où ?

— Je souffre et vous faites des jeux de mots.

J'hésite à lui répondre que ce n'est pas un jeu de mots, ou alors que c'en est un mais qu'il est très sérieux. J'hésite à lui dire que l'on ne peut aller nulle part ailleurs que dans sa vie, nulle part ailleurs que dans son histoire, c'est-à-dire aussi dans son désir et donc dans son corps. J'ai envie de lui dire, justement, que c'est de cesser de vouloir en sortir qui est le début de la guérison. Au cœur de son histoire il y a un désir, il y a même son désir, oui, son désir, même s'il cristallise une place dans une histoire familiale, même s'il n'est que dans la relation aux autres, mais c'est bien son désir, et c'est en ce sens qu'on ne sort pas de son corps. « L'anatomie, c'est le destin. » Je songe aux années écoulées depuis ma formule provocante. « L'anatomie, c'est le destin » : il y en eut évidemment pour croire que je concevais des hommes déterminés par la longueur de leur nez ou l'arrondi de leurs mollets. Le destin, c'est l'anatomie, mais telle qu'elle est perçue par cet animal symbolique qu'est l'homme, c'est l'anatomie mais telle qu'elle est reçue, vécue dans l'imaginaire et véhiculée dans le langage. Le destin, c'est l'anatomie, mais seulement lorsqu'un trait physique devient à ce point représentatif du patient, aux yeux des autres comme à ses propres yeux, qu'il lui dicte les modalités de son existence, ses ressentis et ses choix. Le trait physique, ou plutôt son nom, devient alors un *signifiant* : un symbole formel qui produit ses effets dans le réel. Je me souviens d'un de mes patients doté d'un bec-de-lièvre. Les principaux tournants de sa vie avaient été déterminés par son bec-de-lièvre, mais moins par le bec-de-lièvre en lui-même que par cette étrange dénomination trisyllabique, bec-de-lièvre, qui avait résonné en lui d'une façon impérative et singulière. C'est ce nom-là, bec-de-lièvre, qui lui avait dicté sa vie.

Je souffre et vous faites des jeux de mots... Il y avait dans sa voix la plainte d'un enfant. Me revient cette anecdote rapportée par Diogène Laërce : un jour, sur l'Agora, Platon aurait violemment pris à parti un homme, pour la seule raison qu'il jouait aux dés. Cette colère est généralement interprétée comme l'expression d'un rationalisme tyrannique, vomissant le jeu, le superflu, l'inessentiel. Mais si le jeu avait été simplement inessentiel, son agressivité n'aurait pas atteint cette extrémité. Probablement avait-il pressenti dans ce jeu une vérité qui lui échappait, qu'il refusait de reconnaître. Exactement comme maintenant, dans mon prétendu jeu de mots. J'insiste :

— Vous me dites que vous voulez vous en sortir, je vous demande où vous voulez aller, c'est tout.

— Mais alors... si on ne peut pas en sortir... c'est qu'on ne peut pas guérir...

— Dites, bien cher, dites...

— Cela me fait penser à ce tableau de Raphaël, dont j'ai déjà parlé ici, parce que de ce tableau aussi je ne peux pas sortir. C'est amusant, enfin... Ce tableau de Raphaël est souvent loué, mais personne ne sait que nous avons réellement posé, Aristote et moi, pour Raphaël. On ne s'était pas revus depuis la Grèce, c'était émouvant de se retrouver après toutes ces années, et c'était dur surtout... Aristote avait l'air tellement en forme, en pleine santé, à côté de moi et de mon corps meurtri. Les hommes aiment à répéter que leurs œuvres survivent aux génies, que leurs livres leur font une éternité de papier, mais ils ne savent pas que c'est une éternité d'abord physique qu'il nous faut assumer. Ils ne savent pas que certains s'en sortent mieux que d'autres. Aristote plaisantait, il était devenu propriétaire terrien, venait de se remarier à une Italienne et exploitait des vignes dans le sud de l'Italie, moi j'avais l'œil creusé par l'insomnie. Visiblement, l'éternité est plus facile à vivre quand on assume ses idées. Raphaël a exigé que nous posions ensemble parce qu'il avait compris cela, il voulait être le premier à l'immortaliser dans sa peinture. Et regardez bien, il ne m'a pas raté. C'est à la fois très subtil et évident. Regardez la peau brune d'Aristote, regardez sa toge découvrant une clavicule solide et voyez ma pâleur à côté... Vous savez...

— Oui...

— L'éternité, c'est l'enfer quand on a des remords.

Sartre

J'ai cette impression, en ouvrant la porte de la salle d'attente, d'ouvrir la cage aux fauves. En un éclair, Sartre est déjà sur le divan. Il n'attend aucun mot de moi :

— Peut-être bien que je suis fou, que je n'ai construit toutes mes œuvres que pour justifier mes obsessions personnelles, mais alors je suis fou comme Hegel ou comme Platon, comme Kant ou comme Pascal. Ont-ils fait autre chose, eux aussi, que de généraliser leur perception particulière ? Savez-vous que Pascal, lorsqu'il travaillait à son bureau, disposait toujours un gros coussin à sa gauche car il était pris de vertige, qu'il ne pouvait jeter un œil sur sa gauche sans se sentir aspiré par le vide ?... Bien sûr, ses travaux mathématiques ont porté sur le vide et ses réflexions philosophiques sur le vertige métaphysique. Et Kant qui développait, comme vous le savez sûrement, les stratagèmes les plus insensés pour ne pas transpirer, ne se sentit-il pas mal dans son corps au point de développer sa philosophie dualiste, au sein de laquelle la raison nous offrira la liberté et la moralité quand le corps, lui, ne sera voué qu'à nous enfermer dans le besoin ?

Évidemment, je ne réponds pas à cette question indirecte. Ce n'est pas la première fois que l'un d'eux me sonde sur l'analyse des autres, cela leur brûle parfois les lèvres de savoir comment les autres s'en sortent, comment ils s'accommodent de leur immortalité.

— J'observais Kant, il y a quelques jours, dans la salle d'attente : cette façon de mesurer chaque geste, de se tenir toujours si parfaitement droit, d'aller entrouvrir la fenêtre après s'être répandu en politesses excessives, et de se placer dans l'axe du mince filet d'air...

— Oui... Qu'est-ce qui vous dérange dans cette politesse ?

— Il n'était pas vraiment poli, il jouait à l'être, mais c'était ce qui pouvait advenir de mieux entre nous, je crois qu'aucun de nous n'avait envie d'une conversation sérieuse, d'où notre sérieux extrême, justement, à nous renvoyer ces politesses comme autant de façons de ne rien dire parce que, franchement, que voulez-vous que nous nous disions ? Notre présence ici est suffisamment éloquente... Nous avons consacré, parfois même sacrifié nos vies à élaborer des philosophies qui portent maintenant nos noms, nous nous sommes affrontés en les bâtissant, quand nous ne les avons pas directement construites les unes contre les autres. Mais désormais c'est à chacun d'assumer sa pensée et c'est de tous les combats le plus difficile, celui que chacun mène avec son propre système, celui par lequel chacun tente d'assumer, dans son corps et pour toujours, ce qu'il a écrit et pensé.

— Oui.

— Certes, tout dans la philosophie de Kant s'oppose à ce que je crois. Tout est question, chez lui, de qualité de l'intention, tout se joue dans l'intimité de la conscience morale : notre dignité, notre grandeur, notre liberté bien sûr. L'idée de Kant est simple : c'est la morale qui nous rend libres. Lorsque je veux vraiment le Bien, je suis seul à m'obliger, je n'obéis à rien d'autre que ma propre bonne volonté, et c'est pourquoi je suis libre. Pour lui, un homme qui est capable de vouloir vraiment le Bien, et même le Bien universel, se rend digne d'être humain. Mais cet homme est seul à savoir s'il a vraiment, authentiquement, voulu le Bien. Nul, de l'extérieur, ne pourra jamais le savoir. L'action, en effet, pourrait sembler bonne tout en étant en fait motivée par le narcissisme, l'attente d'une réciprocité... L'homme est seul, encore une fois, face à sa conscience. Le kantisme est une philosophie de l'examen de conscience. Eh bien je pense qu'il n'a, pour cette raison, aucune valeur : l'homme étant essentiellement de mauvaise foi, il peut parfaitement se convaincre qu'il a vraiment voulu le Bien alors qu'il a agi de manière intéressée. L'examen de conscience est un vœu pieux chez un être caractérisé par la mauvaise foi. J'ai donc proposé de substituer à la philosophie kantienne de l'intention une philosophie de l'action : de ne pas juger un homme sur ses intentions mais simplement sur ses actes. Puisqu'on ne pourra jamais savoir si l'intention était vraiment bonne, puisque, comme on dit à juste titre, l'enfer est pavé de bonnes intentions, j'ai proposé de ne voir dans l'homme que la somme de ses actes. La morale kantienne de l'intention s'accommode trop facilement de toutes les excuses du monde : ils n'ont que cela à la bouche, la fleur tellement prévisible de l'intention kantienne, tous ceux qui se sont pris le mur du réel mais voulaient tant bien faire – tous ceux qui *ne l'ont pas fait exprès*.

Écoutant la voix nasillarde, un rien précieuse de Sartre, je songe encore une fois à tout ce qui nous rapproche, par-delà nos désaccords. Comme lui, et contre Kant, je pense que la vérité des hommes apparaît davantage dans leurs actes que dans leurs prétendues intentions. Dans l'« acte manqué », l'inconscient profite d'une levée de la censure pour se manifester. Un homme, allongé aux côtés de sa femme, se tourne vers elle pour l'envelopper d'un bras aimant mais par son geste, étrangement malheureux, il lui donne une claque du revers de la main. Il ne le voulait pas, bien sûr, il voulait l'embrasser tendrement, telle était son *intention*. Après plus d'un siècle de pratique clinique, je peux dire qu'il voulait *aussi* la frapper, il avait au fond de lui cette haine censurée qui vient de trouver le moyen de se dire. L'acte manqué, c'est l'inconscient qui réussit à s'exprimer.

— Ma philosophie, c'est indéniable, se positionne donc contre Kant, mais quelle importance finalement ? La première fois que nous nous sommes croisés dans votre salle d'attente, nous avons échangé un bref regard mais qui en disait long, aucun de nous ne semblait surpris de trouver l'autre ici, c'était un regard après lequel il n'y avait plus rien à dire...

Il semble réfléchir, peut-être est-ce une manière de m'interroger... C'est lui qui reprend finalement :

— Ce regard entre nous disait l'évidence de notre opposition en même temps qu'une autre évidence, plus flagrante encore : nous étions tous les deux là, à essayer de faire au mieux avec notre vie, notre œuvre et notre corps éternel. J'avais peut-être écrit le contraire de ce qu'il avait écrit, je l'avais pris directement pour cible mais maintenant j'étais comme lui, à essayer de m'en sortir, nous étions tous les deux là, assis dans la même salle d'attente à attendre de nous allonger sur le même divan, pour éprouver notre philosophie non plus dans le rapport aux autres philosophies mais dans le rapport à notre propre vie, à nos propres symptômes, à notre propre *santé*.

— Oui, c'est très bien dit.

— Peut-être que tous, nous n'entrons en philosophie que pour justifier l'injustifiable, pour donner une valeur générale à notre perception du monde par essence singulière.

J'ai cette idée, en écoutant Sartre, que les philosophes ne déploient leurs imposants systèmes de pensée que pour justifier leur enfance. Je la note avant de m'adresser à lui :

— En tout cas, pour reprendre votre expression, il est clair que vous n'entrez pas en philosophie gratuitement, animés par le souci désintéressé de vous rapprocher du Vrai. Je crois que nous pouvons affirmer, sans trop nous avancer, que vous entrez en philosophie parce que vous en avez besoin, parce que vous y avez un intérêt – et pourquoi pas, en effet, celui de mieux supporter votre situation en la peignant comme étant celle de tous les hommes.

— J'aurais pu avoir un père, mais je n'en ai pas eu : il aurait pu vivre, mais il est mort. Tout petit, j'ai bien dû le sentir, qu'il est tombé d'un côté mais aurait pu tomber de l'autre. Moi aussi j'aurais pu mourir, j'étais à deux doigts d'y passer, pendant que mon père agonisait, de cette entérite qu'on m'avait diagnostiquée assez rapidement... mais j'ai survécu. Ma mère aussi a failli mourir pendant les premiers mois de ma vie : épuisée par ses allers-retours entre son mari agonisant et son fils malade, d'autant que mon père luttait contre sa fièvre intestinale dans une métairie éloignée du centre de

Thiviers, elle commençait à se vider de ses forces, à ne plus pouvoir m'allaiter, mais j'ai été confié à une nourrice et elle a survécu... Indéniablement, je suis tombé tout petit dedans, dans le grand bain de la contingence...

Feuilletant de nouveau les premières pages des *Mots*, je retrouve ce passage annoté il y a quelques jours : « À vingt ans, sans expérience ni conseils, ma mère se déchirait entre deux moribonds inconnus ; son mariage de raison trouvait sa vérité dans la maladie et le deuil. Moi, je profitais de la situation : à l'époque, les mères nourrissaient elles-mêmes et longtemps ; sans la chance de cette double agonie, j'eusse été exposé aux difficultés d'un sevrage tardif. » Sartre avait déjà, à plusieurs reprises, présenté la mort de son père comme « une chance », une chance lui épargnant la souffrance de l'Œdipe, une chance l'offrant à la contingence, l'arrachant au destin de tout fils : être le fils de son père. « Quand les pères ont des projets, les fils ont des destins », avait-il conclu avec une forme de jubilation. Ce n'est plus ici simplement la mort de son père qui est une chance mais « cette double agonie », *leur* double agonie : celle qu'il partagea avec son père et qui, l'éloignant de sa mère, lui épargna la violence d'un sevrage tardif. Toujours ce ton, cette pose de hussard. Sartre se protège sans cesse, c'est entendu, mais de quoi ?

— Ah la *contingence* ! Je me souviens que j'adorais en parler à mes élèves du lycée du Havre : la contingence, c'est *ce qui aurait pu ne pas être*, et la nécessité *ce qui ne peut pas ne pas être*. Je prenais un stylo, le brandissais au-dessus du bureau avant de le lâcher, il tombait et je leur disais voilà, c'est la nécessité, il ne peut pas ne pas tomber. Après, je demandais à un élève de se lever et aux autres de bien le regarder, et je leur disais, voilà : ce jeune homme que vous voyez là, il aurait pu ne pas être, ses parents auraient pu ne pas se rencontrer, ils auraient pu avoir une relation sexuelle à un autre moment, les spermatozoïdes paternels auraient pu être de mauvaise qualité, ou se perdre en chemin avant d'arriver à l'ovule, voilà, cette vie humaine que vous voyez là n'est pas comme la chute du stylo, elle *aurait pu ne pas être*, c'est la contingence. Eh bien, dans une vie humaine, tout est contingence. Autour de mon berceau j'avais un père et une mère au bord de la mort... L'un est tombé dedans, l'autre pas, mais rien n'était écrit. Mon père aurait pu ne pas mourir, ma mère aurait pu ne pas vivre. Je crois même avoir pris à l'époque, pour mes élèves du Havre, cet exemple-là, ma première année sur terre, pour leur faire comprendre la contingence... Alors vous voyez que je ne nie pas ce que fut mon enfance, mais là où vous allez dire que j'ai été déterminé par mon enfance, que j'ai développé cette philosophie de la contingence *sous la dictée* de mon passé, je vous répète que j'ai été libre : j'ai *choisi* de réagir ainsi, par cette philosophie de la liberté et de la contingence, à cette enfance marquée du sceau de la contingence. Mais j'aurais pu, comme d'autres et justement parce que je m'en étais sorti, développer au contraire une pensée du destin, de la nécessité, penser que nous nous en étions sortis, ma mère et moi, parce que c'était écrit. Mais rien n'est écrit, rien n'est jamais écrit que notre liberté.

Je pense à cette phrase devenue l'emblème de la pensée de Sartre – « nous sommes condamnés à être libres » –, et j'hésite à lui poser la question de son analyse, à lui demander s'il aurait pu ne pas venir ici, s'il n'a pas, comme tous ceux qui y viennent sérieusement, été à proprement parler *jeté* sur le divan.

— Et puis il y a autre chose : regardez le monde, ne ressemble-t-il pas chaque jour davantage à ce que je peins dans ma philosophie, la contingence n'est-elle pas criante ? Dans le monde de l'arme atomique, c'est bien chacun de nous qui aurait pu ne pas être, il eût suffi qu'en 1945, ou pendant la guerre froide un doigt se posât sur un bouton, un doigt qui peut-être a hésité avant de renoncer... Depuis la Seconde Guerre mondiale et la barbarie technicienne nazie, chaque juif peut se dire de même qu'il aurait pu ne pas être, et je pourrais continuer à l'infini... La technique aujourd'hui vient tellement radicaliser la contingence de toute vie humaine que ma philosophie me semble justifiée par tout à fait autre chose que ces quelques mois où je n'ai été qu'une larve sans projet, un nourrisson malade qui aurait pu y passer. Nous pouvons toujours chercher dans l'enfance de Platon l'origine de sa métaphysique du sage contemplatif, ou dans celle de Kant l'explication de sa philosophie morale comme vous voulez que je cherche dans la mienne la clef de ma pensée de la contingence, mais regardez autour de vous : où sont les sages contemplatifs ? Où est le ciel des Idées platonicien ? Où sont les hommes moraux kantiens ? Où sont les pures intentions ? Tandis que le monde de la contingence est bien le nôtre, les hommes sont en effet plongés dans ce monde comme je les ai décrits : tentés par la mauvaise foi et menacés par la nausée, l'angoisse devant la contingence et le champ des possibles. Ils le sentent bien, qu'ils *auraient pu ne pas être*. Parce que c'est vrai. La contingence est notre seul destin.

Kant

— Une fois, avant que nous nous quittions, vous m'avez demandé à qui je m'adressais...

— Oui.

— Je n'avais pas bien compris le sens de votre question. J'y ai réfléchi depuis...

— Oui...

— Et je... enfin évidemment qu'une bonne partie de mon système philosophique est adressée à ma mère...

— Et que lui dites-vous ?

— J'en ai déjà parlé ici, je lui dis que je veux encore croire en la morale qu'elle incarna pour moi, que l'homme que je suis continue, malgré tout, à poursuivre le désintéressement pur qu'enfant il a cru voir en elle. Mais il n'y a pas que cela, c'est difficile de savoir à qui on s'adresse vraiment, *pour qui* on écrit.

— Oui.

— Ma philosophie morale est peut-être adressée à ma mère, mais elle l'est aussi à Rousseau. Incontestablement, c'est aussi à Rousseau que je parle. Et elle l'est bien sûr à tous les hommes : j'ai voulu proposer un impératif moral que chaque homme puisse être capable d'appliquer. C'est en cela d'ailleurs que je réponds à

Rousseau. Lui fondait la morale dans le cœur, dans la sensibilité. Il pensait que la nature humaine était bonne en son fond, que c'était la société qui avait perverti les hommes, les avait fait égoïstes, frivoles et envieux. Il était quasiment seul en son siècle à attirer l'attention des hommes sur les méfaits de la civilisation, à oser dire que le progrès, celui des arts comme celui des sciences ou des techniques, pouvait s'accompagner d'une régression humaine. Il a eu ce mot mémorable : « Avec le progrès, on sait ce qu'on gagne, mais on ne sait pas ce qu'on perd. » C'est aujourd'hui une banalité, mais quel visionnaire en un siècle tout entier traversé d'optimisme, de foi en l'avenir... J'admirais en lui le génie, le courage qu'il avait de penser contre son temps. Alors que les grands explorateurs sillonnaient le globe et appliquaient, pour essayer de définir l'humaine condition, la « méthode de la variation » – il s'agissait pour eux de découvrir le maximum d'hommes et de peuples de par le monde et de définir ensuite un socle commun, qui serait « l'humaine condition » –, Rousseau leur répondait dans *Les Confessions* qu'il connaissait une méthode autrement plus efficace : se retirer seul en son jardin et chercher au fond de soi, au fond de sa solitude et de sa mélancolie, la marque de l'humaine condition. Quelle modernité... C'est Rousseau qui m'a ouvert les yeux sur la subjectivité moderne.

— Et vous n'êtes plus sorti de votre jardin...

— Oui et non : le jour où j'ai commencé *L'Émile*, c'était en 1762, je n'ai plus rien fait d'autre, j'ai oublié repas et promenade, je n'entendais même plus les rappels à l'ordre de mon valet... Enfin quelqu'un me parlait. Vous voyez que j'étais capable d'une certaine liberté par rapport à mon organisation. Le jour de la

Révolution française, de même, j'ai brisé le rythme habituel pour aller au-devant du courrier...

— Deux fois en une vie...

— Mais ce sont des clichés, comme celui du philosophe jamais sorti de Königsberg, né et mort dans la même bourgade de province...

— Parce que c'est faux ?

— Non, c'est vrai. Mais pourquoi en sortir ? Resituez un peu l'époque... La planète tout entière ressemblait alors à Königsberg, et Königsberg, oui, Königsberg la bourgade de province, condensait à elle seule le tout de l'humaine condition, avec ses peurs et ses espoirs, ses limites et ses rêves. Voyez-vous, j'en avais suffisamment devant les yeux, j'avais là assez à penser pour une vie entière et j'ai décidé de m'y employer sérieusement. J'avais au-dessus de mon bureau un portrait de Rousseau, le seul tableau que je possédais, par lui je voyageais bien assez...

— Vous travailliez sous son regard...

— Et je lui répondais, je m'adressais à lui. Je ne comprenais pas qu'il fonde ainsi la morale dans le cœur. Puisque le fond du cœur des hommes était bon, pensait-il, puisque y dormait encore, malgré les couches de civilisation qui le recouvraient, ce sentiment de pitié originelle par lequel nous nous distinguons des bêtes, il suffisait, pour être moral, de retrouver au fond de soi la marque de cette bonté naturelle. Mais Rousseau se heurtait selon moi à un problème de taille, qu'il préférait ne pas voir. Il y a des hommes méchants, des hommes qui n'ont pas de cœur. Si seul le cœur peut nous rendre meilleurs, comment convaincre celui qui n'a pas de cœur de la nécessité de faire le Bien ? Si nous ne le pouvons pas, alors il n'y a plus d'espoir d'un progrès universel des hommes. Or, selon moi, l'enjeu de la question morale est précisément que tous les hommes puissent devenir moraux, je ne dis pas qu'ils le deviennent, mais qu'ils *puissent* le devenir. Voila pourquoi j'ai fondé la morale en raison. Pour savoir où est le bien, un simple raisonnement suffit, accessible à n'importe qui. Alors au moins il est possible de pouvoir convaincre n'importe qui. Est-ce que je peux universaliser la maxime de mon action ? L'impératif catégorique de la loi morale, « agis toujours de telle sorte que la maxime de ton action puisse être érigée en loi universelle », je vous le répète, chaque homme peut le comprendre s'il est doué de raison, et chaque homme peut l'appliquer s'il en a la volonté. C'était mon but, en effet : que la morale ne fût pas réservée à ceux qui ont du cœur.

— Que le *tu dois* puisse envahir le monde...

— Mais pourquoi réserver le progrès moral à quelques-uns ? Rousseau avait une définition magnifique du propre de l'humain : encore une fois visionnaire, il montrait que ce qui nous distinguait des bêtes n'était ni la raison, ni le langage, ni l'altruisme, ni le rire... mais la perfectibilité. Nous pouvons *toujours* devenir meilleurs. Maintenant que nous sommes au fait de l'intelligence et de la communication animales, que nous avons découvert des oiseaux altruistes et des singes rieurs, que l'éthologie a détruit un à un tous les prétendus « propres » de l'homme, seul résiste le critère rousseauiste : nous sommes *perfectibles*, en effet, et les bêtes ne le sont pas, ou très peu. Mais justement, si le propre de l'homme est la perfectibilité, alors ceux qui n'ont pas de cœur, ne pouvant progresser, se retrouvent exclus du genre humain.

— Vous pourriez vous demander pourquoi le cœur vous fait si peur...

— Ce n'est pas le cœur qui me fait peur, c'est son absence.

— Mais c'est exactement la même chose !

Je songe à cette jeune fille qu'il a laissée en larmes après lui avoir annoncé qu'ils ne se fianceraient pas, à ses larmes à lui qui ne sont pas venues, qui ne viennent toujours pas. *Peut-être que moi aussi, il faudrait que je trouve ma façon de pleurer*, me confia-t-il un jour. Et le voici aujourd'hui qui justifie encore son enracinement de la morale dans la raison, dans le *raisonnement*. Je me lève, pose mes poings sur mon bureau et m'adresse à lui d'une voix forte :

— Alors il faut que ça raisonne !

— Comment cela ? Que voulez-vous dire ?

— Il faut que ça raisonne ! C'est vous qui l'avez dit. Et même que ça *résonne*, n'est-ce pas ?

— Que voulez-vous dire ? Je ne comprends pas...

— Il faut qu'elle résonne, la grosse voix, que l'homme ne puisse pas ne pas entendre ce qu'elle lui dit...

— Exactement, que chaque homme puisse l'entendre, et donc qu'elle lui parle le langage de la raison...

— Vous croyez vraiment que c'est à la raison, aux raisonnements que les hommes obéissent ? Vous croyez vraiment que c'est elle que les hommes *entendent* ?

— Je l'espère.

Je cogne mon bureau des deux poings, il sursaute, je crie presque :

— Tu dois !

Il ne dit rien, je poursuis :

— Voila ce que c'est, la grosse voix. Vous croyez que Dieu s'est justifié auprès de Moïse, qu'il a *argumenté* ?

— Mais arrêtez d'assimiler ma loi morale aux dix commandements !

— Expliquez-moi donc la différence ! Nous ne parlons que de cela : du surmoi, de son impératif secret qui est bien la voix de la conscience, une voix qui est d'abord, justement, vocale, qui n'est pas avant tout *la voix* de la raison, qui ne tire pas d'abord son autorité de sa justification rationnelle mais de ce qu'elle est, simplement, *la grosse voix* : celle dont il est dit dans la Bible qu'elle se fit entendre à un certain peuple, en fuite, massé un jour autour du mont Sinaï.

— Il est trop tard pour vous aussi...

— Que voulez-vous dire ?

— Vous m'avez très bien compris...

— Je ne crois pas.

— Mais si. Vous êtes comme moi, réduit à devoir assumer ce que vous avez dit et pensé, mais il est trop tard pour l'amender. Vous avez toujours préféré Œdipe à Moïse, le mythe grec au texte biblique et ce fut votre évitement majeur, celui de votre judaïsme, peut-être même la marque de votre névrose. Vous avez pensé l'humain à partir d'un mythe grec et non de votre judaïsme, il est trop tard pour vous aussi.

— Vous oubliez que le judaïsme est un art de lire, le juif est depuis des siècles rompu à la lecture des textes, au déchiffrage des signifiants. Il en tire une science de l'interprétation dont la psychanalyse s'inspire directement. Ce n'est pas pour rien que le juif que je suis a fondé la psychanalyse, il fallait d'ailleurs qu'en tant que juif je sois habitué à être seul contre tous pour supporter la solitude à laquelle me contraignit la découverte de l'inconscient.

Je m'en veux de lui avoir répondu, d'être sorti de mon rôle. L'agressivité qu'il vient de manifester à mon égard était une aubaine, que j'aurais dû utiliser dans un but thérapeutique. Je l'ai bêtement laissée passer. Une simple discussion vient de s'installer. Je ne sais pas quoi dire. Heureusement, c'est lui qui reprend :

— La confusion est de taille. Et justement parce que la loi morale est fondée dans la raison humaine, qu'il n'y a là aucune parole de Dieu. C'est l'homme et lui seul qui veut le Bien, et qui sait où il est. Nombre de commandements divins me semblent justement immoraux, j'ai même bâti contre certains d'entre eux ma philosophie morale. Regardez ce commandement du Pentateuque : « Tu aimeras ton prochain comme toi-même. » Ce commandement n'est pas moral puisqu'il est fondé sur l'identification. Il faudrait en passer par soi pour arriver à aimer l'autre ! C'est toute la différence avec un commandement authentiquement moral : tu aimeras autrui comme lui-même...

— Parce qu'il faudrait aimer par devoir ?

— Nous pourrions dire aussi : aimer autrui comme lui-même, pour lui-même, comme une fin. *Tu aimeras ton prochain comme toi-même...* n'est-ce pas placer l'égoïsme au cœur de l'amour ? Faire de l'égoïsme la mesure même de l'amour ? En voilà un d'impératif hypothétique ! Si tu t'aimes, alors aime autrui pareillement. Et d'ailleurs il n'est pas dit que nous nous aimions...

Je ne sais plus quoi penser. Cette séance m'échappe, et en même temps il se passe quelque chose. Il m'a attaqué et il a visé juste, et il y a dans son propos une charge affective nouvelle. *Tu aimeras ton prochain comme toi-même...* Soudain, j'entends ce commandement d'une façon inédite : et si nous étions à nous-mêmes notre propre prochain ? Et si c'était le prochain, *en nous*, qu'il s'agissait d'aimer comme soi-même ?

— L'autre erreur majeure, reprend Kant, mais c'est en fait la même, c'est justement que là où Dieu n'a pas besoin d'un raisonnement pour être entendu – sa grosse voix suffit si vous y tenez.

— Parce que c'est moi qui y tiens !

— Là où Dieu n'a pas besoin d'un raisonnement pour être entendu, la morale humaine se justifie en raison. Nul besoin, précisément, de craindre la grosse voix pour entendre le Bien. Il suffit d'avoir le courage, d'oser écouter sa raison, de n'obéir qu'à soi.

— Bien, nous allons en rester là. Sur cette formulation très intéressante. *De n'obéir qu'à soi.*

C'est lui, sur le palier, juste avant que je ne referme la porte, qui se retourne vers moi :

— N'obéir qu'à soi, c'est encore obéir. Le problème n'est peut-être pas de savoir à qui on obéit : à soi, à une partie de soi, à sa raison ou à son surmoi, à Dieu... mais de savoir ce que ça nous fait d'obéir, de devoir obéir. Ce que c'est que d'être cet animal qui *doit* obéir. J'entends : d'obéir à autre chose qu'à l'instinct.

— Oui, vous me direz tout ça jeudi.

Il descend quelques marches et se retourne encore :

— Mais quand même... Nous en revenons toujours aux trois questions autour desquelles j'avais construit toute ma philosophie : que puis-je connaître ? que dois-je faire ? que m'est-il permis d'espérer ? Ces trois questions qui n'en font qu'une : qu'est-ce que l'homme ?

— Oui, ce sont de bonnes questions. C'est une bonne question. Vous m'en parlerez jeudi.

Il me regarde, d'en bas, une main gantée sur la rampe. Son œil brille dans l'obscurité de la cage d'escalier, qui amplifie sa voix :

— Qu'est-ce que l'homme ? L'homme est cet animal qui entend la voix, qui entend *une demande*.

Et puis il semble se décider. Il tourne les talons et descend d'un pas vif.

Platon

Platon a repris ce ton doctoral qui est l'indicateur le plus fiable de sa résistance à l'analyse. Il parle avec les mains, comme à chaque fois qu'il veut se protéger de l'affect qui pourrait surgir :

— Si je suis si dur avec moi-même, c'est parce que j'ai gagné contre Aristote : il a eu beau essayer de justifier la nécessité sociale de l'art, c'est bien ma dévalorisation de l'art qui a marqué toute l'histoire de la philosophie, et avec elle toute celle de l'Occident. Cette réduction de l'art à un art de l'apparence, flattant le désir humain sans même le satisfaire, cette dévalorisation d'un art qui nous éloignerait de l'idée et du vrai, oh... elle n'a peut-être pas convaincu mes contemporains, mais elle a convaincu les philosophes pour au moins vingt siècles. De cela aussi, de toute cette tradition de dévalorisation de l'art, je suis responsable.

Je me dis qu'il va falloir que je trouve une brèche pour le ramener vers une parole vraie, sentie.

— Pas un mot sur l'art chez Descartes, pas un mot sur la beauté chez Leibniz, et je ne parle même pas de Kant qui a passé la fin de sa vie à vouloir démontrer la supériorité de la beauté naturelle sur la beauté artistique... Il faudra attendre le romantisme allemand du XIXe siècle pour que ça change : Hegel, Goethe, Schelling, Schiller, qui enfin réévalueront l'apparence et tireront les vraies leçons, si longtemps occultées, du christianisme.

— C'est-à-dire ?

— Le Christ est Dieu *apparaissant* : la vérité n'est donc pas salie dans son apparition mais bien au contraire révélée au travers même de son apparaître et donc de sa beauté. Bref, l'apparence révèle l'essence, le beau devient l'apparence même du Vrai. L'apparence n'est plus illusion et fausseté : elle est devenue un moment du Vrai. « L'Être ne serait s'il n'apparaissait », écrira Goethe génialement.

— Et qu'est-ce que vous en dites ?

— Attendez... J'étais en Allemagne, à l'époque, incognito. Je me suis introduit dans une des réunions de ce jeune cercle de romantiques. Ils étaient encore très marqués par l'idéalisme mais en même temps ils étaient en train de le réformer et de sauver l'apparence, de redonner à la beauté une place dans l'aventure de la vérité. Ils parlaient même de religion de la beauté. Je me souviens très bien de cette assemblée enflammée, de tous ces jeunes esprits aux cheveux bouclés, de leurs chemises à jabot, ils étaient encore idéalistes mais c'était un idéalisme d'un genre nouveau : les idées les plus élevées, les plus pures avaient maintenant pour destin de se réaliser dans le monde et c'est cela, cette apparition de l'idée dans les formes mêmes du réel, qu'ils nommaient justement, qu'ils nommaient magnifiquement beauté.

Il a l'air songeur, plus ému soudain. C'est fou ce que le dos d'un crâne dégarni et deux pieds en éventail peuvent parfois dire d'un homme. Sa voix change :

— Je me souviens du jeune Hegel prenant les autres à parti : « Que voulez-vous que ce soit d'autre, la statue d'Apollon ? Ce sont les idées les plus nobles de la civilisation grecque, l'équilibre, la modération, la justice qui sont manifestes, manifestées dans la beauté des formes de son corps. Que voulez-vous que ce soit d'autre, la beauté ? C'est la vérité qui prend corps, c'est l'éclat même du Vrai. » Je me souviens parfaitement de cet instant précis où j'ai croisé le regard de Hegel, je me suis demandé s'il avait reconnu cet homme grand et barbu, un peu à l'écart du groupe, qui venait pour la première fois. J'étais là et en même temps j'étais ailleurs, je pensais à tout ce temps, aux siècles que la philosophie occidentale avait dû parcourir pour sortir enfin de mon mépris de l'art, c'est-à-dire encore de mon mépris du corps. Je songeais aux ravages de ma jalousie...

— Oui...

— Tout cela n'aurait pas existé si j'avais simplement supporté le succès des auteurs de théâtre, mais bon... je ne saurai jamais si Hegel m'a reconnu parce qu'à cet instant ma vue s'est brouillée, j'ai dû quitter la salle précipitamment.

— L'évocation de ces romantiques allemands vous affecte d'une manière qui, bien sûr, intéresse votre analyse, mais justement, je crois que vous pourriez essayer d'interroger davantage ce qui vous touche. J'entends bien ce que vous me dites : ces romantiques ont réhabilité la beauté, ils ont débarrassé la philosophie d'un vieux réflexe, le mépris de l'art, dont vous vous attribuez la responsabilité. Mais il n'y a peut-être pas que cela...

— Bien sûr que non, il y a aussi, j'en suis tout à fait conscient, qu'ils étaient jeunes et défendaient, comment dire... leurs idées...

— Leurs idées ?

— Oui, leurs idées *à eux*. C'était leur philosophie qu'ils défendaient, ils avaient cette chance, ce rapport simple au monde, ils pensaient quelque chose et ils le défendaient, corps et âme.

— Qu'en savez-vous ?

— Je l'ai éprouvé, intensément, c'est pour cette raison que les larmes me sont venues.

— Leur conviction me renvoyait à ce que je n'avais jamais connu, jamais été, j'avais toujours pensé... je n'avais jamais été comme eux... pleinement là, j'avais toujours pensé coupé d'une part de moi-même, c'est de cela aujourd'hui dont je me sens... coupable justement.

— Oui.

— Oui. Coupable. C'est la première fois que je l'entends ainsi : coupable, *qui peut être coupé*. Coupé d'une part de soi...

— C'est bien, c'est très bien, nous allons en rester là aujourd'hui. Sur ce qui peut bien faire que vous vous sentiez ainsi coupé d'une part de vous-même.

Sartre

— Lorsque je m'interroge sur ma présence ici, sur ce qui m'a vraiment imposé cette décision, enfin... décision n'est probablement pas le terme adéquat...

— Oui...

— Lorsque je me demande pourquoi je suis ici, je me demande parfois si je suis, ou si je pourrais devenir un psychotique.

— Dites, bien cher.

— Je disais psychotique en faisant implicitement référence, sans me penser à proprement parler fou, à cette théorie appartenant d'ailleurs moins à votre corpus qu'à sa vulgate, selon laquelle deux générations de névrosés non soignés feraient des psychotiques. Mon grand-père paternel assommant ma grand-mère d'un silence de quarante ans : névrosé. Mon père enfant de ce silence : névrosé. Et me voici : psychotique. Mon grand-père maternel autoritaire et obsessionnel : névrosé. Ma mère déjà veuve retournant en enfance auprès de ses parents : névrosée. Et me voici : psychotique.

— Vous devriez vous méfier de la vulgate. Souvenez-vous donc de ce que fut la vulgate existentialiste :

acheter des lave-vaisselle et des livres de Boris Vian avant d'aller danser dans des boites de jazz.

— Vous avez raison... Mais de toute façon ce n'est pas là où je voulais en venir. Quand je me demande pourquoi je suis ici, je pense en fait moins à cet accident qu'à cette jalousie qui me détruit, me vide, c'est elle, je crois, mon symptôme, c'est elle qui est signifiante, qui me dit quelque chose de moi-même, quelque chose que j'ai du mal à entendre mais qu'il me faut entendre, peut-être est-ce d'ailleurs précisément l'objet de mon analyse...

— Oui, tout à fait.

— Maintenant qu'enfin je cherche la vérité je ne trouve que la souffrance, la souffrance de l'homme jaloux. Alors c'est ça ? La vérité c'est la souffrance ? Parce que là je ne joue plus, ce n'est pas du masque de l'homme jaloux qu'il s'agit là, ou alors si c'est encore un rôle, c'est de loin celui que je prends le plus à cœur. La vérité c'est la souffrance ? Finalement pourquoi pas... puisque je n'ai porté tous ces masques que pour me tenir à distance de ma souffrance.

— Quelle souffrance ?

— Je ne sais pas.

— Si. Vous le savez.

Il garde le silence et soudain, comme revenant à lui :

— En tout cas je peux vous parler de ma souffrance maintenant, quand Rose ne rentre pas, quand je l'attends et que je sens monter la folie, car enfin, comment la nommer autrement ? Quand elle n'est pas à mes côtés, quand je ne sais pas où elle est, lorsque soudain je comprends que c'est sa présence qui me donne mon sens, sa présence qui me *justifie*. C'est bien tout le miracle de l'amour, je l'expliquais déjà dans *L'Être et le Néant* : être aimé, c'est sortir de la vie injustifiée, échapper à la nausée – être aimé, c'est être justifié.

Je me dis en l'écoutant qu'il s'agit dans ce cas moins de l'amour que du désir d'être aimé. Désirer être aimé, c'est peut-être désirer être justifié... Aimer, c'est autre chose.

— Et c'est bien cela tout le tragique de la fin de l'amour : ne plus être aimé, c'est perdre cette justification de son existence. Lorsque Rose n'est pas là et que le crabe de la jalousie commence à me pincer, me pince de plus en plus fort, de plus en plus goulûment, je sens le vide immense m'aspirer de l'intérieur. Là c'est vraiment le rien qui s'attaque à moi, je ne peux plus rien devenir, tout ce que j'imagine m'est un coup au cœur, me coupe le souffle, les jambes et l'appétit, et j'ai envie de hurler que j'ai besoin d'elle, que sans elle je ne suis rien...

— Oui.

— Tout m'est alors une menace, tout ce que j'imagine vient menacer mon existence, la menace de redevenir injustifiée, et pas seulement le corps d'un jeune amant allant et venant entre ses jambes, lui tirant des râles que je ne lui connais pas, tout, même son travail de chercheuse, ses amis, ses discussions avec les commerçants, tout ce qui lui prend son attention ou son temps, tout ce qui me la prend. Pour elle je ne veux pas être un objet parmi d'autres, je ne veux pas simplement faire partie de sa vie, je veux être tout pour elle, le sens de son existence et sa raison d'être, c'est bien cela l'amour n'est-ce pas ? Être justifié par l'amour de l'autre et justifier en même temps sa vie entière, être pour l'autre ce sans quoi le monde n'aurait pas de sens, celui sans qui elle ne pourrait pas vivre et c'est tout cela qui s'écroule quand elle n'est pas là – *quand elle n'est pas là* : cela signifie qu'*elle peut très bien vivre sans moi*, cela signifie logiquement, implacablement, qu'elle ne m'aime pas.

— Oui !

J'ai quasiment crié ce « oui ! », non pour approuver son propos, mais pour l'encourager à continuer.

— Ce que je viens de dire est horrible. Pourtant, c'est bien moi qui l'ai dit. Moi qui ai théorisé le couple libre...

— Peut-être comprenez-vous aujourd'hui mieux pourquoi...

— Moi qui ai si bien argumenté auprès du Castor mon besoin des amours contingentes, moi qui l'ai tant fait souffrir avec ça...

— Avec quoi ?

— Avec ce besoin irrépressible de coucher avec toutes les femmes, avec ma soif de prédateur, mon donjuanisme puéril, avec Arlette, Michelle et Léna, avec Évelyne, Wanda et Liliane, avec Dolores surtout, avec toutes ces filles à qui je donnais des horaires très précis et que je consommais à la va-vite, tout en travaillant.

Je songe, écoutant Sartre évoquer ces corps de femmes consommés « à la va-vite », aux longues pages qu'il consacre à la caresse dans *L'Être et le Néant*, la caresse pour prendre le temps de faire naître le désir de l'autre tout en naissant à son propre désir...

— Elle était mon "amour nécessaire", je le lui disais ainsi, mais il me fallait, il *nous* fallait des "amours contingentes", j'avais fini par l'en convaincre. Tant de couples tentèrent de nous imiter après 68, tant de couples allèrent dans le mur, car l'amour ce n'est pas cela et vous le savez comme moi, l'amour c'est l'attachement, la possessivité et la souffrance, il n'y a qu'à voir comment les enfants aiment.

— Toute la difficulté, pour les adultes, est justement de ne pas aimer comme des enfants.

— Vous croyez cela possible ?

— Dites, dites-moi.

— Puisque Rose me fait être enfin, je veux moi aussi être sa *raison d'être* et si elle s'amuse sans moi, si elle étudie sans moi c'est que je ne le suis pas et c'est la crise qui me prend. Le plus horrible dans cet état, dans ce que je suis en train de dire, c'est que...

— Oui...

— C'est que... Ce que je ne supporte pas... c'est la liberté, c'est sa liberté.

— Bien, c'est bien, c'est même très bien, nous allons en rester là aujourd'hui, sur cette idée, que vous ne supportez pas sa liberté, que vous ne supportez pas la liberté.

Kant

— Je repensais encore à cette question : à qui je m'adresse ? À qui je réponds ? À qui je parle exactement.

— Oui...

— Je réponds à Rousseau, je réponds à ma mère, je réponds à Maria Charlotta, peut-être... mais je réponds aussi à Descartes et c'est essentiel.

— Pourquoi ?

— Pour que vous compreniez que je ne suis pas ce rationaliste que vous voyez en moi. Vous faisiez mine, mardi, de vous offusquer... Alors la morale est affaire de raisonnement... vous vous étonniez que je critique la façon dont Rousseau voulait la fonder dans le cœur.

— Pas exactement.

— Vous me laissiez entendre que je m'accrochais encore à mes raisonnements alors même que j'avais aussi compris combien ils m'avaient coûté, combien ils avaient pu m'interdire l'amour. Mais je réponds aussi à Descartes, et lui répondant je réponds justement à une certaine arrogance de la raison. Il croyait tout pouvoir démontrer, même l'existence de Dieu, grâce au pouvoir de la raison.

— Oui.

— Comme tant d'autres avant lui, saint Augustin, saint Anselme, Leibniz, Spinoza..., il voulut prouver par A plus B l'existence de Dieu. Ils multiplièrent les prétendues preuves de tous types, tout à leur obsession de démontrer la vérité de l'infini et de l'absolu avec les armes de la simple raison. Et je n'ai rien fait d'autre, dans la *Critique de la raison pure*, que de démonter leur arrogance. Comment serais-je rationaliste quand la *Critique de la raison pure* ne vise qu'à montrer les limites de la raison, à en critiquer le pouvoir exorbitant. Vous vous souvenez des trois questions ?

— Oui.

— C'est à la première que je réponds dans la *Critique de la raison pure* : que puis-je connaître ? Que puis-je démontrer ? Que puis-je savoir avec certitude ? Autrement dit : quel est le champ de la connaissance humaine ?

— Oui. C'est une bonne question. Que pouvons-nous connaître d'un homme ?

— Et du monde aussi, et de Dieu. Que puis-je connaître ? Je réponds – je réponds à Descartes – que deux conditions doivent être remplies pour qu'il soit possible de parler de connaissance : l'objet que nous prétendons connaître doit être rencontré dans une expérience, et nous devons disposer d'une catégorie intellectuelle pour le penser. Par exemple, nous pouvons connaître le rôle de la pluie qui tombe dans la croissance de la plante verte. Car nous pouvons rencontrer dans l'expérience une plante verte et la pluie qui tombe, et car nous disposons d'une catégorie intellectuelle – ici la causalité – pour penser la relation entre ces deux phénomènes. Mais si l'une de ces deux conditions n'est pas réunie, alors l'objet en question ne peut appartenir au champ de la connaissance. Et donc...

— On ne peut pas connaître Dieu...

— Exactement. Nous ne pouvons pas le connaître, nous ne pouvons pas le démontrer, car nous ne rencontrons pas Dieu dans l'expérience sensible. Nous ne pouvons essayer de penser un objet avec nos catégories de pensée que lorsque nous l'avons d'abord perçu dans l'expérience. Autrement il n'y a rien à penser. Penser, c'est tisser des relations entre des données rencontrées dans l'expérience. La causalité est une de ces relations. La pluie est la cause de la croissance de la plante verte. Mais pour affirmer que Dieu est la cause du monde, il faudrait d'abord avoir rencontré Dieu et rencontré le monde. Or, nous ne les rencontrons pas ; Dieu et le monde ne sont que des idées de la raison. L'erreur de Descartes est d'avoir fait de Dieu un objet de connaissance comme un autre. Alors voilà : je réponds autant au subjectivisme de Rousseau qu'à l'arrogance de Descartes. Dieu, nous ne pouvons pas le connaître. En revanche, nous pouvons l'espérer. C'est la troisième question de la philosophie : que m'est-il permis d'espérer ? Nous ne pouvons pas connaître Dieu, mais nous pouvons y croire.

— Oui... J'ai dû limiter le domaine du savoir, mais c'est pour préserver un espace à la croyance...

— C'est effectivement ainsi que j'ai résumé ma position. Notez que nous sommes à la fin du XVIIIe siècle : ce sont les Lumières en leur aveuglement, c'est désormais en la raison qu'il faut croire, la victoire contre la superstition est à ce prix. Je suis homme des Lumières mais pas de cet excès-là. La raison a ses limites et il est possible de croire sans superstition. C'est parce que nous ne pouvons pas démontrer que Dieu existe que nous pouvons y croire. Si Dieu était certain, la foi n'aurait aucun sens. La beauté de la croyance, c'est de miser sur un objet dont nous ne sommes pas sûrs. *Qu'est-ce que l'homme ?* L'homme est cet animal qui croit, c'est la croyance qui l'ouvre à l'infini, à l'illimité, à l'inconditionné, mais il ne peut démontrer que cet infini existe. L'homme vit dans le fini mais il aspire à l'infini : parce qu'il ne peut se contenter de ce qui est devant ses yeux, il croit. Encore faut-il qu'il soit capable de supporter le doute. La régression infantile que vous diagnostiquez chez le croyant dogmatique, dans *L'Avenir d'une illusion*, est une des manières de ne pas supporter le doute. Et l'autre manière de ne pas supporter le doute, c'est de vouloir comme Descartes, oui, comme Descartes le prétendu penseur du doute, démontrer que Dieu existe : car si Dieu est prouvé, il ne s'éprouve plus, si Dieu est démontré, nous n'avons plus à espérer, et c'est notre humanité même que nous perdons.

Je vois soudain la stratégie d'évitement qui est la sienne. Je me demandais quel était le sens de sa fuite subite dans la théorie, il m'apparaît maintenant.

— De quoi me parlez-vous, Emmanuel ?

— C'est assez clair je crois, je parle de l'arrogance humaine, et même de l'arrogance de la raison, je vous parle des limites de la raison humaine. L'homme ne peut connaître que *ce qu'il peut connaître* : il faut d'abord qu'il puisse percevoir un objet, ensuite qu'il puisse l'analyser dans sa relation à d'autres objets perçus. Nos facultés humaines sont limitées : nous ne percevons pas tout, nous ne pouvons tout comprendre. Mais il nous reste la croyance.

— Même la raison, vous voulez l'aimer sans passion...

Il semble y réfléchir et puis, soudain convaincu :

— Exactement, l'aimer comme un adulte. Mais c'est encore l'aimer, il faut aimer son objet pour lui consacrer les milliers de pages que je lui ai consacrées...

— Je ne sais pas, cela se discute... Mais je ne parlais pas de cela. Qu'êtes-vous en train de me dire ?

— Je suis en train de vous dire que nous ne pouvons pas tout connaître mais que, justement, ce que nous ne pouvons pas connaître, il nous est permis de l'espérer.

— Vous évoquez souvent les trois grandes questions de la philosophie : que puis-je connaître ? Que dois-je faire ? Que m'est-il permis d'espérer ?

— Oui...

— Et aujourd'hui vous ne parlez que de la première – *que puis-je connaître ?* – et de la troisième – *que m'est-il permis d'espérer ?...*

— Oui.

— Pourquoi ?

Il reste muet un long moment. Je repense à ce *tu dois* qui le poursuit dans la rue, qui se hâte dans son dos, claque sur le bitume. À cette question qui est bien *sa* question, et qu'il a résumée la dernière fois dans la cage d'escalier. Ce que ça fait d'être cet animal qui *doit* obéir. *Cet animal qui entend une voix, une demande*. À cette façon qu'il a eue, aujourd'hui, d'éviter la question qui est la sienne : *que dois-je faire ?*, et qui est la sienne parce qu'il la reçoit de manière problématique, en me parlant de tout sauf de cela. De détourner mon attention – que dis-je, *son* attention – de la question qui est la sienne. Il brise soudain le silence :

— Ça me fait repenser à cette autre fois, dont je vous ai déjà parlé, cette jeune fille si douce, si intelligente, non vraiment je n'avais rien à lui reprocher, mais encore une fois...

— Oui, cette jeune fille, vous m'en avez parlé, le jour de la création de la SDN, en 1919. Celle à qui vous vous êtes confié. Vous aviez envie de partager ce qui venait de se produire...

— Oui, elle... Celle qui n'a pas eu l'air surprise, qui m'a dit que c'était bien la moindre des choses, que les hommes comme moi ne mouraient pas, qu'elle l'avait toujours su. Mais encore une fois...

— Oui...

— Je n'ai pas pu.

Il se tait de nouveau. C'est moi qui reprends :

— Comment cela s'est-il passé ?

— Cette fois-là, c'était différent. Elle était...

— Oui.

— Nue.

— Oui.

— Et elle me regardait.

— Dites, dites comme ça vient...

— Je n'ai pas pu.

J'hésite à interrompre la séance. Mais un remords, comme anticipé, me prend à l'idée d'interrompre la séance sur « je n'ai pas pu ».

— Dites-moi, dites-moi ce que vous avez ressenti.

— Le pire, c'est que j'ai entendu ce que vous avez dit. Je suis bien conscient de n'avoir fait, aujourd'hui, que parler de tout ce qui pouvait m'éloigner de la question du devoir...

— Mais nous y revenons. Avec cette jeune fille au regard brûlant, nous y revenons.

— Oui, je sais : nous y revenons parce qu'à bien y réfléchir, si j'applique ma définition du devoir moral à la sexualité...

— Oui...

— Si nous définissons, comme je le propose, le comportement moral comme un comportement universalisable, alors l'abstinence, n'étant pas universalisable, est tout simplement immorale. Comment tournerait le monde si tous les hommes étaient abstinents ? Il ne tournerait plus, il n'y aurait plus d'espèce humaine. C'est peut-être pourquoi je l'entends encore comme un *tu dois*.

— Je ne sais pas si c'est pour cette raison que vous l'entendez ainsi. Ce qui nous intéresse est que vous l'entendiez, que vous le receviez ainsi.

— C'est bien ainsi que je le reçois : comme un ordre. *Tu dois aimer*. Mais je n'ai pas pu.

Il soupire, se prend le menton dans les mains avant d'ajouter :

— Je n'ai pas pu. Ah... le paradoxe de la volonté, c'est tellement juste : de trop vouloir, on ne veut plus du tout...

Il marque une pause et puis :

— De trop devoir...

Sa voix se fait soudain plus forte, étonnamment claire :

— De trop devoir, on n'en peut plus !

PLATON

Platon vient de buter une nouvelle fois sur le rêve du bébé qui se heurte à la glace, je vois bien qu'il essaie d'en parler pour en sortir quelque chose, qu'il attend de sa parole qu'elle délivre le sens de ces images, ou plutôt : qu'elle les délivre de leur sens explicite. Je reprends après un long silence :

— Il nous intéresse au plus haut point, ce rêve de la glace, d'être pris dans la glace, ce bébé immergé qui cherche la surface mais se heurte à la glace. Vous parliez aussi de ce miroir, en Égypte, d'un reflet douloureux qu'il vous a renvoyé...

— Tous mes voyages ont été des échecs. Lors d'un de mes voyages en Sicile, où j'essayais de mettre en pratique mes théories politiques, enfin...

— Oui ?

— Enfin, c'est un peu plus compliqué, j'ai d'ailleurs été fait esclave par celui-là même, Denys de Syracuse, à qui je voulais apporter mon savoir.

— Mais il n'en voulait pas, de votre savoir !

— C'est vrai, c'est vieux comme le monde, il n'en voulait pas de mon savoir, et même... il m'en voulait de mon savoir.

— Mais oui.

— Alors il a fait de moi un esclave. Les chrétiens crucifieront le Christ comme les Athéniens, avant eux, avaient assassiné Socrate. Denys de Syracuse fit de moi un esclave. C'est étrange comme souvent nous en voulons à ceux qui nous veulent du bien.

— Vous trouvez ça vraiment étrange ?

— Nous leur prenons ce qu'ils nous donnent et puis nous les tuons, parce que notre dette est trop lourde à porter, parce qu'ils en savent trop sur nous. Et c'est alors qu'ils deviennent vraiment des fondateurs. Que serait devenue la philosophie sans la mort de Socrate ? Le christianisme serait-il advenu sans la mort de Jésus ? La philosophie, le christianisme sont nés de l'ingratitude des hommes, et même de leur haine, de leur haine pour leurs sauveurs.

— Oui, ce n'est pas faux. Et qu'est-ce que vous en dites ?

Il a un léger mouvement de recul, j'essaie par ma question de le provoquer un peu, de le faire sortir de son discours.

— Qu'est-ce que j'en dis... de quoi ?

— Oui... monsieur Aristoclès...

— Oui ?

— Qu'est-ce que vous en dites ?

— De quoi ? De mes voyages ? Ou de l'ingratitude des hommes, des sacrifices fondateurs ?

— Dites.

— Au début, je me suis rendu en Sicile pour des raisons non politiques. J'ai simplement répondu à une invitation de Denys de Syracuse... Il organisait de grands festivals, pendant plusieurs jours se succédaient des représentations théâtrales, des joutes oratoires, des sortes de concours de plaidoiries, des compétitions de discours en prose ou même en vers, ces festivals attiraient les foules, on y venait de loin, mais les plus grands auteurs de théâtre, la plupart du temps, déclinaient l'invitation...

— Ils refusaient ?

— Oui, ils s'abritaient derrière la nature du régime de Denys de Syracuse pour refuser, prétextaient des raisons morales ou politiques, prétendaient ne pas vouloir cautionner la tyrannie de Denys... enfin... C'était parfois vrai, c'était même souvent vrai, mais parfois aussi c'était simplement qu'ils demandaient trop d'argent et que Denys ne pouvait payer, comprenez bien, c'étaient de véritables stars, Aristophane ne se déplaçait que pour des sommes exorbitantes... alors...

— Alors ?

— Alors il se tournait vers moi.

J'avoue que je ne m'y attendais pas. Néanmoins, je reste impassible.

— Et moi, j'acceptais.

Sa voix se fait alors plus claire, comme libérée déjà, amusée et consciente de tout ce qu'elle révèle :

— J'ai élaboré la première version des *Lois* et du *Timée* à l'occasion d'un de ces festivals. Ces textes canoniques que l'Histoire présente comme des œuvres achevées, je les ai rédigés dans l'urgence, pour préparer un festival où l'on m'avait invité par défaut, parce que j'étais moins connu, parce que j'étais moins cher, parce que j'acceptais des invitations que d'autres refusaient...

— Mais ces textes, qui ne sont tout de même pas rien, vous les avez rédigés...

— Oui, bien sûr, je ne remets pas en cause leur valeur, mais combien de passages, d'arguments mêmes, de changements de structure furent en fait commandés par le format type du discours de concours ! L'aveuglement de l'histoire officielle à ce sujet est d'ailleurs un mystère, il y a tant de choses que j'ai écrites qui ne témoignaient d'aucune exigence philosophique, ni même littéraire, mais simplement du souci d'intégrer la longueur réglementaire du dialogue de concours, quand ce n'était pas la structure elle-même de mes dialogues qui était faite pour respecter l'organisation du festival...

— C'est-à-dire ?

— Par exemple, un festival qui dure trois jours, c'était un dialogue en trois parties. Mais je peux vous en donner tant d'autres... Le passage géographique du mythe du *Phédon*, toute ma critique des artistes dans *La République* pour revenir à elle, mon développement si réducteur, pour ne pas dire ridicule, sur l'ivresse dans les deux premiers livres des *Lois* ou même le prologue si creux de mon *Critias*, pour ne pas parler de celui du *Théétète*... Tous ces passages furent ajoutés ou modifiés pour satisfaire simplement aux exigences formelles de ce type de concours.

— Eh bien, vous avez créé sous contraintes, vous n'êtes pas le premier.

— C'est le moins que l'on puisse dire ! J'ai même choisi certains thèmes de mes dialogues dans les listes officielles des concours. J'ai rédigé le *Phèdre* au dernier moment, pour un festival qui se tenait à Olympie. Non seulement j'ai accepté les contraintes de ces jeux, je me suis soumis aux attentes de ce large public, mais de nouveau, j'ai rencontré l'insuccès. Je me souviens particulièrement des représentations du *Politique* ou du

Sophiste : le public ne comprenait pas, mes dialogues philosophiques étaient trop différents, trop nouveaux peut-être par rapport à ceux du théâtre. Alors, de retour à Athènes, je me suis mis à écrire de longs monologues ayant vocation à être récités le soir devant des assemblées d'Athéniens du troisième âge. Comme ils ne pouvaient plus lire, ils se retrouvaient dans des clubs pour passer le temps... *La République* et la dernière version des *Lois* sont nées ainsi. Alors oui... j'ai créé sous contraintes, on peut le voir comme ça. Mais on peut dire aussi qu'encore une fois... je n'ai pas dit ce que j'avais à dire.

— Oui. Coupé d'une part de vous-même...

— Oui.

— Et cela a fait de vous un esclave...

— Comment cela ? Pourquoi dites-vous cela ?

— Je ne le tiens que de vous, Denys de Syracuse a fini par faire de vous son esclave...

— C'est un peu plus compliqué. Après mes premiers voyages, motivés en effet par la recherche d'un public pour mes œuvres, je me suis réellement lié à Denys et j'ai essayé de le conseiller. J'ai vraiment cru qu'il serait possible d'établir en Sicile une République idéale, qu'il pouvait écouter et comprendre, que ce qui avait été voué à l'échec à Athènes ne l'était pas à Syracuse.

— Que recherchiez-vous au juste ?

— À ce moment-là, je voulais vraiment croire en la politique. Il n'y avait plus rien de possible à Athènes : les régimes qui avaient succédé à la tyrannie des Trente étaient peut-être pires encore, la pseudo-démocratie naissante, cette prétendue première démocratie... Elle avait eu pour effet principal le triomphe des sophistes... Oh... la démocratie...

— Oui, vous ne l'aimez pas, la démocratie...

— Mais c'est parce que je l'ai vu naître, et ce n'est pas vous qui allez me contredire sur ce que disent les commencements : c'était le pouvoir sans le savoir, c'était vraiment le ressentiment au pouvoir, tous ceux qui avaient été pauvres et exclus du pouvoir s'y retrouvaient maintenant et n'avaient qu'une idée, se venger, faire payer les aristocrates, et ceux-ci le savaient bien. Alors ils offraient à leurs enfants les leçons particulières exorbitantes des sophistes pour qu'ils soient les meilleurs orateurs, qu'ils clouent le bec aux pauvres et imposent dans les débats leurs intérêts de classe. J'avais écrit à l'époque des discours politiques, j'avais essayé d'expliquer ce renversement implacable de la démocratie en son contraire, en tyrannie, mais mes discours étaient antipopulaires : ils furent donc impopulaires. Pourtant, tout ce que j'avais annoncé se réalisa... La démocratie naissante alimenta une division sociale inédite, une forme de guerre entre les classes qui atteignit très vite un paroxysme insupportable, ce fut cela l'effet principal de la démocratie naissante...

— Et la mort de Socrate...

— Oui, évidemment, et la mort de Socrate.

Il l'a concédé d'une voix absente, avant de reprendre d'un ton plus vif :

— Et mes voyages de plus en plus fréquents. À cette époque en tout cas j'y croyais vraiment, qu'il y avait quelque chose à faire en Sicile, quelque chose à essayer, qu'un tyran qui viendrait à la philosophie était l'unique façon pour la philosophie de venir au pouvoir. Qu'il y avait là un espoir, et même un devoir, là où la démocratie ne serait jamais, au mieux, que le pouvoir sans le savoir, au pis, le moyen pour les pauvres d'exprimer leur vengeance et leur ressentiment, et je peux vous dire qu'à cette époque le comportement de Denys n'a pu que renforcer mon espérance... Il s'est vraiment ouvert à la philosophie. C'est ensuite seulement que cela a dérapé, mais l'esclavage que l'histoire officielle a retenu n'est pas non plus ce que l'on croit. Nous eûmes des désaccords, sa capacité à intégrer ma vision du philosophe roi était plus limitée que je ne l'avais cru, et je me suis retrouvé quelque temps captif, sans aucun moyen de regagner Athènes. J'étais un prisonnier, mais cela n'a pas duré longtemps, et ma prison était dorée...

— Oui. Une prison dorée. Et qu'est-ce que vous en dites ?

— De ?

— De ce retournement de Denys à votre égard.

— Qu'il ne m'a pas surpris.

— Vous vous y attendiez, n'est-ce pas ?

— Je ne dirais pas cela, mais c'est vrai que je n'ai pas été vraiment surpris.

Il reste silencieux un court instant puis ajoute :

— J'ai connu moi aussi cette haine pour celui qui m'a tout appris.

— Vous diriez de Socrate... qu'il vous a tout appris ?

— Socrate m'a tant appris et pourtant il m'est arrivé de sentir en moi quelque chose de cet ordre...

— Oui.

— Pourtant je l'aimais, je l'aimais tellement...

Sa voix s'est étranglée dans ces derniers mots. Il lui faut quelques instants pour se ressaisir. Je l'entends inspirer fortement par le nez.

— Bien. Restons-en là aujourd'hui, sur cette haine que vous évoquiez pour celui, dites-vous, qui vous a tant appris.

Sartre

— Moi, Jean-Paul Sartre, je ne supporte pas la liberté !

— C'est ce que vous avez dit.

— Non, la dernière fois, j'avais conclu sur cette idée folle, absolument inaudible, que je ne supportais pas la liberté, mais la liberté de Rose, simplement la liberté de Rose, et puis j'avais conclu... C'est vous qui aviez interrompu la séance là.

— Oui.

Il reste silencieux un court instant.

— C'est vrai que c'est comme si je voulais posséder la liberté de Rose quand je veux la posséder, d'ailleurs posséder n'est pas le terme, je ne veux pas être plus fort dans le rapport de force, je ne veux pas la forcer à être ma possession, c'est sa liberté *en tant que liberté* que je veux posséder, je veux qu'elle désire sa captivité, je veux qu'elle me veuille, qu'elle veuille être à moi de telle sorte que je n'ai même plus à la posséder, je veux qu'elle se donne à moi toute entière comme moi je me donne à elle, enfin je ne sais pas, j'essaie de traduire en mots ce qui se produit dans mes crises...

— Oui.

— Et c'est toute l'impasse de l'amour qui surgit. Car chacun demande à l'autre ce qu'il ne peut donner, chacun demande à l'autre une raison d'être suffisante mais il n'y en a pas, Dieu n'existe pas et nous n'avons pas de *raison d'être*, nous existons, c'est déjà bien assez. Chacun veut être aimé pour justifier son droit à *être*, il demande à l'autre l'impossible et l'autre en exige autant, chacun exige de l'autre un amour altruiste mais ne se tourne vers lui que par intérêt, pour justifier une existence qui de toute façon ne peut l'être, qui est par essence *injustifiable*.

Écoutant Sartre, je songe encore une fois à Hegel. Il avait lui aussi dépeint l'impasse guettant toute relation humaine. Tout désir, expliquait Hegel, est en son fond désir de reconnaissance. Nous désirons moins ce que nous désirons (vivre un amour, assumer telle fonction sociale, nous marier...) que la reconnaissance par les autres hommes de la valeur de notre désir. Sans cette reconnaissance, nul bonheur possible. C'est même ce qui tuera Roméo et Juliette : leur amour ne leur suffira pas, ils mourront de ne pouvoir le voir reconnu. Hegel avait pressenti quelque chose que la psychanalyse moderne, la mienne puis celle de Jacques Lacan, approfondira : entre mon désir et moi, il y a encore l'autre. Au fond, nous dit Hegel, l'objet véritable de notre désir est la reconnaissance de l'autre. Lacan ira plus loin : nous désirons, plus que la reconnaissance de l'autre, le désir même de l'autre, mais c'est une autre histoire... Chacun, d'après Hegel, se tourne vers l'autre pour obtenir de lui la reconnaissance de sa valeur. Mais l'autre, bien sûr, en exige autant de lui. Alors c'est la guerre, cette « lutte de pur prestige » dont parle Hegel pour dire la dimension publique de ce qui est visé : la reconnaissance. Chacun exige de l'autre ce que l'autre ne peut donner : la reconnaissance de sa valeur, toujours poursuivie mais jamais atteinte, la conscience de notre mortalité attisant un désir de reconnaissance qui ne pourra être comblé. La reconnaissance de sa valeur... : la justification de son existence, rectifiera Sartre. Mais tout aussi inaccessible. Chacun exige de l'autre ce que l'autre ne peut lui offrir. Et plus encore : chacun demande à l'autre ce que lui-même ne peut lui donner. Je songe à ce mot de Lacan : « L'amour, c'est offrir à l'autre ce qu'on ne peut lui donner, et qu'il n'a pas demandé. »

— D'ailleurs je crois que c'est aussi cette impasse qui me rend malade quand je deviens fou de jalousie, cette évidence que tout ce que je ressens est voué à l'échec, que je ne peux la posséder ni même trouver à travers elle un impossible sens à mon existence... ah... c'est tellement absurde...

— Dites...

— Cette jalousie ! Cette possessivité ! Moi qui toute ma vie ai combattu la propriété...

— Oui...

— Toutes les propriétés ! J'ai conclu *Les Mots* sur l'idée que je n'étais propriétaire d'aucun « talent », que je devais tout à mon seul travail, à ma seule foi en l'écriture. J'ai construit l'existentialisme sur l'idée que nous n'étions propriétaires d'aucune identité, d'aucun passé, d'aucun destin. J'ai démontré dans *L'Être et le Néant* que même les choses n'étaient pas propriétaires de leur être. Marxiste, j'ai combattu la propriété bourgeoise. Quand j'ai eu douze ans, ma mère s'est remariée à un bourgeois et je n'ai eu de cesse de combattre mon beau-père, de mépriser la propriété qui était la sienne – des usines à La Rochelle...

— Et votre mère...

Je crois qu'il ne m'a réellement pas entendu :

— Dès que j'ai eu de l'argent, et j'en ai eu beaucoup, je l'ai toujours immédiatement dépensé, je ne vivais qu'avec de l'argent en liquide pour qu'il m'échappe plus facilement. Je le donnais à qui en avait besoin. J'ai vécu à l'hôtel l'essentiel de ma vie, nous avions fait ce choix délibéré avec le Castor, et même le succès venant, nous avons continué à habiter de modestes chambres d'hôtel. Je ne voulais même pas *être*, alors comment aurais-je voulu *avoir* ? Je n'ai jamais été le propriétaire ni d'un talent ni d'une identité, ni d'un passé ni d'un appartement et me voilà maintenant avec cette folie au ventre, de vouloir être le propriétaire de ma femme !

Il joint ses mains derrière sa tête en soupirant, écarte un peu les jambes, puis inspire longuement et s'enfonce dans le silence.

Je revois Martha ce soir de septembre, peu avant notre mariage. Sa sincérité. Sa candeur, sa violence. Nous étions jeunes, elle plus encore que moi, nous nous aimions, j'admirais en elle la beauté, la délicatesse, l'esprit. À l'époque, j'étais encore neurologue. J'étais plein de doutes et d'ambitions. Ce soir-là, c'est elle qui est venue me parler. Elle m'a avoué avoir été troublée par un homme que nous avions croisé lors d'une réception. Elle était gênée de sentir en elle ce trouble, si près de notre mariage. Et elle avait tenu à me le dire. Or, je l'avais vue, j'avais vu ses regards pour lui, l'un d'eux surtout qui m'avait liquéfié : un regard *fasciné*, j'avais vu cette fraction de seconde où son regard disait qu'elle était prête à tout, que plus rien n'existait. Juste après, j'avais vu ses paupières baissées, désir et renoncement mêlés. J'avais senti mes jambes faiblir, le sang contre mes tempes comme une vague. Elle m'a dit que j'étais pâle, m'a demandé si ça allait. Je n'ai rien pu répondre, j'avais trop de questions en moi, soulevées par cette violence, celle de son regard, celle de mon affection ; celle de son désir, celle de ma blessure. J'y ai repensé souvent : je crois que c'est à partir de ce jour que j'ai commencé à m'intéresser aux problèmes du psychisme, que c'est ce soir-là que je suis devenu psychanalyste.

J'observe sur mon bureau les petits cendriers en jade de Chine. Je ne fume plus depuis longtemps mais j'aime les regarder, les toucher, les déplacer. J'y dépose des cendres imaginaires tandis que vagabonde mon esprit. Je crois que je suis devenu psychanalyste pour me connaître. C'est ce que j'avais rétorqué à Meynert, mon professeur, alors qu'il essayait de me persuader de renoncer à « mes lubies », à mes « charlataneries psychologiques », à perdre mon temps avec ces « simulatrices d'hystériques ». Il m'avait même proposé, si je renonçais enfin, d'assurer à sa place son cours prestigieux sur l'anatomie du cerveau. Il avait finalement perdu son calme : « Vous connaître ? Par pitié ! Mais nous sommes des médecins, des scientifiques, nous étudions le système nerveux, pas le vague à l'âme. Revenez à la raison et bientôt vous serez là, dans mon fauteuil, à recevoir les étudiants en vous resservant à boire. » Je lui avais répété qu'il fallait d'abord que je me connaisse et il avait lâché, gorgé de mépris : « Parce que vous croyez que ces pauvres femmes vont vous apprendre quelque chose sur vous-même ? Vous ne vous comprenez pas vous-même et vous croyez que ces menteuses vont vous dire qui vous êtes ? » Ce fut notre avant-dernière entrevue. La dernière fut plus violente encore. Il venait de me renouveler sa proposition et je l'avais une nouvelle fois refusée. Il avait insisté : « Désavouez publiquement vos théories ridicules et je vous offre tout. » Et puis soudain, constatant que c'était peine perdue, il s'était levé : « La folie des autres vous fascine parce qu'elle vous divertit de la vôtre. Peut-être ne vous connaissez-vous pas mais moi, je vous connais, depuis maintenant dix ans que j'encadre vos travaux : vous êtes un névrosé, un être fermé, obtus, taciturne. La nuit vous attire parce que vous la sentez en vous. Vous prétendez libérer les autres de leurs démons mais vous ne parviendrez qu'à nourrir les vôtres. Jusqu'à ce qu'ils vous dévorent. »

Sartre sort soudain de son mutisme avec une sorte de rage :

— Propriétaire de ma femme, c'est proprement absurde ! C'est tout le contraire de moi... ce contre quoi j'ai lutté toute ma vie.

J'hésite à lui répondre que s'il a « lutté contre toute sa vie », c'est que c'était en lui, et non « tout le contraire » de lui. Mais ce n'est pas mon rôle. Pas à moi de le dire. Je lui lance :

— Lorsque votre mère s'est remariée, vous ne l'avez donc plus eue « pour vous tout seul ».

— Non. Mais j'avais douze ans. Cela faisait bien longtemps que je ne voulais plus l'épouser.

Lorsque je l'ai raccompagné à la porte, il marchait juste devant moi et s'est soudain retourné :

— Je l'avais écrit dans *Les Mots*, qu'enfant je voulais me marier avec ma mère, c'est tellement banal...

Je ne sais pas s'il s'en est rendu compte, mais c'était à l'évidence une façon de minimiser ce qui s'était dit ici. S'il l'avait déjà dit ailleurs... Une façon de mettre l'accent sur ce qu'il avait dit, non sur la façon dont il l'avait dit et le moment où il l'avait dit. J'ai gardé sa main dans la mienne :

— Mais cela n'a rien à voir du tout, ce que vous avez écrit dans un livre et ce que vous dites ici. Et vous le savez très bien.

Platon

— Vous savez, j'avais aussi pour Socrate des sentiments mauvais... Nous étions si différents, et je ne parle pas simplement de beauté physique. Il n'avait ni les moyens, ni les intérêts, ni les ambitions d'un homme politique, moi j'étais né dans une famille d'aristocrates qui avaient toujours été proches du pouvoir, quand ils n'y étaient pas à proprement parler. D'ailleurs j'ai fondé l'Académie, à l'origine, pour former des dirigeants, et avec la conviction que Socrate aurait réprouvé cette initiative. Il prétendait que la rue et la discussion libre étaient les seules véritables écoles de philosophie.

— Vous en aviez parlé ?

— Non. Ni de cela ni de notre différence sociale. Il ne voulait pas en entendre parler, faisait comme si cela n'existait pas, tout à son idée de parler au philosophe en chacun, par-delà toute barrière sociale...

— N'est-ce pas ce qu'il faisait ?

— Je ne sais pas, c'est seulement après sa mort que je me suis demandé s'il n'avait pas parfois voulu remettre à sa place le jeune héritier que j'étais. Vous savez, il ne faut pas écouter la légende. Socrate n'était pas seulement cet amoureux du dialogue, usant de l'ironie pour offrir à son interlocuteur l'occasion d'exprimer le meilleur de lui-même.

— La légende... Mais elle vient de vous ! De votre *Apologie de Socrate* !

— Oui, je ne dis d'ailleurs pas qu'elle est fausse, je dis qu'elle est partielle. L'ironie socratique, c'est bien joli tout ça... Vous savez... parfois... S'il avait traité les autres de crétins, cela n'aurait pas été plus violent.

Il reste silencieux avant de reprendre :

— L'immortalité nous réserve bien des surprises. Il m'a été donné d'en lire des traités sur l'ironie, des milliers de pages comme autant de notes de bas de page de ce que je disais de l'ironie dans mon *Apologie de Socrate*. Et jusqu'à récemment, votre Jankélévitch qui présentera l'ironie comme une façon délicate de postuler l'intelligence de l'autre, une invitation exquise à l'éveil de son esprit. « L'ironie tend la perche à celui qu'elle égare », ira-t-il jusqu'à écrire...

— Et qu'est-ce que vous en dites ?

— Eh bien je peux vous dire que l'ironie de Socrate, c'était souvent bien autre chose...

— Oui.

— C'était des coups de poignard d'autant plus cruels qu'ils n'étaient pas donnés, c'était quelque chose de mauvais, comme du venin tourné et retourné sous la langue, qui ne sortait pas mais qui sortait quand même.

— Des coups de poignard...

— Oui. Même à l'heure de mourir, il ironisait encore sur ceux qui espéraient le faire échapper à la mort. Ils s'inquiètent pour lui, de sa mort qui vient mais il continue à faire de l'esprit. L'ironie c'est aussi cela : être tellement au-dessus des autres, se permettre de leur donner des pistes pour qu'ils puissent entrevoir leur infériorité. Mais même aujourd'hui je me sens mal de parler ainsi de celui qui m'a rendu plus grand, qui m'a sorti de mon milieu, m'a fait comprendre d'où je venais, m'a permis de ne pas faire comme toute ma famille, de la politique... de la politique, voire de la tyrannie...

— Oui, vous m'avez déjà parlé de votre lien de famille avec certains des Trente Tyrans. C'était du côté de votre mère il me semble... Vous pourriez vous demander ce que vous recherchiez auprès de Denys de Syracuse et, plus tard, de Dion...

Il semble n'avoir pas entendu ma proposition :

— Mais plus encore que de me sortir de mon milieu, Socrate m'a appris le pouvoir de la parole et de la raison humaines, il a partagé avec moi tant de moments heureux, et lorsque j'y repense, c'est de nouveau la culpabilité qui m'assaille de ne l'avoir pas assisté en ces derniers instants... C'est vrai que je ne cesse de me demander ce qu'il a pensé de mon absence, et même, simplement, si je lui ai manqué, si je lui ai manqué en ces derniers instants. Je sais, bien sûr, qu'il ne s'est pas enquis de mon absence, mais je sais surtout qu'il n'était pas du genre à exprimer sa déception, si déception il y eut.

— Il n'était pas du genre à exprimer sa déception, c'est-à-dire ?

— Ce qui est certain, c'est que je n'ai pas pu, je n'ai pas pu y aller. La nuit de sa mort, j'étais paralysé. Mais bon, peut-être aussi qu'il s'en désintéressait, peut-être même qu'au fond, il se désintéressait de tout. Qu'il n'est pas mort par civisme comme je l'ai écrit et comme on le répète depuis, qu'il n'était pas avant tout engagé mais surtout détaché, et qu'il a accepté la mort d'autant plus volontiers que justement rien ne l'attachait vraiment à cette terre, et encore moins à cette cité. Toujours est-il qu'il a refusé l'exil qu'on lui proposait pour éviter la mort...

— Oui.

— Il a refusé l'exil et c'est moi qui suis parti, comme à sa place, gagnant l'Égypte, la Sicile, l'Italie, traînant tant de hontes que je n'ai jamais su démêler, celle de n'avoir pas été là et celle d'être là maintenant, celle d'appartenir à Athènes, qui a condamné à mort son philosophe, et celle aussi d'appartenir à une famille qui collabora à la tyrannie des Trente et avait du sang sur les mains. Les historiens de la philosophie écrivirent que la mort de Socrate fut le scandale qui fit de moi un philosophe, rendit chez moi l'acte de philosopher absolument nécessaire. Ce n'est pas faux. Mais aujourd'hui je sais qu'il est un autre scandale qui rend si longtemps après ma psychanalyse aussi nécessaire que le fut alors l'acte de philosopher. Et ce scandale, ce n'est pas la mort de Socrate, c'est sa mort sans moi.

— Oui. Il a refusé l'exil et c'est vous qui êtes parti, disiez-vous, comme à sa place.

— Voila. Exactement. Et le *comme* est de trop. À sa place. J'y suis resté depuis. Depuis vingt-cinq siècles. À sa place. C'est-à-dire pas à la mienne.

— Oui.

— J'ai endossé son exil, et c'est de moi-même que je me suis exilé.

Il marque une très courte pause avant de reprendre :

— Dé...

Il s'est interrompu au début du mot. J'attends quelques instants avant de reprendre :

— Dé ?

— Définitivement, j'allais dire... définitivement.

Je sais maintenant que d'autres mots ne viendront pas. Je note sur mon cahier : *J'ai endossé son exil, et c'est de moi-même que je me suis exilé.* Il allait dire « définitivement », mais le silence a englouti la fin du mot.

Le silence, ou l'espérance.

Sartre

Aujourd'hui, lorsque je suis allé chercher Sartre dans la salle d'attente, il a emboîté mon pas avec une hâte différente. Plus maîtrisée, plus résolue je dirais. À peine allongé, il s'est mis à parler :

— J'ai bien repensé à ma jalousie, à votre façon de me demander de parler de ma mère...

— Je ne vous demande rien...

— Enfin de m'inviter à en chercher les clefs dans mon passé, dans mon enfance ou que sais-je, dans mon amour pour ma mère que m'aurait volé mon beau-père, dans mes instincts refoulés ou dans mon inconscient, eh bien je doute fort que nous soyons sur la bonne voie. Je pense comme vous que ma jalousie a du sens, qu'elle signifie quelque chose, mais justement c'est cela qu'il faut se demander : quel rapport au monde ma possessivité dessine-t-elle ? De quel projet existentiel est-elle le révélateur ? Quel avenir dessine-t-elle ? C'est alors peut-être que nous entendrons son véritable sens, en revenant aux bases de ma psychanalyse existentielle...

— Oui, de votre psychanalyse sans le passé...

— Non, pas sans le passé, mais sans le déterminisme du passé...

— Mais justement, vous n'avez rien fait d'autre dans *Les Mots* que d'appliquer les préceptes de votre psychanalyse existentielle à vos onze premières années de vie. Vous avez essayé de lire les événements de votre vie comme dessinant à chaque fois un projet, un choix, comme n'étant pas déterminés mais libres en votre sens...

— C'est exact.

— Vous avez montré ce que pouvait être un essai d'introspection faisant l'économie de l'hypothèse de l'inconscient. Et vous êtes bien conscient, vous l'avez dit ici, des limites de cet écrit, qu'on y trouve moins une logique de vérité qu'une forme d'esthétique de la pose.

— Oui, c'est exact, mais c'est parce que je ne suis pas allé assez loin dans la psychanalyse existentielle. Je vais vous dire ce qui nous sépare : je pense que la force qui mène une vie ne se découvre pas derrière l'expérience vécue, dans un inconscient ou une libido. Je refuse de tout réduire à une expression de la libido, je trouve que c'est inacceptable...

— Inacceptable ? Dur à accepter, peut-être...

— Je crois, contrairement à vous, que la liberté existe, qu'elle se traduit par des choix qui sont là, posés devant nos yeux, absolument indiscutables quand votre libido se tient toujours derrière, dessous, comme une hypothèse de travail à jamais invérifiable. Évidemment ces choix sont toujours faits en situation, dans un contexte donné, alors ils semblent rétrospectivement motivés par autre chose qu'eux-mêmes. Mais tel n'est pas le cas. Ils sont libres, ils sont là. J'ai pris conscience après notre dernière séance, tandis que nous cherchions le sens de ma jalousie, qu'il y avait un problème de taille : nous n'avons pas la même idée du sens. Vous le voyez toujours derrière, à démasquer, moi je pense qu'il est là, dans nos actions...

— Mais nous sommes d'accord, je ne fais justement que vous inviter à le lire dans vos symptômes, vos gestes, vos accès de jalousie.

— Non, nous ne sommes pas d'accord. Car ce que vous m'invitez à lire est toujours l'expression d'une libido ou d'un inconscient qu'il faut chercher très loin, en remontant à l'enfance, aux pulsions refoulées. Cette façon que vous avez...

— Oui...

— De tout réduire au principe de plaisir et à la pulsion de mort, je ne peux la tolérer : nous ne faisons pas toujours les choses pour soulager une tension libidinale, vous passez complètement sous silence le désir humain de créer des valeurs, ce désir pur qui ne trouve son origine dans aucun inconscient, qui est désir proprement humain...

— Ah...

— Ce désir qui ne procure ni jouissance ni douleur et n'entretient donc aucune relation avec le principe de plaisir, ce désir qui peut être aussi bien agressif que pacifique et ne se laisse donc pas penser à partir de votre pulsion de mort.

J'hésite sur le comportement à adopter. Il m'attaque frontalement, sur ce plan théorique qui est bien sûr le signe d'une résistance à sa propre analyse. Loin de laisser aller sa parole, de la laisser éclore comme parole signifiante, il argumente en philosophe. Il raisonne pour éviter que ça résonne ; il se protège encore. Sur le divan l'homme redevient philosophe et se claquemure dans ses concepts. Il poursuit :

— Prenons un exemple si vous le voulez bien, prenons le cas de l'angoisse sur laquelle nous avons tous les deux tant écrit, nous prendrons en même temps la mesure de notre désaccord. Vous avez un patient angoissé, il n'a plus d'appétit, ne trouve plus le sommeil, ne parvient plus à chasser les mauvaises pensées. Que faites-vous ? Vous allez chercher loin, dans un passé dont il n'a même plus conscience, dont personne ne sait s'il a simplement existé, l'origine de son mal...

— Mais il existe dès lors que le sujet en parle...

— J'ai connu une jeune fille, une jeune mariée qui vivait dans la peur phobique de s'asseoir à la fenêtre, elle avait peur de se mettre à y héler les passants comme une prostituée et cette peur la figeait à l'autre bout de son salon, l'angoisse la saisissait, la vidait de sa vie et de ses désirs. J'ai bien étudié son cas et je peux vous dire que rien dans son passé ne pouvait éclairer cette peur comme je crois pareillement que rien, dans le mien, ne peut venir éclairer ma jalousie présente.

— Qu'en savez-vous ?

— J'ai bien étudié son cas, et voilà ce que j'ai découvert : ce qui la faisait ainsi souffrir était plutôt ce que nous pourrions appeler un vertige de la possibilité. Elle se disait qu'elle *pouvait* aller à la fenêtre et haranguer les passants comme une pute et cette possibilité, oui, cette possibilité la tétanisait. Elle *pouvait* le faire, elle pouvait faire une chose pareille comme tant d'autres d'ailleurs. C'était de s'éprouver libre, *monstrueusement* libre, qui la terrorisait, alimentait le feu de son angoisse. Comprenez-moi bien : c'était donc l'avenir, pas le passé, qui l'angoissait ! La femme qu'elle pourrait être dans l'avenir pourrait se poster à la fenêtre et agir comme une pute. La peur de trop s'approcher du bord d'une falaise, ou de celui d'un quai de gare à l'approche du train, la crainte de pousser un inconnu sous les roues du métro s'approchant à grande vitesse s'expliquent pareillement : ce n'est pas notre passé qui détermine ces angoisses mais bien notre avenir, oui, notre avenir tel que notre liberté totale pourrait le faire advenir.

— Notre liberté *totale*...

— Mais oui : l'homme n'est que projet, et c'est de se projeter d'une certaine façon qui nourrit son angoisse ; c'est l'avenir, non le passé, qui explique l'angoisse ! Et c'est d'être libres, ici monstrueusement, qui nous fait angoisser. L'angoisse n'est rien d'autre, comme je l'écrivais dans *L'Être et le Néant*, que « la saisie réflexive de la liberté par elle-même ». Kierkegaard s'est beaucoup interrogé sur l'angoisse avant la faute, et lui aussi l'a définie comme *angoisse devant la liberté*. Et c'est bien ce qui distingue l'angoisse de la peur. Nous avons peur des autres, de quelque chose d'extérieur à nous. Dans l'angoisse nous n'avons peur que de nous-même. Cette femme, elle n'a pas peur de sa fenêtre mais d'elle-même, *de ce qu'elle pourrait faire* en allant à sa fenêtre. De même le vertige, il n'est pas peur du vide, mais bien angoisse devant le possible : nous craignons, non de tomber dans le vide, mais de nous y jeter. Vous comprenez ? L'angoisse est angoisse devant l'avenir.

Je me lève, contourne mon bureau et m'approche du divan. Je sais bien qu'il faudrait éviter la discussion théorique, qu'elle risque de n'avoir aucune vertu thérapeutique, mais je ne résiste pas :

— À moins de penser qu'il y a dans le passé d'un individu quelque chose qui explique justement un tel rapport angoissé au futur...

— Mais arrêtez avec ce passé ! Il n'existe pas ! Les faits passés sont irrévocables mais ne déterminent rien, leur signification peut être modifiée à loisir : dès que je projette un autre avenir, je me mets à relire mon passé autrement, ce passé que vous ne cessez d'invoquer par vos questions ou vos silences...

— Ce n'est pas votre passé qui m'intéresse, mais ce que vous en dites.

— Alors intéressez-vous à ce que j'ai à dire de l'avenir s'il n'y a que ma parole qui vous importe, et ne soyez pas de mauvaise foi : vous concevez le passé comme ce dans quoi on devrait trouver les clefs des souffrances présentes et des guérisons à venir. Mais c'est à partir de mon avenir et de lui seul que mon passé vient à ma rencontre. Si vous voulez qu'un passé douloureux cesse de produire ses effets dévastateurs, trouvez le projet d'avenir qui lui redonnera une belle couleur, trouvez une raison d'être à ces pauvres existences au lieu de ressasser le passé...

— Oui, donnons-leur un projet, et ça ira mieux...

— Eh bien oui, ça ira toujours mieux qu'en leur donnant un destin !

PLATON

— Peut-être que ce cauchemar signifie tout à fait autre chose, il faudrait que je parvienne à voir ce que la mer veut dire pour moi, cette mer qui est une prison dans mon rêve. J'ai eu une idée en y repensant, je ne sais pas ce qu'elle vaut, mais je l'ai eue. Plus que la mer, c'est la glace qui emprisonne le nouveau-né dans mon rêve.

— Oui. Il est « pris dans la glace », disiez-vous...

— Or, je me souviens maintenant d'un fait que j'avais oublié. Certains de ceux qui protestaient contre la tyrannie des Trente l'avaient baptisée le régime de glace. Et moi qui au début n'osais protester, qui avais été un temps proche de ce régime avant de m'en éloigner, j'avais été déçu comme un adolescent découvrant le pot aux roses. Alors c'est peut-être cela, le sens du nouveau-né qui se heurte à la glace. Ce que disent ces images tient peut-être à ce que j'ai alors ressenti : cette impression de me heurter à un mur, quelque chose de dur et froid comme de la glace. Jeune, j'avais un vrai désir de politique...

— Oui. Vous vouliez aussi être artiste.

— C'est vrai, pourquoi me dites-vous cela maintenant ? Vous trouvez cela contradictoire ?

— En aucun cas.

— Ce serait plutôt le contraire, et d'ailleurs cette cohérence m'apparaît dans une clarté inédite, il s'agissait dans les deux cas de sculpter le réel, d'agir dans le réel.

— Oui.

— C'est étrange... Presque effrayant...

— Dites.

— Le ciel des Idées... Il est bien loin.

— Oui !

C'était un oui sonore, une manière d'encouragement, presque d'applaudissement, un oui qu'on aurait dit crié. Mais je ne l'encourage pas comme un père encouragerait son fils, je ne suis pas non plus son complice. Simplement, nous sommes dans le même bateau, le psychanalyste et son patient sont embarqués dans la même aventure, même s'ils n'y sont pas au même titre, et nous nous heurtons depuis longtemps, *tous les deux*, à la glace de ce cauchemar.

— En me confrontant à la répétition de cette scène cauchemardesque, en cherchant à comprendre ce que la nuit revient me dire avec ce mur de glace, j'ai l'impression de revenir à des choses importantes. C'est vrai qu'il y a eu cela en moi que j'avais occulté : un homme, un jeune homme même qui voulait travailler la matière du monde, un poète qui voulut sculpter l'or brûlant des mots comme il voulut faire de la politique, un jeune sensuel amoureux d'art et de politique.

— Oui, il est d'ailleurs loin d'être absent de votre œuvre. Il prend les visages de différents personnages. Calliclès par exemple... Et lorsqu'il s'y exprime, il montre une force de conviction que ne possèdent pas tous vos personnages...

— Oh... je le sais bien... une force de conviction que n'a pas toujours Socrate par exemple. Mais cela est épars et sporadique, oh... ce ne sont que des jaillissements de-ci de-là, des pages perdues dans l'océan des autres. C'est Calliclès, en effet, dans le *Gorgias*, faisant l'apologie de la force, définissant la liberté comme simple assouvissement du désir, c'est Calliclès l'homme de pouvoir, le réaliste et le terrien. Mais ce sont aussi ces passages du *Banquet*... oh... bien sûr pas ceux où l'amour du beau corps se révèle amour du Bien et du Vrai, d'autres plutôt, mais ils existent aussi, tel celui où Erôs est défini, non comme amour du Beau, mais comme amour de la naissance et de l'engendrement dans la beauté, de cette naissance et de cet engendrement qui sont alors, bien plus que la pensée, ce que nous avons d'immortel, ce sont ces pages du *Théétète* où la connaissance la plus pure apparaît comme celle où l'intellect et les sens ne feraient enfin plus qu'un, ce sont toutes ces lignes de cet autre Platon, de ce Platon écrasé par l'autre, toutes ces pages à part, comme sauvées des eaux...

— On y revient...

— Mais justement, ce ne sont que quelques gouttes, quelques pages qui permettent, par contraste, d'éprouver le poids écrasant de mon... enfin, de l'idéalisme dominant la totalité de mon œuvre. Ce jeune homme dont je vous parle, c'est lui qui prend parfois la parole dans le *Gorgias*, dans le *Banquet* ou le *Théétète*, et c'est à lui que Socrate répond, c'est lui que Socrate interrompt, à lui que Socrate règle son compte, mais surtout...

— Oui...

— C'est peut-être lui, je n'y avais pas songé avant, lui qui se heurte à la glace de mon rêve, au miroir que lui renvoie Socrate, au face-à-face avec Socrate, avec lui-même, qui se heurte à la glace et aux mots glaçants...

— Les mots de qui ?

— Les mots... les mots de ma mère. C'est du côté maternel, par des oncles maternels et non paternels, que j'étais lié à la tyrannie des Trente. Et lorsque j'ai décidé, lorsque les événements ont décidé pour moi de la nécessité de ma prise de distance avec ce régime, j'ai d'abord demandé à voir ma mère.

— Oui.

— Et je lui ai exposé tous les motifs de mon indignation. Je lui ai dit ma décision de briser toute collaboration avec les Trente Tyrans, avec la tyrannie en général. Jusqu'à aujourd'hui je ne me souvenais pas de sa réaction, ou plutôt elle ne m'avait jamais paru essentielle, je n'avais jamais cherché à m'en souvenir, ou peut-être que je l'avais occultée, mais elle me revient désormais. Son ton est doux, en apparence. Pourtant il n'y a nulle douceur en elle, elle déplore mon absence de jugement, mon choix, mon immaturité, cela me revient maintenant, elle défend les siens, ses frères et ses oncles, cela m'apparaît maintenant, cet effroi soudain, mon sang qui se glace d'un coup, c'est la première fois que je sens ma mère si froide et si distante, que je sens ma mère... C'est la première fois que je ne suis plus...

— Oui...

— Son bébé.

De nouveau seul dans mon bureau, j'essaie de mettre un peu d'ordre dans cette séance particulièrement riche.

Platon n'avait encore jamais revendiqué ainsi cette part de lui-même, cette jeunesse sensuelle, accrochée à ce monde, à cette vie avec ses beautés changeantes et ses renouvellements. Il voulut être poète, rêva de politique, et même d'un savoir où l'intellect et les sens se rejoindraient enfin. Le fait est entendu, bien connu des lecteurs sérieux de Platon : son rationalisme ne cesse en fait de s'ouvrir à ce qui le menace. On ne peut d'ailleurs pas réduire au rationalisme l'œuvre d'un philosophe qui eut autant recours aux mythes. Mais ici, c'est Platon lui-même qui parle, et non ses commentateurs, Platon lui-même qui semble redécouvrir le jeune homme qu'il fut, que l'auteur Platon voulut effacer si souvent, un jeune homme aussi attaché à cette terre que Socrate s'en voudra détaché. Probablement Platon a-t-il lu ses commentateurs, mais sans même y entendre ce qu'il y avait à y entendre. Il faut que cela vienne de lui pour qu'il puisse l'entendre. C'est tout le sens de l'analyse, et c'est aussi pourquoi la suggestion est bien la pire des méthodes.

Un passage du *Banquet* me revient soudain en mémoire. Je me lève et le retrouve assez vite dans ma bibliothèque : « Toutes les créatures accouchent dans la douleur, dans une attente pleine de tourments. Sacrifice et don de soi que la naissance ! Sacrifice que d'élever sa progéniture ! C'est ce qui fait que le mortel s'efforce à l'immortel, mais dans un renouvellement et une naissance. » Nous sommes loin, en effet, de l'idéalisme et de ses idées éternelles : c'est ici par la douleur de l'accouchement, par le don de soi de l'éducation, et non par la pensée contemplative, que *le mortel s'efforce à l'immortel.* Loin aussi de Socrate qui congédia femme et enfants venus lui rendre visite la nuit d'avant sa mort : il ne fallait pas lui gâcher ses derniers instants de vie – ses derniers instants de philosophie.

Impossible, de plus, de ne pas relever le fait que Platon évoque sa mère dans la même séance. D'un côté, l'accouchement et la naissance sont ce par quoi l'homme mortel « s'efforce à l'immortalité ». De l'autre, il décrit sa mère sous son jour le moins maternel qui soit...

Plus franc, en revanche, est ce que dit le rêve de la glace sur la figure de sa mère. La glace, ce sont les mots de sa mère autant que la tyrannie des Trente. Sa mère, c'est la tyrannie des Trente, ils sont cousins, oncles, ils sont liés par le sang. Elle défend les Trente Tyrans, elle défend les siens, ceux de son sang, ce sang qui est aussi celui de Platon mais qui lui fait horreur. Lui, découvre sa mère qu'il ne connaissait pas. Il connaissait la tendresse, cette femme qui l'appelait mon bébé en se penchant vers lui. Il découvre l'hypocrisie et la distance, elle n'écoute pas ses arguments, elle défend son sang, son clan, et ça lui glace le sang. Lui, découvre sa mère impure. Il ne veut pas de son sang qui est pourtant le sien. Sa mère, c'est le tyran. La prison du corps, c'est le corps de sa mère.

Soudain, je comprends mieux le jeu de mots platonicien qui a fait couler autant d'encre : le corps en grec se dit *soma*, et le tombeau *sêma* : *soma sêma*, le corps est un tombeau, résuma donc Platon. Sa haine du corps viendrait de là : de cet effroi devant la mère et le clan de la mère, devant la mère défendant frères et oncles comme les membres d'un seul corps, devant la mère qui n'écoute pas ses arguments, ne se rend pas à la raison mais à la loi du sang. *La mer lave de tous les maux...* Ce serait plutôt : *la mère s'en lave les mains...*

J'entends déjà revenir l'une des critiques les plus fréquentes adressées à la psychanalyse : les visions du monde les plus folles, les plus grands délires seraient réduits par la psychanalyse, ramenés à si peu, à Papa Maman. Je peux comprendre, en effet, qu'il y ait des déçus. Mais c'est ainsi.

La prison du corps, c'est le corps de sa mère. Ce n'est pas « un peu simpliste », comme aiment à le répéter tous ceux qui nous accusent de réductionnisme psychanalytique. C'est, au sens propre, *trop simple* : cette simplicité est si dure à accepter qu'elle en devient quasiment inaudible. L'analyse n'a d'autre but que de nous permettre de l'*entendre*.

Mais que Platon serait-il allé faire d'autre, à Syracuse, si ce n'est, en effet, donner à sa mère la réponse qu'il ne lui avait d'abord pas donnée, lui dire qu'il a changé, qu'il a grandi, – qu'il lui ressemble enfin ? Pourquoi ces voyages en Sicile – question maintes fois posée – , si ce n'est pour accomplir auprès du tyran de Syracuse le destin qui lui faisait auparavant horreur ? L'histoire a retenu qu'il fut finalement fait prisonnier par Denys, empêché un temps de regagner la Grèce, mais de quelle prison peut-il bien s'agir, tandis qu'il cautionnait une tyrannie comme sa mère l'avait fait avant lui, si ce n'est de celle que nous autres psychanalystes appelons répétition ?

Je prends sur mon bureau les petits cendriers chinois en jade et commence à jouer avec. Je dessine un visage :

deux cendriers pour les yeux, un cendrier pour le nez, un autre pour la bouche. Puis je casse mon œuvre et j'en fais une autre. Platon aura fini, comme sa mère, comme le frère de sa mère, par servir une tyrannie. Platon répète le schéma familial comme Kant, de femme en femme, répète le même scénario d'échec. Sartre, de masque en masque, bute sur le même écueil. Il ne s'agit pas exactement de la même répétition mais toujours quelque chose se répète, dont le sujet ne veut pas, quelque chose qui le fait souffrir mais qu'il recherche inconsciemment. Parce que c'est son affaire. Parce qu'il en a besoin pour être celui qu'il est. J'ai cette idée de donner à lire à Platon l'extrait d'*Au-delà du principe de plaisir* où je résume ce phénomène :

« Ce que la psychanalyse révèle dans les phénomènes de transfert chez les névrosés peut être retrouvé dans la vie de certaines personnes non névrosées. Celles-ci donnent l'impression d'un destin qui les poursuit, d'une orientation démoniaque de leur existence, et la psychanalyse a d'emblée tenu qu'un tel destin était pour la plus grande part préparé par le sujet lui-même et déterminé par des influences de la petite enfance (...) C'est ainsi qu'on connaît des personnes dont toutes les relations humaines vont vers la même issue : bienfaiteurs que leurs protégés, si différents soient-ils, abandonnent après quelque temps avec rancune, comme s'il leur était dévolu de boire l'ingratitude jusqu'à la lie ; hommes dont toutes les amitiés s'achèvent par la trahison de l'ami ; ceux qui, de façon indéfiniment répétée, placent quelqu'un d'autre dans une position de grande autorité, soit pour eux seuls, soit aussi pour le public, et qui renversent ensuite cette autorité pour la remplacer par une autre ; amoureux dont chaque affaire de cœur avec les femmes traverse les mêmes phases et conduit à la fin (...). De telles observations (...) nous encouragent à admettre qu'il existe effectivement dans la vie psychique une compulsion de répétition qui se place au-dessus du principe de plaisir. »

C'est un des textes dont je suis le plus fier, un vrai moment de basculement dans mon travail : je venais de comprendre que l'inconscient d'un homme trouve parfois à se satisfaire dans la répétition de ce qui le fait souffrir.

Kant

J'ai ouvert la porte de la salle d'attente et dit à Kant qu'il pouvait venir. Mais il est resté prostré, le regard dans le vague. L'homme qui avait bâti l'un des systèmes philosophiques les plus imposants autour de l'idée que « tu dois, donc tu peux » avait conclu la séance dernière d'un éclatant « de trop devoir, on n'en peut plus ! » Il m'avait semblé soudain libéré. Sur le pas de la porte, il m'avait même lâché qu'il y croyait, qu'il venait d'entrevoir une perspective inédite, qu'il sentait en lui quelque chose de neuf. Et il avait raison, je le lui avais dit.

Je suis donc surpris de lui voir cet air abattu. Surpris, et même un peu triste. Son immobilité est troublante, son regard perdu. Il est moins bien apprêté que d'habitude. Comme s'il avait revêtu sa veste et son gilet sur une vieille chemise.

— Venez, bien cher, venez.

Il sursaute et je remarque sur son front une légère brillance – un peu de transpiration. En ôtant sa veste, il me jette des regards fuyants. Une fois allongé, il parle sans attendre :

— Un jour... je n'en ai jamais parlé...

— Oui...

— J'étais en train de travailler, à la *Critique de la raison pratique,* mais j'avais du mal à me concentrer en raison de ces chants, des chants de prisonniers...

— Des chants de prisonniers ?

— Oui, figurez-vous que je vivais, à Königsberg, non loin de la prison. Assez régulièrement, les détenus se mettaient à chanter, et lorsque les fenêtres de la prison étaient ouvertes, leurs chants parvenaient jusqu'à moi.

— Quel genre de chants était-ce ?

— Justement... L'été, plus particulièrement, leurs chants m'étaient... insupportables.

— L'été ?

— Oui, l'été, les sons se densifient, s'alourdissent, j'avais l'impression qu'ils me faisaient transpirer...

— Quel genre de chants était-ce ?

— C'était comme des plaintes, mais au fond de ces plaintes il y avait quelque chose de joyeux, oui... une forme de joie.

— Et c'est cela qui vous dérangeait ?

— Non, je ne crois pas. Mais il y avait de la joie, de la joie dans leur tristesse...

— La joie qu'il y a à être ensemble ?

— Peut-être...

— C'est cela qui vous faisait souffrir ?

— Je n'avais pas l'impression de souffrir...

— Vous ne souffriez pas ?

— L'impression que j'avais était d'être dérangé, empêché dans mon travail, troublé dans ma tranquillité. Alors, un été...

— Oui.

— J'ai appelé la police.

— Vous avez appelé *la loi*.

— J'ai appelé la police et j'ai obtenu qu'ils chantent fenêtres fermées.

Je ne sais pas pourquoi mais je me lève, j'ouvre la fenêtre et le chant d'un oiseau nous parvient alors.

— Qu'est-ce qui vous gênait dans ces chants, dans ces chants de prisonnier ?

— Je ne sais pas...

— Mais si, vous le savez. Vous le savez. C'est parce que vous le savez que vous m'en parlez.

— C'était la vie qu'il y avait dans ces chants, la vie et le désir, cette humanité basse qui chantait, cette humanité basse et belle, rampante mais ivre, esclave mais libre...

— Oui...

— Esclave *et* libre...

— Oui...

— C'était la passion qu'il y avait dans ces chants, je ne la supportais pas...

— La passion ?

— Oui. C'était comme s'ils pleuraient, ces prisonniers, mais il y avait de la joie aussi, il y avait dans ces chants une vie...

— Oui...

— Une vie qui me faisait mal, qui me semblait interdite...

— Depuis quand ?

— Pardon ?

— Depuis quand ?

— Depuis quand quoi ?

— Depuis quand étiez-vous coupé de cette vie ?

— Mais je ne sais pas, je ne comprends pas.

Je songe à ce que mon collègue Pierre Marty appelle « dépression essentielle ». Je me demande parfois si ce n'est pas ce dont souffre Kant. Une forme de dépression qui n'empêche pas de travailler, ni même d'être efficace, qui ne se manifeste par aucune souffrance clairement ressentie, mais qui touche le sujet en sa profondeur, qui le coupe de ses affects, le désubstantialise en quelque sorte. Mais s'il me parle aujourd'hui de sa requête policière, c'est justement qu'il se rapproche de ses affects. Enfin, je l'espère. « Dépression essentielle », pourquoi pas...

— Qu'est-ce que vous ne comprenez pas ?

Le cas de Kant est problématique pour une autre raison. Il me conduit à interroger ma théorie de la sublimation. Sont dites sublimées des pulsions sexuelles refoulées, censurées, qui se trouvent réinvesties, sous une forme qui est donc non sexuelle, dans l'investigation intellectuelle intense, la création artistique ou même l'émotion esthétique. Chez un être sans sexualité, l'effort intellectuel, le génie pourraient donc trouver leur origine dans la libido, être une de ses expressions indirectes, sublimées donc. Mais ce qui me paraît indubitable pour Léonard de Vinci par exemple, je ne le retrouve pas chez Kant. J'aime, souvent, lorsque j'écoute de la musique, entendre le chemin parcouru depuis le refoulement des pulsions premières jusqu'à leur expression finale, indirecte et esthétique. Souvent, le soir, après le dernier patient, je mets un disque de Mahler et je suis comme un homme qui, regardant le ciel étoilé, regarde le passé, regarde ce qui n'est plus, ces étoiles aujourd'hui éteintes mais dont la lumière nous parvient aujourd'hui. J'écoute les mélodies, la voix spirituelle en songeant aux pulsions qui pareillement ne sont plus, en tout cas ne sont plus sous leur forme initiale, et me parviennent maintenant métamorphosées, au travers de la beauté, de la mélodie, de la profondeur d'une voix humaine. Moi aussi, je contemple le passé : je regarde, ébloui, ce qui n'est plus mais vit d'une autre vie. Mais lorsque j'écoute Kant, pourtant génial en sa philosophie, et à l'évidence homme d'un refoulement immense, il ne me semble pas qu'il *sublime*. Pourtant, cela ne peut pas vraiment être autrement, mais rarement j'aurais éprouvé tant de difficultés à retrouver chez un patient la source libidinale de la sublimation.

— Une humanité rampante mais ivre, esclave *et* libre, disiez-vous...
— Oui...
— Et vous avez appelé la police. Pourquoi ?
— Pour avoir la paix.
— Pour qu'ils ferment les fenêtres...

Tous les psychanalystes savent cela : il est difficile, parfois, et quoi qu'on en dise, de ne pas juger son patient. Je reprends :
— Mais les fermer sur quoi ?
— C'était un continent entier et je n'avais pas...
— Oui...
— Cette plainte, je voulais la faire taire...
— Quelle plainte ? Qu'est-ce que vous vouliez étouffer ?

Il essaie de dire quelque chose mais le début d'un sanglot l'interrompt :

— C'était...

Il renifle bruyamment, puis semble pris d'un mouvement de dégoût à l'égard de lui-même, d'une volonté de se ressaisir, d'effacer au plus vite ce reniflement. C'est la première fois qu'il se laisse ainsi surprendre. Je hausse le ton :

— Emmanuel... Qu'est-ce qu'il y avait ? Que vouliez-vous étouffer ?

Je hausse encore la voix, me faisant autoritaire :

— Qu'est-ce qui était insupportable ?

— Ce chant. C'est ce qui a tué ma mère.

Il s'interrompt de nouveau, ravalant un sanglot, le maîtrisant même pour lâcher d'une voix sèche :

— Cette passion... C'est elle qui a tué ma mère. La passion, et même pas la sienne. La passion d'une autre.

De nouveau seul dans mon bureau, je m'interroge sur mon interruption de séance. Il allait me parler de la mort de sa mère mais je l'ai interrompu. Je sentais que son discours allait reprendre le dessus, je crois que je voulais le laisser au plus proche de cet affect qui avait surgi. De cette émotion – enfin.

Devant moi, encore une fois, je dispose les trois *Critiques* : trois livres épais, des milliers de pages. La *Critique de la raison pure*, la plus imposante, pour démonter, comme il l'avoua, l'arrogance de la raison. La *Critique de la raison pratique* pour fonder en raison, contre Rousseau donc, notre devoir moral... La *Critique de la faculté de juger* où il revient, vieillissant, sur son œuvre, et notamment sur l'idée de Dieu. Pourquoi cette habitude, après presque chaque séance de Kant, de m'attarder ainsi sur la contemplation de ces sommes imposantes ? Pourquoi ce besoin de toucher le papier de ces pages, de les peser, de les faire tourner sans les lire ? Un soir, devant cette pile de livres épais, il m'était venu cette idée que c'était sa philosophie entière, sa façon de pleurer. J'avais en face de moi un homme qui semblait avoir perdu toute épaisseur d'humanité. L'épaisseur, elle était dans ses livres et rien que dans ses livres. J'étais, comme tant d'autres avant moi, devant une belle énigme : d'un côté une œuvre monumentale, révolutionnaire, de l'autre un petit homme, un petit fonctionnaire avec des habitudes de retraité à la place du cœur.

Mais voilà qu'il s'ouvre, que sa parole se charge d'affects nouveaux. Voila qu'il sanglote, renifle, regrette. Voilà l'homme, enfin. J'ai envie d'un cigare, de revoir Martha et de lui raconter. Comme avant. De la prendre dans mes bras et de sentir sa poitrine lourde, son souffle tandis que je lui décris mon bonheur, cette impression, à chaque fois la même, que c'est ma vie qui est sauvée : à chaque fois qu'un homme, de s'allonger, se relève même un peu – et c'est ma vie qui est sauvée, je ne me suis pas battu pour rien. J'ai envie de te le dire, Martha, que ça continue comme avant, malgré tout, malgré le temps. Mais tu le sais déjà.

Sartre

— Au fond, à quoi vous opposez-vous ?

Ma question est venue d'un coup, et je suis à deux doigts de la regretter. Depuis que Sartre a évoqué clairement son amour pour sa mère, depuis qu'il m'a avoué qu'enfant, très régulièrement et très sérieusement, il songeait à épouser sa mère, sa parole s'est chargée d'une agressivité inédite. Il a eu beau me répéter qu'il avait déjà dit tout ça dans *Les Mots*, il sait très bien que ce qui était glissé entre deux formules ou entre deux virgules, du ton snob et poseur du hussard que rien n'atteint, se trouve ici empreint d'une tout autre épaisseur, d'un tout autre effet de vérité.

Il semble réfléchir, et puis soudain :

— Je m'oppose à votre conception de la psychanalyse, je m'oppose à votre conception même de l'humain, je m'oppose à vous et à cette libido que vous voyez partout mais surtout...

— Surtout...

— Je m'oppose à votre idée du passé, à votre obsession de l'inconscient. Je crois qu'il est possible, qu'il est vraiment temps d'envisager ce que j'ai appelé « psychanalyse existentielle ».

Je songe à toutes ces pages de *L'Être et le Néant* consacrées à la psychanalyse existentielle ou à la démonstration de l'inexistence de l'inconscient, que Sartre a rédigées pour l'essentiel pendant la Seconde Guerre mondiale. Ce fait conjoncturel extrêmement simple est pour le moins troublant : la guerre prouve l'existence de l'inconscient. Les hommes n'accepteraient jamais la guerre s'ils n'y trouvaient des satisfactions inconscientes. Je me lève et m'empare dans ma bibliothèque de mes *Essais de psychanalyse*. Je relis la fin de mes *Considérations actuelles sur la guerre et sur la mort* écrites pendant une autre guerre, en 1915 : « Tout autant que l'homme des temps originaires, notre inconscient est inaccessible à la représentation de notre propre mort, est plein de désirs meurtriers sanguinaires à l'égard de l'étranger, est divisé (ambivalent) à l'égard de la personne aimée. Mais comme l'attitude, conventionnelle et liée à la civilisation, que nous avons à l'égard de la mort nous a éloignés de cet état originaire ! Il est facile de dire de quelle façon la guerre intervient dans ce désaccord. Elle nous dépouille des couches récentes déposées par la civilisation et fait réapparaître en nous l'homme des origines. Elle nous contraint de nouveau à être des héros qui ne peuvent croire à leur propre mort ; elle nous désigne les étrangers comme des ennemis dont on doit provoquer ou souhaiter la mort. » J'ai le temps de refermer le livre. Il reprend plus calmement, plus pénétré aussi par ce qu'il dit :

— Mais plus fondamentalement encore, c'est à votre scientisme évolutionniste que je m'oppose. Votre lecture de l'homme et de ses pulsions est évolutionniste au sens le plus simple du mot : l'homme selon vous n'est que le fruit d'une longue évolution de l'espèce, vous vous plaisez sans cesse à repérer sous les traits de cet homme civilisé la bête censurée cherchant une revanche, sous les pratiques les plus civilisées de simples déguisements de l'instinct.

— Simples, non.

— Je ne vois pas l'homme ainsi.

— Vous ne *voulez* pas le voir ainsi.

— Non, je ne le vois pas ainsi parce que je n'ai pas été comme vous dans votre adolescence, pendant vos années de lycée, fasciné par Darwin, parce que je n'ai pas suivi comme option durant ma première année de médecine à Vienne « Biologie générale et darwinisme ». Le résultat, voyez-vous, c'est que je me fais aussi une tout autre idée de *l'autre*. En raison de cet évolutionnisme latent, vous avez tendance à ne voir en autrui qu'un objet pour satisfaire des désirs, bref vous réduisez l'autre à un objet libidinal. L'autre n'est plus un sujet qui me fait face, mais un simple objet pour la satisfaction de mes besoins.

— Je, enfin la psychanalyse, ne le réduit pas à cela. Mais c'est vrai qu'il est *aussi* cela. Justement, c'est peut-être d'exister à plus d'un titre qui le rend intéressant.

— Mais d'où vous vient ce ton, cette certitude arrogante, de quelle scientificité vous réclamez-vous ? Je vais prendre un exemple, et même deux, pour mettre à jour notre divergence. Le premier exemple, c'est un petit geste, un simple petit geste, celui de brandir un poing agressif. Là où vous ne manquerez pas d'y voir l'expression de forces neurophysiologiques ou de pulsions profondes, là où ce petit geste vous semblera déterminé par un grand passé, pour ne pas dire immense, immense à l'échelle de toute l'histoire passée de l'évolution, j'y vois quant à moi l'indice d'un projet visant l'*avenir*. Pour moi, ce geste ne prend son sens que dans l'avenir qu'il inaugure. Pour vous, il est porté par la force multiséculaire de toute l'évolution passée. Vous voyez la différence, je n'en doute pas, car ce geste agressif peut inaugurer un avenir *ou* un autre, une bagarre entre hommes *ou* un poing s'abattant finalement contre un placard, il peut se changer en geste las *ou* humoristique, en un doigt tendu *ou* en une main tendue, il peut annoncer la guerre aussi bien que l'amitié, l'histoire reste donc ouverte mais vous, vous fermez tout, vous fermez tout avec la clef du passé.

— Mais si la clef peut fermer...

— Non, ne me dites pas qu'elle peut ouvrir, vous ne croyez pas en la liberté. Vous lisez tout, absolument tout, les émotions, la sexualité, les symptômes et même les pensées dans leur relation aux pulsions inconscientes alors que pour moi il ne s'agit que de choix, pour moi on choisit tout, on ne choisit pas son corps mais on choisit sa façon de le vivre comme j'ai choisi de vivre avec ma laideur, on choisit d'abattre ou non son poing comme on avait déjà choisi de le fermer et de le brandir, on se choisit, *on se crée un soi*, c'est cela la grande passion humaine, non la passion sexuelle que vous voyez partout à l'œuvre ni même l'amour-propre, mais cette passion de s'inventer un soi, et même : de s'inventer un soi dans l'avenir.

— De s'inventer un *soi*... De se l'*inventer*...

— C'est cela, être humain et c'est cela que votre psychanalyse interdit puisqu'en son sein nous y sommes déterminés, nous ne pouvons rien inventer, nous sommes déterminés par le passé, le nôtre et celui de nos parents et même celui de l'espèce tout entière ! Par ce passé dormant, dormant mais bien vivant, pas mort du tout !... comme une belle au bois dormant au fond de notre *inconscient* ! Mais il n'y a pas d'inconscient, pas de lieu obscur et immatériel où seraient stockées nos pulsions refoulées : il n'y a qu'une conscience sélective ou de mauvaise foi, il y a simplement que parfois nous avons un mal fou à identifier nos intentions véritables, et c'est bien normal, c'est dur de les connaître. Mais nous pouvons y arriver, il suffit de cesser de se mentir, d'un effort d'*attention*.

Je ne sais d'abord pas comment réagir. Sartre me fait penser à ces maris qui viennent chez le psychanalyste, disent-ils, « pour leurs femmes ». Mais ce sont eux qui sont venus et c'est ce que nous devons commencer par essayer de leur signifier. Sartre, de même, ne serait donc pas venu pour lui, mais pour me démontrer que l'inconscient n'existe pas. Il ne serait pas venu pour lui, mais pour moi, ou même contre moi, contre la psychanalyse. Parmi les penseurs majeurs du XXe siècle, il n'y a guère qu'Alain et Sartre pour s'en prendre si frontalement à l'existence de l'inconscient. Sartre ne veut y voir que mauvaise foi, Alain un personnage mythologique inventé par la psychologie. Dans ses *Éléments de philosophie*, Alain définit le freudisme, si ma mémoire est bonne, comme « l'art d'inventer en chaque homme un animal redoutable d'après des signes tout à fait ordinaires », et conclut par une phrase dont il ne semble pas identifier le caractère d'aveu : « Il n'y a point de pensées en nous sinon par l'unique sujet, Je ; cette remarque est d'ordre moral. » Alain refuse l'inconscient, non parce qu'il n'existe pas, mais pour des *raisons morales* : parce que la reconnaissance de l'inconscient pourrait déresponsabiliser les hommes et par suite favoriser des comportements immoraux. Encore un philosophe qui s'interroge sur ce qu'il faut dire aux hommes plus que sur ce qui *est*. Il y a quelque chose d'analogue chez Sartre : que l'inconscient existe ou non n'est pas son affaire, mais si l'inconscient existe, comment convaincre les hommes de leur liberté *absolue* ?

— Et l'autre exemple ?

— J'y venais : après le petit geste le grand sentiment, un homme qui tombe amoureux d'une femme, moi par exemple lorsque j'ai rencontré Rose ou lorsque j'ai rencontré le Castor. Vous allez avoir tendance à présenter la libido de cet homme comme le moteur de sa quête de la femme, le fait de tomber amoureux et la façon qu'il a eue de la séduire comme des expressions de sa libido, ou plus précisément comme des issues trouvées pour assouvir sa libido. Et si par malheur il ne plaît pas à cette femme mais lui écrit de belles lettres enflammées, alors vous parlerez de sublimation de sa libido.

Je reste silencieux. Ce n'est pas faux. Il enchaîne :

— Alors que pour moi, voyez-vous, le désir de cet homme pour cette femme n'existe pas avant qu'il la rencontre et tombe amoureux d'elle : il n'existe qu'à l'instant où il l'éprouve. Parce que c'est cela le désir humain. Non une entreprise solitaire d'excitation pulsionnelle qui requiert une issue, mais une aventure toujours interpersonnelle. Et c'est pourquoi, d'ailleurs, il y a vraiment *rencontre* : aventure humaine et pas simplement satisfaction de pulsions. C'est toujours un homme particulier qui rencontre une femme particulière et la rencontre là, dans le monde, découvrant son désir à l'occasion de cette rencontre. Il ne la cherchait pas pour satisfaire sa libido et c'est d'ailleurs pourquoi il la trouve : il trouve en même temps son désir.

— Mais toutes ces maîtresses que vous aviez, que vous faisiez défiler chez vous et expédiez « à la va-vite », ce sont vos mots..., pressé de vous remettre au travail, ces femmes que vous réprimandiez quand elles se trompaient d'heure, quand elles prenaient la place d'une autre ou d'un de vos chapitres... les Michelle et les Évelyne que vous m'avez décrites, les Wanda, les Liliane et les autres... Qu'étaient-elles d'autre que des objets pour satisfaire vos besoins ?

— Vous avez raison. Et tort. Elles n'étaient bien sûr que des objets mais c'était ma liberté de les prendre comme objets et c'était la leur de ne vouloir être que cela. Et, en effet, en ce sens, il n'y avait pas vraiment de rencontre. Mais ce que vous présentez comme un Destin, une généralité inéluctable de la condition humaine, n'était qu'une possibilité parmi d'autres. J'ai connu autre chose, car autre chose existe et c'est cela que vous niez. Lorsque j'ai rencontré le Castor, je ne l'ai pas désirée, mais alors pas du tout. De même Dolores, ma maîtresse américaine, la seule dont le Castor fut vraiment jalouse. J'ai découvert mon désir en les découvrant, à chaque fois nous nous sommes découverts au contact de l'autre, nous sommes nés à l'autre dans la *relation*, nous nous sommes découverts dans l'intersubjectivité, et vous ne laissez aucune place à cela...

— Mais...

— Non ! Non. Ne mentez pas. En revanche les autres... C'étaient les autres. Avec elles, j'étais cet homme que vous voulez voir en tout homme, ce substrat, grimé en homme civilisé, de l'homme primitif qu'il vous plaît tant de démasquer... J'étais, avec elles mais avec elles seulement, ce primitif assoiffé de plaisir rapide, j'étais cet homme pressé de trouver de quoi se satisfaire, déchiré entre deux nécessités, écrire et baiser, avec cette peur que j'ai eu toute ma vie de n'avoir pas assez de temps...

— Pas assez de temps pour quoi ?

— Je finissais vite un chapitre parce qu'une maîtresse arrivait et je me dépêchais de la baiser pour retourner à mon travail, j'étais *aussi* cet homme mais je n'étais pas que lui.

— Vous n'étiez pas le même homme ?

— Non, il n'y a pas de *même homme* car il n'y a pas d'identité. Je n'étais pas le même quand je baisais Liliane et quand je racontais au Castor comment je l'avais baisée. De toute façon je ne suis pas loin de croire que le Sartre qui se levait le matin n'était pas le même homme que celui qui s'était couché la veille, l'identité n'est qu'un masque, un leurre, une posture comme une autre...

— J'entends bien, mais ce peut être *le même sujet*, même s'il n'est pas toujours identique à lui-même...

— Avec toutes ces maîtresses je n'étais plus qu'un sexe se gonflant sur commande, le désir était toujours déjà là quand elles sonnaient, quand elles poussaient la porte, j'étais cet homme de vos études darwiniennes, cet animal programmé pour que l'espèce ne meure pas, d'ailleurs...

— Oui...

— Quasi automatiquement, je les retournais pour en finir comme un voleur pressé de perpétuer l'espèce, c'était comme ça, là enfin je n'étais plus libre, je les retournais et cessais d'être Néant pour me faire Destin : éjaculer.

Je repense à toutes ces pages du philosophe sur la *fadeur*, l'indétermination, la mollesse de la peau. Toutes ces pages sur la liberté : nous pouvons être ceci *ou* cela, faire ceci *ou* cela, la contingence est notre seul destin, nous ne sommes déterminés par rien... Mais il suffit qu'il narre avec un peu d'honnêteté l'effet que lui faisaient ses « amours contingentes » pour qu'il sorte enfin de la *fadeur*, de la mollesse du champ des possibles, et retrouve dans son récit ce qui à l'évidence animait puissamment son désir : la nécessité.

— Vous n'étiez plus libre. Mais vous l'aviez choisi...

Il semble surpris, puis me répond d'une voix blanche :

— Oui, je l'avais choisi.

Platon

— Socrate allait mourir mais je n'ai pas pu y aller. Même si je savais que c'était la dernière occasion de voir celui qui fut mon maître. J'avais peur. D'une peur impossible à raisonner. D'une peur que depuis lors je cherche à comprendre et que je ne comprends toujours pas. Ce n'est pas la mort qui me faisait peur, ni l'injustice. Je sais maintenant que ce qui m'a induit en erreur, pendant toutes ces années, c'est ce sentiment d'avoir trahi Socrate. Car je ne l'ai pas trahi, ce n'est pas lui que j'ai trahi.

— Mais non. Vous n'avez pas trahi Socrate.

— J'ai même construit toute ma philosophie pour lui rendre justice, j'ai fait vivre dans mes dialogues ses attitudes, ses répliques, ses idées, j'ai fait tout cela parce que je me sentais coupable, c'est évident...

— Mais coupable de quoi ?

— Coupable de ne pas y être allé, c'est ce que je répète depuis tant de temps, mais aujourd'hui je sais que cela ne veut rien dire, que cela n'a d'autre fonction que de cacher autre chose que je n'ai jamais voulu voir et qui est justement ce pour quoi véritablement je me sentais coupable, coupable, coupé, coupé d'une part de moi, celle que je ne voulais pas entendre quand j'avais peur d'y aller...

— Vous aviez peur de quoi ?

— Je n'avais pas peur de la mort, je n'avais pas peur de le perdre...

— Oui...

— Je n'avais pas peur de l'injustice, ni que son ironie me morde une dernière fois...

— ...

— Je n'avais pas peur de lui dire au revoir, j'en avais quand même envie.

Le lapsus lui a coupé le souffle. Éloquent, criant silence. Il l'entend aussi bien que moi. *J'en avais quand même envie.* Il n'en avait donc pas envie.

— J'en avais même envie. Mais j'avais peur...

— Vous aviez peur de quoi ?

— Je crois que je n'y suis pas allé, pour ne pas avoir à sentir en moi ce que j'aurais senti... Pour faire taire ce qu'il y avait en moi. Et j'ai peut-être écrit toutes ces pages, ces milliers de pages qui sont autant d'hommages à Socrate, pour faire taire ce qu'il y avait en moi.

— Dites.

— J'avais peur de me réjouir.

Ses derniers mots ont jailli dans le début d'un sanglot. Il reste figé, allongé en silence.

— Bien, c'est très bien. Restons sur ces mots aujourd'hui.

Lorsqu'il se redresse finalement, le visage marqué, les yeux rougis, il m'adresse un vif regard et se dirige vers la porte.

— N'oubliez pas de régler votre séance.

Il se retourne, dépose précipitamment sur mon bureau un billet de cinquante euros, puis je le raccompagne. Nous longeons le couloir sans un mot et je lui donne rendez-vous pour notre prochaine séance. Je reste immobile quelques instants derrière la porte refermée. J'écoute son pas lourd et régulier dans les escaliers.

Revenu dans mon bureau, je me poste à la fenêtre pour le voir apparaître dans la cour. Ce n'est pas Socrate qu'il a trahi, c'est sa haine contre lui.

Juste après, j'entends le fracas sourd de la porte cochère.

Platon avait peur de se réjouir de la mort de son maître, tellement peur qu'il l'a laissé mourir sans lui. Comme si la distance géographique eût pu lui épargner la violence d'un sentiment qu'il ne voulait pas voir. Il y avait en lui tant d'affects mêlés : de la tristesse évidemment, un sentiment d'injustice, de la colère peut-être, mais aussi de la haine et, donc, un certain contentement. Il a refoulé, plutôt que d'accepter ce qui en lui se mêlait, ce qui lui semblait inacceptable. Sur mon bureau se trouve une édition de mes *Essais de psychanalyse*, ouverte sur une page de mes *Considérations actuelles sur la guerre et sur la mort*. C'est un texte que j'ai écrit en 1915, mais dans cette édition la couverture est ornée d'une photo de moi prise en 1921 par Max Halberstadt, mon gendre. Je fixe son objectif d'un regard noir et profond, mais d'un œil seulement, l'autre restant dans l'ombre de mon arcade sourcilière, j'ai la barbe stricte et blanche du savant et entre les doigts, en une pose à la fois nonchalante et arrogante, un cigare qui se consume. Je me souviens très bien de cette prise de vue, qui allait donner le cliché me figeant pour des siècles aux yeux des ignorants. Je me rappelle pourquoi j'avais ce jour-là le regard si sombre : ce n'était pas d'avoir entrevu les profondeurs insondées de la nature humaine, mais d'être en proie une nouvelle fois à l'un de ces accès de possessivité. J'imaginais Martha dans d'autres bras et pressais le photographe d'en finir.

Je retrouve immédiatement le passage que je cherchais : « Le premier et le plus significatif des interdits venus de la conscience morale naissante fut : tu ne tueras point. Il s'était imposé comme réaction contre la satisfaction de la haine en présence du mort bien-aimé, satisfaction cachée derrière le deuil, et il s'étendit progressivement à l'étranger non aimé et finalement aussi à l'ennemi. » D'avoir évoqué une « satisfaction de la haine en présence du mort bien-aimé » m'attira des foudres diverses. Les chrétiens me vouèrent aux gémonies, les antisémites s'en donnèrent à cœur joie. Deux pages plus tard, j'écris que « chaque jour, à chaque heure, dans nos motions inconscientes, nous écartons de notre chemin ceux qui nous gênent, ceux qui nous ont offensés et lésés. Le "Que le diable l'emporte !" qui nous vient si souvent aux lèvres quand notre mauvaise humeur se dissimule derrière une plaisanterie et qui signifie en réalité "Que la mort l'emporte !", c'est dans notre inconscient un désir de mort sérieux et plein de force. Bien plus, notre inconscient tue même pour des choses insignifiantes ».

Ce serait tellement plus simple, je me le dis parfois, que les hommes reconnaissent leur désir de tuer. Mais je me ravise immédiatement et redeviens sérieux : ce ne serait pas « plus simple », ce ne seraient plus les hommes.

Kant

— J'avais treize ans quand ma mère est morte. Et c'est vrai qu'elle est morte de ce que je n'ai fait que chasser ensuite dans ma philosophie.

Il n'a pas attendu avant de parler, même pas que je m'adresse à lui. Sa voix est celle d'un homme décidé, apaisé peut-être. Il reprend les choses là où nous les avions laissées. Il dit ce qu'il a à dire, du ton de celui qui est prêt à le dire :

— Je n'en ai pas parlé avant parce que cela me semblait trop évident, trop simple pour être vrai. Mais, au fond, je l'ai toujours su. Ce que je vais vous dire, je l'ai toujours su. Ma mère avait une amie qui était comme une sœur. Elles se confiaient tout, discutaient pendant des heures. Chacune était toujours là pour l'autre. Cette amie s'est éprise d'un homme. C'était, je crois, une vraie histoire d'amour. J'ai d'ailleurs un vague souvenir de les avoir vus tous les deux, dans un parc où nous nous étions rendus en famille. Dans mon souvenir – mais peut-être n'est-ce qu'une reconstruction a posteriori -, ils rient, complices, ils se sourient, ils sont beaux, ils sont grands tous les deux, ils vont bien ensemble. Je ne le savais pas alors – je ne l'apprendrais que plus tard, mais elle lui donnait tout, sauf une chose. Je ne sais pas pourquoi, mais elle se refusait à lui. Elle l'aimait, ils s'entendaient admirablement, mais elle ne voulait pas passer la porte de la chambre. Au bout d'un certain temps, l'homme s'est lassé, et s'est marié avec une autre. Le chagrin de l'amie de ma mère fut sans bornes, elle entra dans un mutisme total, refusa de s'alimenter et perdit ses forces vitales en un temps record. Cela ne faisait aucun doute, elle se laissait mourir et même davantage : elle voulait mourir, probablement pour se punir de ce qu'elle venait de comprendre – s'il était parti pour une autre, c'était qu'elle-même n'avait pas été assez *vivante*. Un médecin fut dépêché d'urgence, je crois même que c'est ma mère qui l'appela, et lui prescrivit des pilules, très fortes, de quoi la remettre d'aplomb, lui donner un coup de fouet.

Kant se tait maintenant. Mais je le sens fort, serein. J'ai appris à reconnaître les silences de mes patients. Il y a les silences d'effroi et les silences d'abattement, les silences d'ennui et les silences de questionnement. Il y a des silences de haine et des silences d'amour, il y a des silences de puissance retrouvée, comme celui de Kant maintenant, des silences calculateurs et d'autres dubitatifs, je reconnais leur épaisseur, leur densité. C'est comme si Kant tenait à être parfaitement présent à lui-même avant de continuer. Ou comme s'il souhaitait ménager son effet.

— Elle refusait obstinément de prendre ses médicaments... Bien sûr, une des solutions eût été de les lui faire avaler de force. Elle prétendait que ses pilules la tueraient, qu'elle ne les supporterait pas. Alors ma mère eut une idée. Pour la convaincre que ces pilules n'étaient pas dangereuses, elle lui proposa de les prendre elle-même. Ainsi, son amie verrait bien qu'il n'y avait pas de risques. Ainsi, elle serait rassurée. Son amie ne dit rien, elle ne lui donna pas son accord, ma mère avala quand même les pilules en un geste subit. Elle les prit et mourut sur-le-champ. Voilà comment j'ai perdu ma mère. C'est la passion qui l'a tuée : la passion d'une autre. Et toute ma philosophie est érigée contre la passion, contre l'excès de la passion, contre le cœur et ses emportements. J'ai essayé de prémunir les hommes de cela même qui avait emporté ma mère. Voilà pourquoi, la raison elle aussi, comme vous me le fîtes remarquer, je propose de l'aimer sans passion. J'avais treize ans, c'était un accident, mais ma mère n'est pas revenue. Et je n'ai même pas pu la rejoindre dans la mort.

Je l'entends inspirer un peu plus fort. Ses épaules se soulèvent. Il reprend d'une voix calme :

— L'accident, c'est la passion. C'est elle qui fait souffrir, elle qui tue. La passion d'une autre... Mais aussi la sienne, bien sûr : car son geste est celui d'une amie passionnée. Ma mère si mesurée toute sa vie, si précautionneuse, si raisonnable en tout, voici comment elle fut récompensée pour son unique excès. Peut-on imaginer plus grande violence pour l'enfant que j'étais ? Si au moins l'excès avait été pour moi... Une femme égale depuis treize ans et puis une fois, une fois seulement, excessive, inattendue, et qui meurt sur-le- champ. Mais qu'est-ce qui lui a pris ?

Il joint ses mains sur son ventre, se frotte les phalanges de ses pouces :

— Je m'interroge depuis si longtemps sur ce que sa mort a fait de moi, sur ce qu'elle m'a imposé...

— Oui... C'est très bien dit.

— En réaction à cet accident, j'ai commencé à me protéger, à mettre la vie à distance, à me prémunir de tout ce qui pourrait ainsi advenir, surgir à la manière de cette idée saugrenue, de ce geste fou qui a tué ma mère. D'ailleurs je me souviens de cette idée étrange que j'ai eue alors, le soir même de sa mort, une façon adolescente, enfantine plutôt, de lutter contre le malheur, de s'accrocher, pour supporter l'insupportable, à une résolution : j'ai décidé que moi, je vivrais le plus longtemps possible, que je serais plus fort que tous les accidents de la vie, que je prévoirais tout, que rien ne serait laissé au hasard, que rien ne pourrait venir ainsi me voler ma vie. C'est de là que vient mon souci de l'organisation journalière, ce respect absolu de mes règles de vie.

— Votre *passion* de l'organisation.

— Oui, toutes ces règles, ces habitudes, cette répétition d'un rythme absolument identique, c'étaient autant de murs entre la vie et moi. Ce fut, bien sûr, un excès pour un autre, mais qui avait justement pour fonction de favoriser la vie la plus longue possible. Très vite cela devint une obsession, et cela le resta toute ma vie : *vivre le plus vieux possible*.

Je regarde face à moi, allongé sur le divan, cet homme fluet, vêtu de flanelle raffinée, qui est à la philosophie ce que Copernic fut à la science. En démontrant que l'homme ne pouvait connaître la vérité des choses, mais simplement ces choses telles qu'elles lui apparaissent à lui, humain, au travers de ses facultés de connaissance, au travers de sa perception et de son entendement humains, Kant infligea une gifle à la suffisance humaine en un geste aussi radical que celui par lequel Copernic délogea la Terre du centre de l'univers. Copernic, Galilée, Darwin, moi-même, ajoutai-je sans modestie à la liste de ceux qui blessèrent mortellement le narcissisme humain. Assurément, il manquait le nom de Kant. Emmanuel de son prénom, Emmanuel au regard si bleu, si enfantin, qui poursuivit toute sa vie, pendant qu'il élaborait l'un des systèmes philosophiques les plus puissants et rigoureux de l'histoire, cet objectif absurde venu d'une blessure d'enfance : *vivre le plus vieux possible...*

— J'avais même établi une liste des gens les plus vieux de Königsberg et je suivais, année après année, ma progression sur la liste. Mon avancée... À chaque décès, à chaque fois que je gagnais une place, j'éprouvais un sentiment de triomphe. Né fragile, chétif, petit garçon au torse étroit, j'avais d'ailleurs l'impression que mon cœur était ainsi davantage exposé aux aléas de la vie, je fus très longtemps convaincu de devoir ma longévité à la régularité de mon mode de vie. Longtemps je la conçus comme une de mes plus belles œuvres. La vie me semblait si dangereuse que vivre vieux me paraissait un des exploits les plus dignes de respect...

Il marque une pause, j'hésite à le questionner sur la moralité du plaisir qu'il prend à se réjouir de la mort des autres, puis il conclut :

— Si j'avais su...

Sartre

— Rat visqueux ?

— Oui, rat visqueux. On m'a traité de rat visqueux, mais aussi de vipère lubrique, de collabo, d'étron, étron c'était Céline...

— Céline ?

— Oui, Céline, Louis-Ferdinand Céline, j'étais devenu dans sa bouche, mais pas seulement dans la sienne, non plus le pape de l'existentialisme mais celui de l'excrémentialisme, Claudel m'a traité de démon, souvent les gens quittaient les restaurants quand je poussais la porte d'entrée. Claude Lévi-Strauss aussi m'a traité de je ne sais plus quoi, de salaud je crois bien, mon appartement a été plastiqué, enfin ce que les gens prenaient pour mon appartement, les locaux des *Temps Modernes* aussi, j'ai été haï comme personne...

— Oui. Adoré et haï. Adoré puis haï. Il y avait quelque chose en vous que les hommes, certains hommes en tout cas, ne supportaient pas...

— Deux choses, je crois : ma liberté et ma laideur. Il y eut même un défilé sur les Champs-Élysées au cri de « Fusillez Sartre ! »

— Qu'est-ce que vous en dites ?

— Je ne sais pas, en tout cas je ne me souviens pas en avoir vraiment souffert...

— Non ?

— Franchement, non.

— Dites...

— Eh bien je ne sais pas... Je crois que j'aimais ça...

— Oui...

— Pourquoi, autrement, l'aurais-je ainsi cherché ? Je rendais les hommes fous par mes déclarations, par leur outrance ou par le fait que je me contredisais. Mais ils ne comprenaient pas...

— Qu'est-ce qu'ils ne comprenaient pas ?

— Que j'écrivais un livre et que je passais à autre chose, que je défendais une cause et puis recommençais une autre vie. Qu'il n'y avait rien de plus cohérent que mes incohérences puisque je ne croyais pas en l'*identité*, ni même en la *nature*. Je ne relisais jamais mes textes, à peine avais-je posé le dernier mot que je m'en désintéressais, j'étais déjà ailleurs, devant, je n'étais que projet et c'était cela ma cohérence, l'œuvre achevée ne m'intéressait déjà plus, elle était morte et la mort ne me passionnait pas, je remettais le manuscrit à l'éditeur comme on descend aux poubelles. Je laissais les hommes comme des vers y tracer leurs sillons et je repartais vers l'avenir, j'avais toujours une œuvre dans la tête, une plus importante, une plus décisive. Souvent, c'était la stupeur, le soupçon même, certains éditeurs ne s'en remettaient pas, mais j'avais mieux à faire que de me relire.

— Vous aussi vous les insultiez...

— Oui, ce n'est pas bête.

— Vous insultiez les bourgeois en vivant à l'hôtel, vous insultiez les couples en prônant l'amour libre, vous insultiez vos éditeurs avec des manuscrits écrits à la hache, vous insultiez vos maîtresses en leur imposant une précision digne d'horaires SNCF, vous insultiez...

— C'est vrai... J'aimais insulter autant que j'aimais être insulté... Certaines de mes déclarations ou de mes écrits les plus polémiques s'expliquent aussi par ça. « Nous n'avons jamais été aussi libres que sous l'Occupation... Quand un colonisé tue un colonisateur, ça fait deux hommes libres... Tout anticommuniste est un chien... La liberté de critique est totale en URSS... L'homme est une passion inutile... » À chaque fois, quelqu'un était insulté. Bien sûr que souvent j'y croyais, que le plus souvent j'aurais pu les défendre, qu'il m'arrivait aussi de me tromper sincèrement, comme à notre retour de voyage à Cuba avec le Castor. Mais il y avait aussi, c'est indéniable, la recherche de ce plaisir-là : être insulté...

— Oui...

— Qu'on me dise que j'ai tort...

— Oui...

— J'allais dire... enfin !

J'avais déjà envisagé cette hypothèse, le petit Sartre souffrant de *trop* de reconnaissance, notamment en l'écoutant me parler de sa passion pour Flaubert. Je sais par expérience que l'approbation parentale peut être nuisible lorsqu'elle invite à l'inauthenticité. Plus précisément : que trop d'approbation parentale, et surtout trop d'approbation *injustifiée*, risque de créer un trouble chez l'enfant : qui suis-je si n'importe lequel de mes gestes, même celui dont je sais la banalité, est applaudi comme une prouesse ? Quelle est ma valeur si je mesure moi-même la simplicité de ce que mes parents applaudissent à tout rompre ? Comment trouver mes repères si je ne suis jamais confronté à la différence entre ce que j'ai réussi et ce que j'ai échoué à accomplir ? Or, comme il l'a remarqué à plusieurs reprises, Sartre fut un enfant acclamé, entouré des bravos incessants de sa mère et de son grand-père. Y aurait-il un lien entre ce trop d'approbation et son trouble de la personnalité ? Entre ce trop d'approbation injustifiée et sa déconstruction philosophique de l'identité ? Sartre, l'enfant miracle, le génie au berceau, se serait passionné pour Flaubert comme on se passionne pour son *autre* : Flaubert, l'enfant de l'ombre et du silence, dans les oreilles duquel ne résonna jamais aucun « bravo ».

— Adolescent, déjà, je m'étais mis à rechercher ça, non pas les insultes, mais que cessent les compliments, que de moi les regards se détournent. C'est alors que je m'étais inventé en médiocre.

— Mais « rat visqueux », « étron », « vipère lubrique »... C'est quand même un peu plus que des compliments qui cessent... Et ce sont encore des regards...

— Vous savez quoi ? C'est comme si ces insultes m'avaient *justifié*. Je devais bien exister pour susciter une telle haine.

— Mais vous existiez par vos livres, vos succès, vous existiez comme philosophe, comme écrivain, comme intellectuel, comme conscience de gauche, comme auteur de théâtre, vous existiez dans le regard du Castor...

— Oui. Mais moins. Au travers de tout cela je restais l'enfant acclamé, je demeurais *celui qui peut tout être*...

— Qui peut tout *être* ?

— Ou tout faire, tout devenir, mais qui étais-je si je pouvais tout devenir ? Ces insultes figuraient comme un mur du réel, quelque part elles limitaient la contingence.

D'un côté, elles ne m'atteignaient pas : puisque je n'*étais* pas, je n'étais pas non plus un rat visqueux ni une vipère lubrique. Mais de l'autre elles me disaient quand même que j'étais bien un petit peu puisque ce que j'étais était à ce point insupportable. Et je crois que j'en avais besoin. Il me semblait que si les compliments pouvaient toujours être suscités par un des masques que j'arborais, les insultes, elles, m'aidaient en quelque sorte à me rapprocher de moi, que malgré leur absurdité ou leur excès elles indiquaient une possible fin de comédie.

— Ainsi vous aviez besoin des insultes pour accepter d'*être* un petit peu, un tout petit peu...

— C'est exact, mais un tout petit peu seulement !

Il y a du sourire dans sa voix :

— Plus, je n'aurais pas pu... Au fond je restais et je reste persuadé que je ne *suis* rien, que nous ne sommes pas ce que nous sommes. Que nous jouons à l'être et que cette comédie est ridicule...

— Il existe d'autres façons que de se faire insulter pour éprouver que l'on est celui que l'on est...

— Oui, l'analyse bien sûr ? Vous me dites cela parce que, justement, vous *êtes* psychanalyste et...

— Oui...

— C'est cela qui me gêne. Qui me gêne vraiment, je veux dire, qui me gêne dans mon analyse. Qu'est-ce que je fais ici ? Je cherche *qui je suis* ? ! J'ai peut-être consenti que ces insultes me laissent entrevoir une toute petite possibilité d'être, mais il ne s'agit que d'un sentiment et je ne sais même pas pourquoi j'en ai parlé. Mais je ne vais quand même pas devenir un « homme sérieux » après les avoir tant critiqués... Vous êtes psychanalyste ou plutôt vous jouez à l'être avec un sérieux que je ne peux m'empêcher de juger, vous prenez votre rôle au sérieux comme tant d'autres avant vous qui ont tenté d'*être* docteur, prêtre, avocat ou garçon de café, voilà, vous êtes comme eux, vous *êtes* et cela ne vous gêne pas.

— C'est vrai : je suis psychanalyste.

— Vous êtes psychanalyste comme le garçon de café que j'ai décrit dans *L'Être et le Néant* : vous jouez à *être* psychanalyste, et vous y mettez une telle application que c'est à se demander si vous n'avez pas peur que cet être vous échappe, vous voulez *être* comme une table est une table. Mais c'est impossible puisque vous êtes un homme : vous n'*êtes* pas. Peut-être que moi je souffre, peut-être aussi que parfois je vous envie, vous êtes à votre place, vous y êtes installé, vous parlez à partir de ce que vous êtes...

— Nous parlons *de* ce que nous sommes...

— Peut-être que je souffre de ne pas savoir qui je suis mais moi au moins je ne me laisserai jamais réduire à être ceci ou cela, jamais je ne m'identifierai à mon rôle. D'ailleurs, c'est aussi le sens de toutes mes déclarations scandaleuses, de mes propos si outranciers : intellectuel était un rôle comme un autre mais j'en avais eu d'autres et j'en aurais d'autres, je ne voulais pas finir enflé de moi-même, finir intellectuel engagé comme d'autres finissent médecins de province. Alors je provoquais mais c'était moi que je provoquais : je me maintenais en éveil pour ne pas sombrer comme vous dans cette enflure de l'être...

— Oui...

— Quoi oui ? Je viens de vous dire ce que... et vous ne dites que « oui... »

— Que venez-vous de me dire ?

— Je viens de vous dire... Que je ne veux pas vous ressembler.

PLATON

— Indéniablement, je vais mieux, il m'arrive de dormir cinq heures d'affilée et de tourner la tête sans ressentir aucune gêne à la nuque. Mais j'ai quand même un problème, je veux dire, un problème avec mon analyse.

— Ah... Cela va mieux, mais vous avez un problème avec votre analyse...

— Eh bien oui. D'un côté, si j'ai bien compris...

— Il ne s'agit pas exactement de comprendre...

— Oui, je sais, il s'agit d'entendre, mais néanmoins, ce qui se dégage de mon analyse, c'est que, d'un côté, je suis victime du signifiant Platon, écroué depuis si longtemps dans la prison du Front large – enfin je suis ou peut-être j'étais, car de le savoir c'est déjà différent, mais ce n'est pas ici le sujet... D'un côté, donc, ma philosophie idéaliste et ma difficulté à vivre viendraient de ce nom qui n'est pas le mien, qu'on m'a imposé...

— On ?

— Ou que *je* me suis imposé parce que je l'ai reçu comme une injonction et que j'y ai obéi, mais il y a une autre idée qui se dégage de mon analyse : j'aurais développé cette philosophie idéaliste, qui n'est donc pas la mienne mais celle de Socrate, pour me faire pardonner de ne pas l'avoir assisté lors de sa mort, ou plus précisément parce que je me sentais coupable d'avoir... d'avoir voulu sa mort.

— Oui...

— Ainsi je me serais coupé de moi-même, de celui que j'étais vraiment, je me serais coupé de mon désir et de ce qui aurait pu être ma philosophie : je voulais être un artiste et un homme d'action, un artiste comme je le fus jeune homme avant de rencontrer l'échec, un homme d'action comme ma situation familiale me prédisposait à l'être. Je me serais, plus encore peut-être, coupé de mon désir qui était d'être un sensuel et un homme de pouvoir, de chercher la puissance en ce monde à la manière dont Calliclès, par exemple, la recherche, et je souffrirais aujourd'hui de me voir attribuer une philosophie qui n'est pas la mienne, mais...

— Oui.

— Mais quel est le rapport entre les deux ?

— Que voulez-vous dire ?

— Quel est le rapport entre le pouvoir de mon surnom sur mon histoire et celui de mon absence au chevet de Socrate ? Soit je suis l'enfant de mon surnom, soit je suis victime de mon absence la nuit de la mort de Socrate. Soit je suis prisonnier du signifiant Front large, soit je le suis de cette philosophie qui n'est pas la mienne, de cette infidélité à moi-même ? Mais ce n'est pas la même chose...

— Parce que c'est incompatible ?

— Vous voulez dire que j'aurais été d'abord prisonnier de mon surnom avant de l'être d'une autre philosophie que la mienne ?

Je ne « veux » rien dire, mais c'est inutile de le lui préciser. Il demeure silencieux, de ce silence que j'aime tant reconnaître, traversé, densifié par l'énergie inouïe d'une histoire qu'on recolle.

— Et même... que mon histoire avec Socrate aurait comme redoublé mon enfermement dans la prison du *signifiant* ? !

C'était autant une question qu'une exclamation.

— Alors... Ce que ce professeur de gymnastique m'ordonna...

— Donnons-lui son nom...

— À qui ?

— À ce professeur de gymnastique.

— Phidias.

— Phidias ? Comme le sculpteur ?

— Oui, ce professeur de gymnastique qui était un sensuel et un artiste à sa manière me traitait de Front large, d'idéaliste donc : ainsi, ce que ce professeur de gymnastique m'ordonna, la philosophie de Socrate me l'ordonna une nouvelle fois.

Je songe aux pages si sévères de Platon sur le célèbre sculpteur Phidias. Il dénonce à travers lui un « art pour le spectateur », débarrassé de tout souci de vérité, préoccupé simplement de plaire à celui qui le regarde. Il insiste sur ce qui pourrait sembler un détail : Phidias travaillait ses statues à partir de blocs étendus sur le sol, mais anticipait, dès les premiers coups de taille, la position du spectateur qui contemplerait son œuvre une fois dressée. Il en fait donc un archétype du démagogue, du vil flatteur. Il s'en prend à cette figure centrale de la statuaire classique avec une violence qui m'a toujours intrigué.

— Alors cela veut dire...

— Oui...

— Que la philosophie de Socrate, que sa philosophie idéaliste est venue renforcer cette injonction, Platon !, Front large !, idéaliste ! Ce cri qui un jour m'avait désigné à tous les spectateurs présents sur le stade, ce cri qui m'était tombé dessus... juste pour un mauvais geste, qui m'avait touché en plein cœur ce jour où le soleil cognait si fort.

Je regarde, au-dessus des pieds de Platon, sur le chambranle, le petit halo de lumière dorée tombant sous l'abat-jour. Je n'avais pas remarqué que le jour déclinait, que le cabinet s'était assombri à ce point. Je ne dis rien. Je ne suis plus là. Je le laisse retrouver son histoire :

— Comme si la rencontre avec Socrate avait conféré, a posteriori, à cette injonction de mon professeur de gymnastique son caractère impératif.

Sa voix, lorsqu'il a dit « impératif », s'est faite soudain plus forte.

— C'est ma rencontre avec Socrate qui lui donna après coup son pouvoir et sa force, qui la rendit... maîtresse de ma vie.

Kant

— Bien sûr que j'ai réagi à la mort de ma mère en devenant un maniaque obsessionnel, que j'ai mis entre ma souffrance et moi une barrière d'habitudes et de règles. Bien sûr que j'ai essayé de détruire, philosophiquement, la passion, la spontanéité, la vie même qui l'avaient détruite physiquement. Bien sûr que j'ai élaboré ma philosophie de la pureté morale pour préserver un certain profil de son visage à elle, celui qu'enfant j'avais aimé, et même contemplé – tout cela est vrai...

— Mais...

— Mais il y a autre chose. De plus vrai encore. Ou de vrai *autrement*. Inconsciemment, direz-vous. Enfin, inconsciemment jusqu'à maintenant... Car aujourd'hui j'en prends conscience, aujourd'hui je le sais...

— Vous le savez depuis toujours.

— Je sais. Mais est-ce parce que maintenant je le sais consciemment que je vais cesser d'en pâtir ? Il me semble que c'est ce que vous pensiez au début, mais que vous en êtes revenu...

— Dites, dites comme ça vient.

— Je disais la dernière fois : *ce que sa mort m'a imposé...*

— Oui...

— Elle m'a imposé, ordonné bien autre chose que tout ce que je viens d'évoquer. Autre chose de beaucoup plus important. De beaucoup plus impératif, pourrait-on dire..., sans jeu de mots. Vous m'aviez proposé de relire L'Ecclésiaste... Je l'ai relu à un certain moment de mon analyse, ce moment où je commençais à revenir enfin sur la mort de ma mère, sur mes treize ans, et ce n'est pas un hasard.

— Non.

— C'est un texte magnifique, sur lequel on glisse trop souvent, probablement parce qu'il est situé juste avant le Cantique des cantiques, et qui s'achève par cette injonction : « Crains Dieu et observe ses commandements. » Mais c'est ici le contenu même des dits commandements, moins que la forme du commandement, qui m'a...

— Oui...

— Qui m'a parlé. Ce n'est pas le fait qu'il nous soit ordonné de les respecter, mais, précisément, ce qu'il y a à respecter, cette injonction qui sort de la bouche de l'Ecclésiaste, fils de David et roi de Jérusalem, aussi appelé roi Salomon...

— Oui.

— C'est un texte que j'ai entendu pour la première fois, mais d'ailleurs je ne crois pas vraiment que ce soit lui qui m'ait éclairé, éclairé sur mon problème, je crois que je venais de le comprendre dans mon analyse et que j'ai donc pu, en conséquence, entendre la parole de l'Ecclésiaste...

— Mais vous y êtes retourné. Vous l'aviez lu et c'est à cet instant que vous y êtes retourné.

— Oui. Mes réserves initiales sur vos propositions de lecture me semblent d'un coup dérisoires : je ne comprenais pas que vous demandiez à vos patients, pour progresser dans leur analyse, pour déchiffrer le langage de leurs symptômes, de lire ou de relire certains textes. Mais je vois mieux maintenant : ce n'est pas qu'il faut être lecteur pour faire une analyse, c'est en faisant une analyse qu'on devient lecteur... En tout cas on ne lit plus comme avant.

— Disons qu'on lit en cherchant quelque chose, quelque chose qui nous concerne. On lit en étant *intéressé.*

— Oui, en tout cas j'ai trouvé ce que je cherchais.

— À moins que vous ne soyez allé chercher ce que vous aviez déjà trouvé...

— J'ai toujours pensé que je m'étais interdit l'amour... Mais en fait ce n'est pas exact. Ce n'est pas de cela dont il s'agit. Mais alors pas du tout. C'est même du contraire. C'est précisément du contraire ! L'amour, j'en ai été jusque-là incapable – je parle de vivre l'amour... de vivre les sentiments, de vivre l'amour physique – j'en ai été incapable, non parce que je me l'interdisais, mais parce que je m'y obligeais !

Il a un mouvement brusque du torse, comme s'il avait voulu se redresser d'un coup mais avait renoncé. Il reprend d'une voix forte :

— *J'avais tellement envie d'aimer...* C'est ce que je me répétais pour déplorer mes fiascos, croyant que je m'interdisais de vivre cet amour. Mais la violence ne venait pas de là : elle venait de ce que je me l'imposais !

Il reprend en criant presque :

— *Je devais aimer* ! Voila comment je le recevais. J'ai toujours tout pensé sur le mode du devoir, pourquoi l'amour aurait-il échappé à la règle ?

— Mais oui, c'est très bien dit.

— C'est comme si je ne pouvais fonctionner qu'ainsi. À force de tout concevoir sur le mode du devoir... À force de ne voir tout ce qui a de la valeur que comme *obligation*. Mais là, c'est justement parce que je me sentais obligé que je n'y arrivais pas.

— Oui !

— On peut s'obliger au Bien mais pas à l'amour. L'amour ne se commande pas. Nous n'aimons pas parce que nous *devons* aimer. *Tu dois aimer !* Mais c'est insupportable ! Comme cette femme qui marche dans mon dos, dont les talons me cognent le cœur, cette femme dont je n'arrive plus à savoir si j'en rêve la nuit ou si elle me suit vraiment, le jour, quand je marche dans la rue...

— Cette femme, donnons-lui son nom...

— Je ne dis pas que c'est ma mère, mais la mort de ma mère ne me dit rien d'autre. Et je viens de le comprendre. Je l'ai compris en me retrouvant dans la rue de Paradis, la dernière fois, juste après notre séance. Soudain tout m'est apparu. *Tu dois aimer !* Et même : *tu dois vivre ton amour !* L'histoire de cette amie de ma mère ne dit en effet rien d'autre : tu dois vivre ton amour si tu ne veux pas le perdre... Ma mère est morte de cet amour non vécu, elle est morte de ce que son amie n'a pas...

— Oui !

— N'a pas consommé son amour ! Et depuis je l'entends comme une injonction...

— Oui...

— Si elle s'était donnée à l'homme qu'elle aimait dans cette chambre d'amour, elle ne l'aurait pas perdu, et moi je n'aurais pas perdu ma mère. Alors vous comprenez ma stupeur en relisant L'Ecclésiaste : « Va, mange avec joie ton pain, et bois gaiement ton vin ; car dès longtemps Dieu prend plaisir à ce que tu fais. » Et juste après, cette injonction : « Jouis de la vie avec la femme que tu aimes. » C'est incroyable. Et c'est dans la Bible : « Jouis de la vie avec la femme que tu aimes » !

— Mais oui.

— C'est dans la Bible ! Dieu nous demande de jouir !

— C'est le roi Salomon...

— Dieu, ou le roi Salomon, c'est pareil. La Bible, c'est quand même la parole de Dieu. C'est un des commandements dont il est dit à la toute fin de L'Ecclésiaste qu'il faut « l'observer », que « c'est là ce que *doit* tout homme ». « Jouis de la vie avec la femme que tu aimes. » Et c'est aussi ce que me demande la mort de ma mère, ce qu'elle m'ordonne même, c'est bien ainsi que je le reçois, et c'est précisément ce qui me bloque. De trop devoir, je n'en peux plus ! Tu dois... comment dire...

— Baiser !

— Je ne l'aurais pas dit ainsi... mais il s'agit bien de cela.

— De cela, en effet, précisément. « Tu jouiras de la vie avec la femme que tu aimes », et selon une autre traduction, « tu jouiras de la femme que tu aimes ».

— Tu dois... baiser !

Il a lâché le mot « baiser » dans une sorte de délivrance, en faisant claquer le verbe entre ses lèvres. Il reprend dans un souffle, inspiré :

— Et le pire, c'est que c'est aussi ce que commande le respect de la loi morale puisque l'abstinence est à proprement parler immorale – le refus de l'acte sexuel n'est pas universalisable. Le voilà le *tu dois* que j'entends et qui m'empêche... L'Ecclésiaste me demande de jouir, la mort de ma mère me demande de jouir, la loi morale me demande de jouir !

— Mais oui !

— Mais jouir aux ordres... y a-t-il quelque chose de plus angoissant ? Se sentir obligé jusque dans son amour, est-ce ainsi que l'on aime ?

— C'est tout le problème en effet. Et c'est bien celui que pose l'Ecclésiaste. C'est à se demander d'ailleurs si cette injonction du roi Salomon n'a pas pour fonction d'interdire la jouissance aux hommes...

— Comme elle me l'a interdite à moi.

Je songe à tous ces patients que j'ai eus en analyse, ces dernières années. Des hommes, que dis-je, des fils à qui les pères ne cachaient rien de leurs jouissances. Des fils à qui les pères avaient dit en substance, le jour de leurs quinze ans, « baise, mon fils, tu es un homme maintenant, baise et jouis de la vie, je te donne cette boite de préservatifs, je te la donne pour tes quinze ans, amuse-toi, mon fils ». Mais c'est surtout un ordre qu'ils donnèrent à leurs fils. Et des années plus tard les fils se retrouvent en analyse parce qu'ils ne parviennent toujours pas à obéir au père : à s'amuser. Parce que, de trop devoir jouir, ils n'en ont plus le désir.

C'est tout le problème de l'époque : hommes et femmes sont sommés de jouir, ils n'ont en quelque sorte plus le choix. Les images érotiques ou pornographiques ont envahi les rues pour rappeler à chacun, en tout lieu, à chaque instant, dans la vitrine d'une pharmacie ou sur une publicité pour un produit laitier, cet impératif de jouissance. Les dossiers des magazines, aussi bien masculins que féminins, répètent à leur façon que la jouissance n'est plus simplement un *droit*, mais bien un *devoir*. La jouissance est devenue le moteur de ce monde – la jouissance, et non plus le désir.

— C'est pour cela que je n'arrive pas à aimer, car je suis devant l'amour, devant le corps d'une femme comme devant l'impératif moral : *je me sens obligé*. Je vous ai déjà parlé, à plusieurs reprises, de cette jeune fille avec laquelle... Nous étions si près de...

— Oui, bien sûr, donnons-lui son nom.

— Eh bien justement, je l'avais oublié. À chaque fois que j'en parlais, je constatais que son nom ne me revenait pas...

— Je sais.

— Je ne me souvenais pas non plus des détails de la scène, mais aujourd'hui je revois tout. Elle s'appelait Natacha, c'était trois jours exactement après l'annonce de la création de la SDN, elle avait éteint la lumière dans sa chambre mais les volets n'étaient pas fermés et la lune était presque pleine. Elle était nue, allongée sur le dos, très blanche à cause de la lune. Elle me regardait, m'attendait, me souriait. Elle devait être totalement immobile mais j'avais l'impression que ses cuisses, ses lèvres, s'ouvraient très légèrement. Et puis soudain... J'ai mis toutes ces années avant de comprendre ce qui s'est mis à crier en moi, si fort que j'ai dû me boucher les oreilles et la quitter brutalement pour descendre dans la rue et retrouver la paix et le calme de mes pensées. Ce cri, je l'ai pris longtemps pour du désir, de la passion ou de la peur. Je l'ai pris aussi pour du dégoût ou même de la haine. J'ai construit tant de récits, je l'ai interprété de tant de façons qui étaient autant de façons de ne pas l'entendre. Mais aujourd'hui je sais. Je sais de quel cri il s'agissait.

Platon

Avant de s'allonger, il m'a regardé en souriant. Comme s'il voulait vérifier quelque chose. Je me souviens de la façon dont les morceaux de son histoire ont semblé, la dernière fois, trouver leur place dans le même puzzle. Le pouvoir de son surnom sur sa vie, la rencontre avec Socrate qui redouble le pouvoir de son surnom. La mort de Socrate qui l'oblige à faire vivre une autre philosophie que la sienne. Sa culpabilité, d'avoir laissé Socrate mourir sans lui, mais surtout d'avoir vécu et pensé coupé de lui-même. Il prend la parole et c'est comme s'il me souriait toujours :

— C'est aussi ma haine des hommes que je comprends mieux maintenant, et je la comprends mieux au moment même où il me semble que je ne l'éprouve plus. En me rendant à ma séance, j'ai croisé des hommes et des femmes, j'ai croisé des regards et même échangé quelques mots avec des commerçants. C'est tellement nouveau pour moi.

— Oui.

— Il y a quelque chose en moi qui s'est levé et je crois que je parviens à l'identifier. J'ai... j'ai haï les hommes... parce qu'ils m'avaient cru.

J'ouvre mon carnet et retrouve cette phrase notée précédemment : *Mais ils m'ont cru, et c'est leur crédulité qui m'a rempli de certitude.*

— Oui, on peut le dire ainsi : ils m'ont cru et c'est précisément ce qui m'a coupé de moi-même. L'idéalisme de Socrate a tant plu aux hommes d'Occident que j'en ai oublié qu'il n'était pas le mien.

— Vous y avez mis du vôtre, quand même.

— Bien sûr, je ne dis pas que j'ai manqué de talent, que je n'ai pas présenté dans certains de mes dialogues un Socrate étincelant, implacable, qu'il n'y avait pas aussi en moi un idéaliste. Mais si cet idéalisme avait rencontré chez les hommes plus de résistance...

— Allons, vous n'allez pas accuser les autres...

— Non, bien sûr, ce n'est pas ce que je veux dire, je veux dire simplement que je comprends mieux mes accès de haine, ces bouffées... Ils sont idéalistes comme Socrate, comme cette part de moi, bien sûr, qui l'est aussi. Leur crédulité, leur engouement pour le platonisme furent autant d'encouragements à persister dans mon déni. Alors je me suis mis à les haïr, eux, eux qui m'empêchaient de voir tout ce que j'avais fait et tout ce que j'avais écrit pour cacher mon absence auprès de Socrate cette nuit, mon absence ou en tout cas son sens, la cacher aux yeux des autres et surtout à mes propres yeux, la cacher : cacher ma haine et ma jalousie. C'était bien pratique de déplacer la haine, d'en vouloir à ceux qui m'empêchaient de voir à qui j'en voulais vraiment... Comme s'il fallait que la haine s'exprime d'une façon ou d'une autre, comme si...

— Oui.

— C'est comme si, un jour, tout s'était figé. La peine a été prononcée, d'ailleurs je ne m'y attendais pas, malgré le caractère ironique et provocateur de la défense de Socrate je ne m'y attendais pas, elle a été prononcée et puis tout s'est figé. Peine de mort.

— Oui...

— Ce que j'ai ressenti... j'ai dû me l'interdire aussitôt, il était impossible pour moi d'accepter cela, cette sorte de feu dans mes veines, impossible d'accepter que je, que je me réjouissais, bien sûr cela était mélangé à d'autres choses mais il y a eu cela aussi, dont j'ai dû me mettre à distance immédiatement, et c'est alors que j'ai commencé à me mettre à distance de moi. J'imagine que c'est souvent ainsi que l'on commence à s'égarer, à se perdre, il y a une émotion, un ressenti que l'on s'interdit parce qu'il est tout simplement *impossible* et c'est l'accès à soi que l'on finit par s'interdire.

— Oui. C'est assez bien dit.

— D'ailleurs... Même ma philosophie a ce caractère figé, non évolutif. C'est étrange qu'il en soit si peu question dans l'histoire de la philosophie. C'est pourtant bien ce qui me distingue de tous les autres grands philosophes : eux ont évolué, leur pensée a connu des bouleversements, des rebondissements, des révisions – pas la mienne. Et je commence à comprendre pourquoi. Très tôt dans ma carrière, pour ne pas dire dès le début, j'ai développé cette doctrine, le platonisme, articulée autour du ciel des Idées et de l'idéalisme socratique. C'est comme si, dès le début de ma quête, j'avais découvert *l'île au trésor*, et n'avais fait ensuite que célébrer ma découverte inaugurale. Aucune révision radicale de la doctrine, rien à apprendre de nouveau d'autrui ni de moi-même... Dans mes dialogues tardifs, rien qui n'ait été déjà présent dans mes dialogues de jeunesse ou de maturité... Si j'avais été vraiment philosophe...

— Oui...

— Je ne serais pas resté platonicien toute ma vie. Rester platonicien fut ma prison, prison confortable encore une fois, prison dorée de celui qui ne s'aventure pas là où le vent menace, la meilleure façon de me protéger de ce qui aurait pu surgir si j'avais ouvert la porte au doute, à la remise en question. Aucun des grands philosophes n'a connu une telle fixation doctrinale. Kant a passé la plus grande partie de sa vie à distinguer les différentes facultés humaines – l'entendement, la sensibilité, l'imagination, la raison... – toute une vie et des milliers de pages pour explorer le champ de l'une qui n'est pas le champ de l'autre, pour distinguer ce qu'une faculté peut de ce que l'autre ne peut pas, pour montrer comment l'une ici commande aux autres avant que d'être, là, commandée par d'autres. Et puis un jour, en contemplant la beauté de la nature par sa fenêtre, il s'est dit qu'il y avait là quelque chose, le sentiment du beau, que la philosophie de toute sa vie ne permettait pas de penser. Alors il a *changé* sa philosophie, ou en tout cas il y a ajouté une révision radicale. Il a développé un volant entièrement neuf de sa philosophie, où les différentes facultés humaines pouvaient fonctionner de concert, s'harmoniser dans l'émotion esthétique. Eh bien, il n'y a rien de cet ordre chez moi, et c'est aujourd'hui seulement que je m'en rends compte. Parce que tout s'est figé avant même que j'aie pu entrevoir ma propre philosophie. Hegel a commencé jeune romantique et fini rationaliste, il a commencé par présenter l'Histoire comme un Destin avant d'y reconnaître une part irréductible de contingence. Sartre a commencé existentialiste individualiste et fini marxiste. Pascal a commencé mondain et fini apologue du christianisme.

Hegel, Sartre, Pascal comme Kant ont évolué, moi je suis resté bloqué. Simplement parce qu'il avait été impossible que je laisse venir cet affect qui avait surgi, qui m'avait surpris. Et après quoi je n'ai plus rien laissé venir. Mais c'est tout cela qui maintenant se débloque, et d'ailleurs je ne lui en veux pas, je n'en veux plus à Socrate. Depuis que je me suis ouvert à cette haine, je ne lui en veux plus.

— Oui...

— Lorsque ces larmes ont surgi, la dernière fois, ce n'était pas simplement de m'ouvrir enfin à cette haine envers lui, c'était aussi de cesser de lui en vouloir, d'être enfin libéré, c'était comme si je le retrouvais enfin.

Il m'a tout apporté, m'a fait éprouver le pouvoir de ma raison, m'a offert des occasions de me développer que nul autre que lui n'aurait pu m'offrir, mais pendant qu'il m'apportait tout cela, son idéalisme, son rapport au monde rendaient vain tout ce à quoi j'aspirais : l'action, l'art, la politique. J'aurais pu m'y opposer, en usant de toute la force théorique et argumentative qu'il m'avait enseignée, mais je ne l'ai pas fait, et sa mort m'a ôté la chance de le faire un jour. Finalement, nous n'avons jamais vraiment débattu. Eh bien, je crois qu'il est temps maintenant.

— Oui.

— Maintenant que je ne me sens plus coupable. Que je ne suis plus coupé de cette part de moi-même, que je rends à Socrate... ce qui est à Socrate, et à Platon ce qui... n'est pas à moi, maintenant que...

— Oui...

— Que je le sais, et surtout, que je le sens : il n'est pas trop tard en moi pour cette part de moi.

Le lendemain, il s'est présenté à mon cabinet alors que ce n'était pas le jour de sa séance. Il m'a demandé si je pouvais le recevoir.

— Hier, j'ai descendu les escaliers et je me suis retrouvé dans la rue de Paradis. J'ai longuement regardé les passants, la devanture d'une épicerie orientale et ses dégradés de curry, de safran... la vitrine d'une boutique de DVD et de cassettes VHS spécialisée dans le cinéma indien, les productions de Bollywood avec ses femmes en saris colorés et ses hommes moustachus dansant dans les rizières. Puis je me suis mis à marcher... je marchais lentement mais je sentais au cœur de cette lenteur une hâte nouvelle, quelque chose en moi s'était rassemblé, fluidifié, c'était peut-être pour en profiter que je marchais lentement, puis j'ai senti mes pas s'accélérer, j'ai marché longtemps en regardant les gens, les immeubles, les couleurs du ciel... C'était des pas d'une ampleur, d'une liberté nouvelle, c'était comme une digue qui cédait, à l'intérieur. Finalement, je me suis retrouvé devant la mairie du xe et je suis entré. À l'accueil, il y avait une jeune femme brune et souriante avec les lèvres brillantes. Je lui ai demandé l'état civil, elle m'a répondu premier étage à gauche, elle souriait toujours. Moi, je ne souriais pas mais j'en avais envie, tellement envie. Je n'ai pas pris l'ascenseur, je voulais mesurer marche après marche le chemin parcouru, je suis arrivé au premier et je me suis dit voilà, nous y sommes, Premier étage gauche, mairie du xe. Premier étage gauche, c'est plus haut que le ciel des Idées, voilà ce que je me suis dit. J'ai regardé les lettres dorées au-dessus de la double porte ouverte, État Civil, et je suis entré. J'ai posé toutes les questions que j'avais à poser. Un homme derrière une vitre m'a répondu avec un mélange de précision et de détachement. Il a quand même conclu que ce n'était pas facile, de changer de nom de famille. Je lui ai dit que je le savais.

Nous ne l'avons pas formulé mais j'ai su, en le raccompagnant à la porte, que c'était sa dernière séance, qu'il ne reviendrait pas. Il le savait aussi bien que moi. Nous nous sommes serré la main un peu plus longuement que d'habitude et je lui ai dit « au revoir » en le regardant dans les yeux, « au revoir monsieur Aristoclès ».

Sartre

— J'ai été reçu premier à l'agrégation de philosophie mais l'année d'avant je l'avais ratée. C'était en 1928 et j'étais fiancé. La réaction des parents de ma fiancée ne se fit pas attendre : le mariage fut annulé dès le lendemain, les bourgeois ne se refont pas.

— Comment s'appelait-elle ?

Il ne dit rien.

— Vous ne vous en souvenez pas ?

— Vous allez rire, mais non, enfin ça va me revenir... Mais de toute façon si je vous en parle, c'est pour vous parler d'une autre. Celle avec qui je la trompais...

— Oui...

— La fidélité n'a jamais vraiment été mon fort... En rien d'ailleurs. Mais de cette maîtresse j'étais vraiment fou, de sa beauté, de sa sensualité, qu'elle s'intéresse à moi...

— Oui...

— Je n'en revenais pas qu'elle s'intéresse à moi, elle était très mondaine et il m'arrivait de la retrouver dans Paris, chez des amis, lors de réceptions... C'est là que j'ai éprouvé la première fois cet affect atroce, cette flèche qui vous étripe l'âme et le ventre en même temps et qui vous laisse sans force. Oui, la jalousie. Je sais maintenant que tout le reste je l'ai construit pour me protéger de cela, l'amour libre avec le Castor, notre pacte de transparence et de liberté : j'ai *décidé* que je ne serais pas jaloux comme j'avais décidé, enfant, que je ne souffrirais pas.

— Que vous ne souffririez pas de quoi ?

— De ma laideur et de ma solitude. Bien sûr que j'en étais affecté mais n'allez pas crier victoire et n'allez pas me parler d'inconscient, il ne s'agit pas de cela, il s'agit même de tout sauf de cela. Enfant, je *voyais* tout : ma mère humiliée par ses parents qui dormait à mes côtés dans « la chambre des enfants », ma grand-mère qui buvait son aigreur, ma laideur, cette sidérante laideur que me renvoyait le regard des autres et je ne parle même pas des miroirs, mon œil qui disait merde à l'autre, qui entrait dans le crépuscule alors que je savais à peine parler, l'absence d'un père. Je *voyais* tout, j'étais *conscient* de tout. Mais j'ai pensé qu'offrir le visage d'un enfant non affecté m'offrirait l'assurance de ne pas l'être. Dans tous ces parcs immenses où j'errais avec ma mère jamais aucun enfant n'a voulu jouer avec moi, n'a voulu même me parler : j'étais trop laid, trop difforme et petit, ils devaient craindre la contagion. Je voyais le désarroi de ma mère mais je me cachais le mien pour mieux m'en protéger et pour le lui cacher. Et je me suis accroché à cette image que je donnais de moi, j'ai présenté au monde un certain visage et je me suis mis à le contempler dans le miroir ; je devenais peu à peu ce que je montrais aux autres. Le pli était pris : toute ma vie j'allais jouer des rôles et de rôle en rôle, de posture en posture, arriver jusqu'ici. Même dans mon autobiographie j'entretiendrais l'image de cet enfant-là, de celui que j'avais joué à être avant que de le devenir.

Je songe à ces « parcs immenses » où « errait » l'enfant Sartre, aux regards d'amour et de tristesse que devait lui lancer sa mère, tout à sa hâte de s'assurer qu'il ne souffrait pas. À ce petit garçon qui s'enfermait dans son image pour préserver sa mère en même temps que son avenir. C'est dans ces parcs immenses qu'il a le plus souffert et c'est finalement – je n'y avais jamais pensé – une racine qu'il a choisie, dans *La Nausée*, comme point de fixation de l'effroi de Roquentin.

— Même quand le Castor m'a parlé de son amant américain, lorsque j'ai entendu tout son amour pour lui à la façon qu'elle avait de prononcer son prénom et son nom, Nelson Algren, même lorsqu'elle m'a avoué qu'elle avait découvert le plaisir dans ses bras, j'ai encore tenu, je me suis persuadé que je n'avais pas mal et j'ai tellement montré que je n'avais pas mal que je n'avais *effectivement* plus mal, c'était une habitude contractée dans l'enfance. Ma philosophie du regard est née de là, de la stratégie de survie de l'enfant que je fus : tu deviendras ce que les autres voient de toi. Tu n'es pas un sujet, tu n'es que dans l'intersubjectivité. Non pas « deviens ce que tu es », mais « deviens comme ce que les autres voient de toi ».

— Oui. Exactement.

— Comme s'il suffisait de n'avoir pas l'air de souffrir pour ne plus souffrir. Comme si nous pouvions vraiment être ce que les autres voient de nous...

— Mais que nous ne sommes pas...

— Bien sûr que non, c'est pourquoi j'ai toujours su que ce n'était que posture : ce regard nous définit et nous aliène, nous réduit en même temps. Toute ma vie je me suis protégé de la souffrance, et ça a marché, j'ai construit ma philosophie de la liberté pour me convaincre que je n'étais pas déterminé par la mort de mon père et la folie de mes grands-pères, et ça a marché. J'ai voulu faire croire que je n'étais pas affecté et je ne l'étais pas puisque personne ne le voyait et que je ne le ressentais plus. Alors que voulez-vous que j'attende de l'analyse ? La souffrance enfin ?

— Parfois la souffrance...

— J'ai toujours su tout ça, tout ce que je viens de vous dire. Ce n'est pas l'analyse qui m'y a conduit : je l'ai toujours su. Je me souviens par exemple m'être dit, l'avoir même *formulé*, que le Parti communiste me donnerait les camarades que petit je n'avais pas eus, vous comprenez ?

— Mais oui.

— Mais non. Je suis en train de vous dire que la psychanalyse ne peut rien m'apporter. Elle pourrait me venir en aide si remontait à la conscience tout ce que je suis en train de vous dire, si cela avait été inconscient, refoulé, enfoui dans la nuit au fond de moi et parvenait enfin à affleurer à ma conscience. Vous savez, je vous ai beaucoup étudié, lu et relu, votre vie et votre œuvre n'ont aucun secret pour moi depuis que j'ai écrit, pour John Huston, mon bien nommé *Scénario Freud...*

— Vous avez de la chance... Pour moi, elles gardent des secrets.

— L'analyse ne peut donc théoriquement marcher que si elle lève les résistances inconscientes, si elle désamorce ce qui rend un homme malade : ce conflit interne entre des pulsions refoulées, inconscientes, qui réclament d'être satisfaites et le surmoi qui interdit qu'elles le soient. Ce qui était inconscient, en devenant conscient dans l'analyse, mettrait fin au conflit, libérerait le sujet de son mal-être...

— C'est un peu plus compliqué...

— Mais tout de même : c'est bien parce qu'il y a de l'inconscient qu'il y a du conflit, si « le moi n'est pas maître dans sa propre maison », c'est qu'il y a de l'inconscient, une censure opérée par la conscience, et maintenue par elle. Mais moi j'étais conscient : je l'ai su dès le début que je ne voulais pas voir cette souffrance, je ne me mentais pas à moi-même en faisant comme si je n'avais jamais vu ce que je ne voulais plus voir, non, je n'étais pas de mauvaise foi : je l'avais vu. Et je *savais* que je jouais à ne pas souffrir mais que c'était justement pour ne pas souffrir, je *savais* que je construisais une philosophie de la liberté pour me prouver que je pouvais échapper à mon enfance. Voilà pourquoi venir ici ne me sert à rien, je crois qu'il faut que j'arrête, que je ne revienne pas et je vais vous le prouver.

Il marque un temps d'arrêt, puis reprend :

— Mon père est mort quand j'avais quinze mois, je l'ai donc vu agoniser, souffrir, me regarder...

— Vous regarder ?

— Oui. Et je suis devenu philosophe. Et pour le philosophe que je suis devenu, Descartes a été une figure absolument centrale. C'est contre lui, contre son solipsisme, que j'ai développé ma philosophie de l'intersubjectivité. C'est à son « je pense donc je suis » que j'ai répondu : « je rencontre les autres donc j'existe ».

Mais en même temps mon existentialisme lui doit énormément : « Je pense donc je suis... » C'était une affirmation authentiquement existentialiste : comme chez les Anciens, la pensée y apparaissait comme une véritable expérience existentielle, et non simplement comme une activité théorique.

— Oui.

— Eh bien vous savez où il est mort ?

— Descartes ?

— Non, mon père.

— À Thiviers.

— Oui, mais où il a contracté sa maladie, celle qui le tuera ?

— Non.

— En mer, sur un bateau. Un bateau qui s'appelait *Le Descartes*.

Maintenant il se tait. Et moi aussi. Je ne le savais pas. La vie est tellement plus violente que la fiction. La souffrance des hommes... Elle me pèse et elle me passionne, le plus souvent la passion, l'intérêt, l'emportent sur le poids. Mais pas toujours.

Il reprend nerveusement :

— Alors vous croyez vraiment que j'ai besoin d'une analyse pour l'entendre ? Que j'ai besoin de vous et des trois mots que vous daignez parfois lâcher pour voir qu'il y avait écrit *Descartes* en lettres bleues sur le blanc de la coque et que je ne suis devenu philosophe qu'en allant regarder Descartes de plus près ? Je l'ai toujours su, que j'étais déterminé, autrement je n'aurais jamais fait ce que j'ai fait. Je le savais déjà quand j'écrivais dans *Les Mots* que mon père en mourant m'avait donné la liberté et d'ailleurs c'était vrai : le destin était tel que j'étais condamné à la liberté. Vous n'avez eu de cesse de me soupçonner de mauvaise foi, de projeter sur les autres ma propre mauvaise foi. Mais quand je mens, je mens, je sais que je mens, je ne me mens pas à moi-même, je n'essaie pas de me persuader que je ne mens pas, je ne suis pas de mauvaise foi. Je savais que je mentais quand j'écrivais dans *Les Mots* que je n'avais pas eu de père, qu'il n'avait rien été, pas même un regard, qu'il n'avait pas compté.

— Oui. Vous disiez tout à l'heure que vous l'aviez vu *vous regarder*...

Il reste silencieux un instant. Ce silence-là, je ne suis pas sûr de l'identifier. C'est lui qui le rompt :

— Mon père a été un regard. Il n'a même été que cela. Un corps qui va mourir et un regard qui le sait. Qui se pose sur son fils qu'il ne connaît pas, qu'il ne connaîtra pas. À quinze mois...

— Oui...

— Un regard qui défigure, deux petits yeux étonnés, cerclés de rouge par la fièvre, deux petites bêtes effarées, c'est lui mon fils ? Un regard sans les mots, les mots ne servent à rien, voilà pourquoi je l'ai toujours su. Je crois qu'il y avait dans ses yeux, dans leur panique même, un amour infini pour celui qu'il perdait au moment de le connaître, il me voyait et ne me voyait pas, me disait ce que j'étais et ce que je n'étais pas, il me définissait et m'aliénait en même temps, me définissait comme son fils et m'aliénait car je ne voulais pas, très vite je ne voudrais pas être simplement le fils d'un mort. Mais c'était trop tard, on m'avait présenté à mon père juste avant qu'il ne meure, on était allé me prendre chez ma nourrice pour me présenter à son regard : je savais désormais que nous étions voués à chercher ce que nous sommes dans le regard des autres.

— Oui...

— Je l'ai toujours su, qu'elle venait de là ma philosophie du regard...

Il a cette façon d'asséner *je l'ai toujours su* comme s'il y avait là une solide preuve que rien d'inconscient ne se jouait en lui. Mais j'entends précisément le contraire : ce « je l'ai toujours su » signe l'existence de ce que nous appelons en effet l'inconscient. Il l'a toujours su, mais il n'en avait pas conscience. « Que puis-je connaître ? » demandait Kant... Que peut-on connaître d'un homme, demande l'analyste. Après des décennies de pratique, je crois que je peux répondre : *ce qu'il a toujours su.*

— Mais encore une fois j'ai été libre, j'aurais très bien pu, justement, développer une philosophie opposée, essentialiste, où le regard de l'autre n'interfère en rien dans ce que nous sommes, pour me prouver que je n'avais pas été déterminé par les yeux affolés de mon père sur mon corps.

— Mais vous ne l'avez pas fait.

— J'ai fait des choix d'homme libre qui m'ont conduit jusqu'ici, qui ont fait de moi ce que je suis, je ne me suis jamais écroulé, j'ai écrit de bons livres, je ne me suis pas défenestré comme Pierre Clastres qui était en analyse avec Lacan, je n'ai pas étranglé ma femme comme Louis Althusser...

— Et maintenant...

— Et maintenant quoi ? Je vais sortir d'ici et me retrouver rue de Paradis, je vais respirer un bon coup et recommencer à m'inventer, endosser un rôle nouveau et puis un autre et puis un autre encore sans devenir jamais une enflure d'« homme sérieux », je vais faire ce que j'ai toujours fait : être libre et créateur, toujours au-devant de moi-même, choisir des masques qui deviendront mes visages et rebondir toujours...

— Jusqu'à quand ?

— Mais que me proposez-vous d'autre ? De faire machine arrière, de rebrousser chemin pour accepter d'être affecté et trouver la souffrance ? De m'ouvrir enfin à la douleur et à la violence ?

— Vous ne vivez qu'en elles...

— De faire enfin face au regard de mon père agonisant ? Aux yeux de tous ces enfants qui me voyaient aveugle et nain ? À ceux du Castor chavirés de plaisir dans les bras de son Yankee ? À quoi me servirait une vérité qui se réduirait à la souffrance ?

— Elle ne se réduit pas à cela, mais la souffrance peut parfois indiquer que quelque chose qui est de l'ordre du vrai, du vrai pour vous, a été trahi...

— Mais je ne me mens pas et je ne souffre pas. Je crois que nous ne sommes pas d'accord, que personne ne parviendra à convaincre l'autre.

— Il ne s'agit pas du tout de cela, vous le savez bien.

— Vous voulez me convaincre que je souffre mais que je ne le sais pas, et je veux vous convaincre que l'inconscient n'existe pas. L'histoire se répète. Lorsque John Huston a finalement refusé le scénario que j'avais écrit sur vous, au motif fallacieux qu'il était simplement trop long, je lui ai dit qu'il ne devait s'en prendre qu'à lui-même : il avait commandé un scénario sur Freud à quelqu'un qui ne croyait pas en l'inconscient. Nous vivons un peu la même histoire.

Lorsqu'il s'est relevé, il a mis du temps à trouver les billets dans sa poche. Il les a sortis mais ne les a pas déposés sur mon bureau. Il les tenait devant lui, sans vraiment me les tendre. Il avait du mal à me regarder :

— Vous avez compris... que je vous disais que j'arrêtais mon analyse, que je ne reviendrais pas...

Je me suis levé et, contournant mon bureau, me suis approché de lui. J'ai posé ma main gauche sur son épaule et, de l'autre, pris les billets qu'il brandissait toujours. Je les ai glissés dans ma poche. Je l'ai raccompagné à la porte en laissant dans le couloir ma main sur son épaule. La porte ouverte, il est passé devant moi et je lui ai dit :

— Bien cher, je vous dis à mercredi.

— À mercredi.

KANT

J'ai été surpris en trouvant Kant dans la salle d'attente : debout, regardant les livres dans la bibliothèque. Il ne portait, sous sa veste, aucun gilet. Je suis resté dans l'embrasure de la porte :

— Emmanuel ?

Il s'est retourné. Il m'a souri, comme sortant de sa rêverie. D'habitude, il suffisait que j'ouvre la porte de la salle d'attente, je n'avais pas le temps de dire un mot qu'il se levait déjà avec une sorte de zèle, de servilité.

Il a déposé sa veste sur le dossier avec un soin particulier. Mais là aussi, je ne retrouvais pas sa méticulosité : il prenait son temps mais d'une manière nouvelle. Comme s'il voulait mesurer le chemin parcouru, apprécier pleinement le lieu où nous nous trouvions maintenant. Lorsqu'il s'est allongé, je suis resté silencieux.

— Sur l'analyse aussi, je m'étais trompé. Au début, je cherchais à travers elle à construire un récit pour accepter mon histoire. J'avais... tort.

— Vous n'êtes pas le seul. C'est très fréquent, cette façon de refuser la psychanalyse, de vouloir la réduire à l'élaboration d'un récit permettant au sujet de supporter sa vie. Comme s'il suffisait de trouver ce récit, cette manière de se raconter son histoire, de l'appréhender. Mais notre histoire est ce qu'elle est : on ne se la raconte pas ; on la dit.

— Des histoires, je m'en suis raconté. Avec un certain talent, il faut dire. Toutes ces histoires que je m'inventais pour expliquer que je ne pouvais vivre l'amour. Que je n'avais pas assez d'argent pour entretenir telle femme... Que telle autre voulait m'instrumentaliser de manière immorale... Autant de raisonnements pour *m'autopersuader*, me divertir de l'essentiel : c'était pour une tout autre raison que je ne pouvais aimer. Tous ces raisonnements venaient après coup justifier un blocage qui était antérieur, qui était plus profond, ils étaient ce que j'avançais consciemment tandis qu'inconsciemment je butais sur une tout autre chose, la seule qui soit vraiment...

— Vraiment...

— Réelle. Je suis allé jusqu'à dire, et même écrire, que l'amour physique était anthropophage, qu'il s'agissait de consommer le corps de l'autre, qu'il était immoral parce qu'il était instrumentalisation du corps de l'autre au service de mon plaisir. C'est très troublant comme ce genre de construction peut être d'abord séduisant, et perdre tout son pouvoir de séduction dès lors qu'on l'a démasqué dans sa véritable fonction : venir dissimuler autre chose...

— Oui...

— Venir masquer ce qui est.

Me reviennent soudain, écoutant Kant parler ce langage pour lui neuf, ces lignes de Jacques Lacan extraites de ces *Écrits*, l'un des rares textes qu'il ait accepté de publier : « L'inconscient est ce chapitre de mon histoire qui est marqué par un blanc ou occupé par un mensonge : c'est le chapitre censuré. » J'ai l'impression, en écoutant Kant, d'un homme en train de lever le voile du mensonge, d'attaquer le blanc au dissolvant et de faire ressortir les couleurs.

— Même devant la parole de L'Ecclésiaste, même alors que sa vérité m'avait déjà touché, ce genre de raisonnement continuait à opérer, à tenter sa chance une dernière fois, essayait encore de venir troubler la clarté de ce que je venais d'entendre...

— C'est-à-dire ?

— « Jouis de la femme que tu aimes » : j'ai commencé par me dire – encore une fois, c'était de la résistance pure –, que si c'était impossible, si l'homme ne pouvait en jouir, c'était justement parce qu'il l'aimait. Qu'il ne pouvait pas jouir de sa femme comme d'un objet s'il l'aimait comme un sujet. Bref, toujours la même chose : que c'était immoral d'utiliser sa femme comme un moyen au service de sa jouissance ; que c'était justement de l'aimer qu'il ne pouvait en jouir. Et par voie de conséquence que c'était de les avoir aimées, ces femmes, que je n'en avais pas joui, qu'avec elles je n'avais pas joui de la vie parce que je les avais aimées. Mais c'était mensonge, encore mensonge, j'ai passé ma vie à me mentir. Le problème n'est pas là, *mon* problème n'est pas là. Si je n'ai pas réussi, ce n'est pas parce que c'était immoral mais parce que je me sentais obligé, parce que j'étais écrasé sous le poids du devoir, d'une injonction insupportable. « Jouis de la vie avec la femme que tu aimes » : ce n'est pas notre amour pour elle qui nous en rend incapable, c'est que cela tombe du ciel comme un ordre.

— Oui, c'est de le recevoir comme ça.

— Et je comprends aussi pourquoi je l'ai reçu comme ça, je veux dire, moi, Emmanuel Kant, moi peut-être plus qu'aucun autre. Venir ici m'a permis d'approfondir ce que je voulais dire par ma philosophie morale : *considérer autrui toujours comme une fin et non comme un moyen.* Vouloir le bien de l'autre. Mais n'est-ce pas la définition même de l'amour ? Voilà pourquoi je me sentais obligé, obligé d'aimer, et d'aimer jusqu'à l'amour physique. Je l'ai défini comme anthropophagie avec un ridicule que le temps ne dissipera jamais, mais je ne l'ai défini ainsi que parce que je sentais bien qu'il pouvait être le lieu par excellence d'application de ma morale. Que l'on pouvait jusque dans l'amour des corps vouloir le bien de l'autre, vouloir lui faire du bien, et gagner en échange son propre plaisir, mais ne le gagner, n'être récompensé par lui que parce qu'on ne l'a pas *d'abord* recherché. *Exactement,* donc, comme dans ma morale : il faut vouloir le bien de l'autre, et le sien propre viendra en retour, mais rechercher d'abord son propre plaisir nous en prive assurément. J'ai donc échoué à aimer et je me suis persuadé que l'amour était immoral, mais je n'ai échoué à aimer que parce que j'entrevoyais sa moralité supérieure et me sentais donc obligé d'aimer. Mais maintenant...

— Oui...

— Je me sentais obligé parce que je ne le savais pas. Parce que je ne savais pas que je me sentais obligé.

— Oui.

— Parce que tout ce que je construisais comme pseudo-impossibilité m'empêchait de le savoir. Ces impossibilités objectives que je confectionnais, que j'élaborais avec toute la puissance de ma raison, m'empêchaient de saisir l'impossibilité subjective qui était la mienne. Mais c'est fini... C'est fini ! De savoir pourquoi je me sentais obligé fut comme une délivrance, je me sens libéré, enfin ! Il n'y a pas de *tu dois*, en amour il n'y a pas de *tu dois* !

— Et qu'est-ce qu'il y a ?

— Il y a l'envie. Et il y a cette phrase très simple que j'entends maintenant résonner ; je ne suis pas obligé. Il en aura fallu des années, je ne sais pas exactement tout ce qui s'est passé mais je sais que ça y est : j'y crois. L'amour n'est pas un impératif catégorique, le sentiment ne se commande pas, et l'érection non plus. Je ne suis pas obligé. Ça vient ou ça ne vient pas. Je me souviens d'une de vos premières remarques, je m'en souviendrai toujours : « Vous avez un problème avec ce qui vient. » Mon problème était que je ne le laissais pas venir, je voulais tellement qu'il vienne que je ne le laissais pas venir, que je ne le laissais pas être « ce qui vient ».

— Oui.

— Et aujourd'hui je m'ouvre à ce qui vient. D'ailleurs je voulais vous prévenir...

— Oui.

— Je vais partir en voyage.

— Bien. Je trouve que c'est une très bonne idée.

— Je... je ne reviendrai... pas ?

— Il y a un point d'interrogation ?

— Je... je ne sais pas.

— Mais si, vous le savez.

Freud

J'attends Sartre depuis longtemps mais je ne suis pas inquiet. Je sais qu'il viendra. Je songe aux voyages de Platon, à celui de Kant qui commence maintenant, aux mensonges qui n'ont qu'un temps. Platon, attendant la mort, pouvait bien supporter ce nom qui n'était pas le sien, cette pensée qu'on lui attribuait et qui était celle d'un autre. Mais il ne pouvait, éternellement, vivre coupé de lui-même. Kant, lui aussi, aura dû attendre de ne pas mourir pour mesurer les ravages du devoir.

Sartre viendra bientôt et ôtera un à un les masques qui furent les siens. L'étymologie du mot « personne » est troublante : en latin, *persona* signifie masque de théâtre. Que serait alors une *personne* ? Rien d'autre que le masque qu'elle arbore dans la comédie sociale, ce qu'elle joue à être sur la scène du monde. Mais l'étymologie se trompe parfois. Sartre, j'espère, finira par guérir. Guetté par la mort, attendu au tournant par la fin programmée de la comédie, il pouvait bien « tenir », debout sur son tonneau, les bras levés en signe de triomphe. Mais l'immortalité est une autre histoire : elle est comme le test où se révèle l'intenable. Flottera-t-il, de masque en masque, pour l'éternité ? Ce serait l'enfer même. Une vie de mort vivant.

Annexe

Les livres qui ont fait ce livre

Bibliographie sélective et commentée

Freud

Un des livres que j'ai sans conteste le plus utilisé, et dont je recommande vivement la lecture, est celui de Lydia Flem, *La Vie quotidienne de Freud et de ses patients* (Hachette, 1986). J'y ai trouvé la description précise du cabinet de Freud et de ses habitudes de travail, mais aussi des éléments précieux concernant sa psychologie, sa façon d'appréhender la thérapie, son judaïsme ou même sa relation à sa femme Martha. Le rapport que j'évoque (p. 237 par exemple) entre la jalousie de Freud et sa prise de conscience des insuffisances d'une approche neurologique de l'humain m'a été soufflé directement par la lecture de ce livre passionnant, et très bien documenté, de Lydia Flem. Les différentes correspondances de Freud furent aussi des sources essentielles, et plus particulièrement les *Lettres à Wilhelm Fliess*, regroupées sous le titre *La Naissance de la psychanalyse* (PUF, 1956).

D'une manière plus indirecte, mais tout aussi essentielle, qui ne manquera pas de faire sourire le lecteur des *Philosophes sur le divan*, je me suis beaucoup inspiré du portrait que Sartre lui-même fait de Freud dans *Le Scénario Freud* (Gallimard, « Connaissance de l'inconscient »), cet épais scénario sur Freud que John Huston avait commandé à Sartre pour son film *Freud, passions secrètes*, et qu'il refusera finalement, prétextant sa longueur. Si le film est assez daté, le scénario de Sartre est proprement génial : c'est peut-être la meilleure façon de découvrir l'homme Freud dans son combat et son courage. Ce *Scénario Freud* est de surcroît magnifiquement préfacé par J.- B. Pontalis en un texte court et lumineux, qui rectifie bien des erreurs sur la psychanalyse. Je remercie d'ailleurs Jean-Michel Besnier de m'avoir prêté son exemplaire de ce *Scénario Freud*, quasiment introuvable.

Les différents extraits de Freud lui-même proviennent de ses *Essais de psychanalyse* (Payot, 2001), et plus précisément soit des *Considérations actuelles sur la guerre et sur la mort* (cités pp. 272, 284 de mon livre), soit de *Au-delà du principe de plaisir* (cité p. 260), qui sont les deux premiers essais, aussi rapides à lire qu'éclairants, de ce recueil constituant une introduction parfaite à la pensée de Freud. J'utilise souvent (p. 100 notamment) l'idée d'un « malaise dans la civilisation », évidemment empruntée au titre d'un autre essai de Freud (*Malaise dans la civilisation*, PUF, 1971), idéal lui aussi pour commencer.

Plus généralement, la conception de la psychanalyse, ou en tout cas de l'inconscient et de l'enfance, que l'on trouve dans ce livre, doit beaucoup à ma lecture d'un ouvrage de Althusser, *Freud et Lacan.* Et je sais que la lecture bouleversante de *L'Avenir dure longtemps* du même Althusser, texte somptueux et tragique où il essaie (en vain) de comprendre son geste fou – étrangler sa femme –, joua aussi dans ma décision d'écrire ce livre.

Concernant le thème de la relation de Freud à son judaïsme, qui revient à différents moments de mon livre (notamment p. 54 pour la question du rite, ou p. 202 la figure de Moïse), en plus de ce qu'en dit Lydia Flem, j'ai été marqué par la lecture d'un ouvrage de Gérard Haddad, *Le Péché originel de la psychanalyse* (Seuil, « Non Conforme », 2007), d'une profondeur et d'une pertinence rares. À lire aussi, évidemment, sur ce sujet *L'Homme Moïse et la religion monothéiste* écrit par Freud en 1939 (Gallimard, 1986). Tous les passages de mon livre où Freud tente de « ne pas s'emporter », de ne pas répondre au pathos par le pathos, viennent de ce que j'ai compris de lui en lisant son *Moïse.*

La phrase de Lacan, souvent citée par Freud (notamment p. 33 du présent livre) : « La seule chose dont l'homme puisse avoir à se sentir coupable, c'est d'avoir cédé sur son désir », est extraite de son séminaire *L'Éthique de la psychanalyse,* trouvable par exemple à l'association lacanienne internationale, rue de Lille, dans une excellente retranscription, ou au Seuil (livre VII du séminaire, 1986, pp. 368-370). Ce séminaire est assez dur à lire mais on trouve aussi dans le livre de l'auteur de best-sellers Pierre Rey, *Une saison chez Lacan* (« Points », Seuil), qui fut en analyse avec Lacan, une véritable intelligence de ce qui s'y trouve, et notamment de cette phrase clef.

Assez souvent dans le livre, j'utilise des concepts clefs de la psychanalyse : la résistance (p. 329), la libido (pp. 248 et 274), le transfert (pp. 106 et 170), l'acte manqué (p. 192), la compulsion de répétition (p. 261), la neutralité bienveillante (pp. 154 et 170), la sublimation (pp. 266 et 276), le souvenir-écran (p. 113), le surmoi (pp. 37, 83, 98, 99, 141), le signifiant (pp. 148, 172, 187, 299). Pour retrouver les définitions ou même approfondir, on peut se reporter à ce qui fut un de mes outils de travail, le *Vocabulaire de la psychanalyse* de Laplanche et Pontalis (PUF, « Quadrige »).

La critique que Freud fait de la religion, reprise par Kant lors de l'une de ses séances, se trouve dans *L'Avenir d'une illusion*, écrit par Freud en 1927 (PUF, 1971). Il y explique notamment la différence entre l'erreur et l'illusion, sur laquelle je reviens dans le livre (p. 111, par exemple : « Ils ne sont pas dans l'erreur, mais dans l'illusion »).

Dans le premier chapitre, lorsque Freud évoque les trois blessures narcissiques de l'humanité (p. 12), je reprends en fait une idée qu'il avait développée dans *Introduction à la psychanalyse* (Payot, 1961, partie II, ch. XVIII, p. 266-267). C'est aussi dans ce texte que se trouve la phrase « le moi n'est pas maître dans sa propre maison » (que je fais apparaître dans la parole de Freud, pp. 111 et 321 des *Philosophes sur le divan*). « L'anatomie, c'est le destin » est aussi une citation exacte de Freud (p. 186).

L'idée que la vérité de l'humain est inscrite dans son corps (p. 13), présente bien sûr chez Freud, est ici surtout empruntée à Lacan, notamment à un passage de ses *Écrits* (*Écrits I,* « Points », Seuil, 1970, pp.136-137).

La différence entre « réparer » et « guérir » que j'évoque une fois (p. 179) vient elle aussi de *Freud et Lacan* de Althusser, ainsi que de celle que fait Lacan, dans *L'Éthique de la psychanalyse,* entre « réparer » et « défaire ». Enfin j'emprunte à la pratique de J.-D. Nasio, telle qu'il la relate dans *Mon corps et ses images* (Payot, 2006), le cas du garçon affublé d'un bec-de-lièvre, souffrant du signifiant « bec-de-lièvre ».

La thèse que j'ai attribuée à Freud (p. 178) du rapport entre le pessimisme misanthrope et le manque d'amour maternel, doit beaucoup à ma lecture de l'excellent essai de Nancy Huston, *Professeurs de désespoir (*Actes Sud), qui approfondit la question avec finesse et conviction, et nous ouvre les yeux sur les origines de la haine de soi et du monde.

Enfin, le texte d'Alain que je mets dans la bouche de Freud (p. 275), dans lequel le philosophe français dénonce l'existence de l'inconscient pour des « raisons morales », est extrait de ses *Éléments de philosophie* (livre II, ch. XVI, Gallimard, Folio « Essais », 1990, p. 155) publiés en 1941. Il est intéressant de remarquer que Sartre, un an plus tard, publiera *L'Être et le Néant*, dans lequel, citant d'ailleurs Alain (« savoir, c'est savoir qu'on sait »), il s'attardera lui aussi à démontrer que l'inconscient n'existe pas. À croire que la guerre donnait en ces années-là à certains philosophes français des arguments imparables contre l'inconscient...

Platon

La lecture d'un ouvrage révolutionnaire de Gilbert Ryle, *L'Itinéraire de Platon* (Vrin, 2003), préfacé par Monique Dixsaut, a totalement changé mon regard sur Platon. Rarement un livre aura autant permis de déconstruire les clichés en vigueur sur une vie et une œuvre. En reprenant précisément la chronologie des dialogues de Platon, et en la mettant en rapport avec ses différents voyages, Gilbert Ryle offre une méditation géniale sur les commencements de la philosophie en même temps que des clefs décisives pour comprendre Platon. C'est grâce à ce livre que j'ai pu relater comme je l'ai fait certains voyages de Platon (notamment pp. 126, 149 et suivantes, 225, 244), et mieux saisir les motivations qui étaient les siennes. Sans ce travail touffu, complexe et singulier, ma psychanalyse de Platon aurait été radicalement autre.

Les *Lettres* de Platon (Garnier-Flammarion, traduction et présentation de Luc Brisson) où, pour une fois, le philosophe parle à la première personne et se décrit en action, constituent bien sûr mon autre source principale. Parmi elles, j'ai beaucoup utilisé (pp. 110, 123) la lettre VII, celle qui a d'ailleurs le plus de chances d'être réellement de Platon. On y trouve notamment un éclairage très précis, de la plume de Platon lui-même donc, sur le rapport entre la haine du corps et la théorie du philosophe roi.

Enfin, je recommande le beau – et très mince – livre de Karl Reinhardt, *Les Mythes de Platon* (Gallimard, 2006), dont l'esprit m'a inspiré à certains endroits (p. 257 par exemple : « son rationalisme ne cesse de s'ouvrir à ce qui le menace »), ainsi que l'ouvrage de

Alain, *Platon* (« Champs », Flammarion, 2004, pp. 302-304) duquel est extrait le passage que je mets entre les mains de Freud (p. 108 du présent livre).

La psychanalyse de Platon est bien sûr l'occasion de croiser certains de ses concepts clefs. L'allégorie de la caverne (p. 44) se trouve dans *La République* (514a-516a), ainsi d'ailleurs que la théorie des philosophes rois (473b, 501a, 519b...) qui apparaît notamment pp. 126, 128 des *Philosophes sur le divan*, et l'assertion selon laquelle « il faut chasser les poètes de la cité ». La définition du philosophe selon Platon que j'ai retenue pour ce livre est essentiellement celle que Platon donne dans le *Phédon* (64...) : « Un homme qui s'est lavé des souillures du corps, ne vit plus qu'au travers de son âme et n'a pas peur de la mort puisque son corps est déjà comme séparé de la mort. » L'ironie socratique (pp. 58, 242) apparaît bien sûr dans *L'Apologie de Socrate*, lecture qu'il peut être intéressant de poursuivre par *L'Ironie* de Jankélévitch (« Champs », Flammarion) évoqué ici p. 242. La théorie de la connaissance comme réminiscence (p. 60 du présent livre) vient du *Ménon* (81d, 82b-85b, 86b). Enfin, l'idée d'une chute de l'âme et de sa nécessaire conversion, de son retour à la vision dont elle est partie, se trouve dans le mythe du *Phèdre* (246c notamment). Les passages où Platon sur le divan évoque sa critique sévère de l'art sont inspirés soit de *La République* (livre X, les trois « lits »), soit du *Sophiste* (235d-236c) où il dénonce notamment « l'art du simulacre ». Pour ceux qui voudraient disposer d'une vision d'ensemble de l'œuvre de Platon avant de s'y plonger, le chapitre qu'y consacre Émile Bréhier dans son *Histoire de la philosophie* (« Quadrige », PUF, Tome I, p. 87) peut être très utile. C'est d'ailleurs lui qui écrit, dans l'introduction du chapitre consacré à Platon, « la mort de Socrate dut être une raison définitive du pessimisme politique qui se fait jour dans le Gorgias (515e) », idée que Platon examine d'un œil critique dans le présent livre.

Précisons aussi que les propos, ici prononcés par Platon lui-même (pp. 41 et suivantes), où il apparaît comme anticipant la haine de la vie, du corps et le mépris du réel propre au christianisme correspondent en fait à la critique que Nietzsche fait du platonisme, notamment dans *Le Crépuscule des idoles*, comme d'ailleurs la dénonciation plus spécifique d'un saint Paul qui aurait perverti le message de Jésus (p. 61 du présent livre), que l'on trouve dans *L'Antéchrist* de Nietzsche.

Il apparaît aussi au cours de la psychanalyse de Platon des références à Descartes (p. 46, « nos sens nous trompent », voir la première de ses *Méditations métaphysiques*), et à Hegel (p. 172, concernant sa philosophie de l'Histoire comme réalisation de l'Idée, cf. *La Raison dans l'Histoire* ou la *Phénoménologie de l'Esprit*, p. 209, concernant sa définition du beau, cf. *l'Esthétique,* PUF, morceaux choisis – si bien choisis d'ailleurs que ce petit livre offre une introduction parfaite à l'esthétique hégélienne et, par suite, à tout le système hégélien). Au tout début du livre, Freud compare l'allégorie de la caverne de Platon avec celle de la pierre qui roule chez Spinoza : on peut trouver ce texte de Spinoza dans sa *Lettre à Schuller* (Lettre LVIII, Garnier-Flammarion, œuvres complètes, volume IV, p. 303), ainsi qu'un excellent commentaire de cette pierre qui roule dans *Spinoza par les bêtes* de Ariel Suhamy (Ollendorff, 2008, ch. XVI).

Enfin, c'est aussi à l'occasion d'une des séances de l'analyse de Platon qu'apparaît cette tentation de critiquer la psychanalyse comme une pratique réductrice (p. 259) incapable de comprendre que lorsque l'homme délire, il délire autre chose que « Papa Maman » : il délire le monde. Cette idée est développée par Deleuze et Guattari dans *L'Anti-Œdipe* (Éditions de Minuit, 1972) et très bien résumée par Deleuze dans son *Abécédaire.*

Kant

La très grande majorité des faits de la vie de Kant proviennent du livre *Kant intime* (Grasset, 1985) dans lequel Jean Mistler a réuni et présenté des textes de Borowski, Jachmann ou Wasianski. De manière plus libre et indirecte, j'ai essayé d'approcher l'énigme de Kant en lisant des textes littéraires ou des romans comme *Les Derniers Jours d'Emmanuel Kant,* de Thomas de Quincey (Allia, 2004), ou *Se Souvenir de Lampe*, de José Luis de Juan (Seuil, 2003), Lampe étant le valet qui travailla pour Kant près de quarante ans. Mais plus que ces deux références assez décevantes, je recommande surtout la lecture d'un petit texte sur Kant de Pierre Bergougnoux, *Des rôtis brûlés et des gâteaux mal cuits* (Fata Morgana, 2006).

Plus généralement, l'idée de ce qui se joue dans la psychanalyse de Kant m'est venue à la lecture d'un texte de Lacan, *Kant avec Sade*, (*Écrits II*, « Points », Seuil, pp.243-269), texte complexe mais qu'il est possible, et même souhaitable, de lire sans tout comprendre : on peut y *entendre* beaucoup de choses sans nécessairement tout *comprendre*, cette distinction entre entendre et comprendre traversant d'ailleurs *Les Philosophes sur le divan*, et étant mentionnée à différentes reprises par celui que j'ai ici appelé Freud. De même, tous les travaux de Lacan, notamment dans *Encore*, où il revisite l'injonction du surmoi freudien d'une façon radicale, en expliquant que finalement le surmoi nous demande de jouir, m'ont influencé dans l'écriture de la psychanalyse de Kant. Ici encore, le livre de Gérard Haddad, qui fut analysé par Lacan avant de devenir psychanalyste, *Le Péché originel de la psychanalyse*, m'a beaucoup éclairé. Je recommande d'ailleurs, de Gérard Haddad, *Le Jour où Lacan m'a adopté* (Grasset, 2002). Enfin, lorsque j'attribue à Freud l'hypothèse de la « dépression essentielle » de Kant, je reprends un concept de Pierre Marty, psychiatre et psychanalyste français dont les travaux ont connu un grand succès grâce à la notion de « pensée opératoire », et qui a fondé en 1972 l'Institut de psychosomatique de Paris, aussi appelé École de Paris. Quant à la définition de l'inconscient, donnée par Lacan, que l'on peut lire dans la dernière séance de Kant, elle vient de ses *Écrits I* (« Points », Seuil, 1970, pp. 136-137).

Concernant les différents concepts kantiens que l'on croise dans ce livre, je renvoie à l'excellent livre de Georges Pascal, *Pour connaître Kant* (Bordas), et bien sûr aux ouvrages de Kant répondant aux trois questions de la philosophie souvent évoquées dans ce livre. À savoir la *Critique de la raison pure* (Folio) pour répondre à la question « Que puis-je savoir ? » (les fondements de la connaissance et le problème de la causalité naturelle), la *Critique de la raison pratique* (Folio) pour répondre à la question « Que dois-je faire ? » (les fondements de la morale et le problème de la liberté humaine), la *Critique de la faculté de juger* (Folio) pour répondre à la question « Que m'est-il permis d'espérer ? » (les fondements de l'esthétique et le problème de la finalité dans l'art et dans la nature). La théorie des « idées de la raison », beaucoup évoquées dans ce livre, ainsi que celle de « l'usage régulateur des idées de la raison » se trouve dans la *Critique de la raison pure*, la différence entre l'impératif catégorique et l'impératif hypothétique dans la *Critique de la raison pratique*, les propos misogynes de Kant dans l'*Anthropologie du point de vue pragmatique* (Vrin), sa définition d'une « nature méchante » de l'homme dans le *Traité de pédagogie* (Vrin) ainsi d'ailleurs que dans ses *Réflexions sur l'éducation*, où apparaît très bien sa pensée dualiste, sa conception d'une culture comme devant s'arracher à la nature. Si ces lectures semblent trop ardues, commencez par les deux petits opuscules de Kant cités dans *Les Philosophes sur le divan* : *Idée d'une histoire universelle au point de vue cosmopolitique* et *Projet de paix perpétuelle*, tous deux chez Vrin.

Enfin, la conception pessimiste du désir de Schopenhauer évoquée par Kant se trouve dans *Le Monde comme volonté et comme représentation* (PUF, 1956, p. 101), et la phrase de L'Ecclésiaste si importante dans l'analyse de Kant, « Tu jouiras de la vie avec la femme que tu aimes » dans la Bible de Louis Segond (L'Ecclésiaste, IX, 10).

Sartre

Trois livres m'ont vraiment donné envie de proposer la lecture du sartrisme qui apparaît dans *Les Philosophes sur le divan*.

D'abord, *Les Mots* de Sartre lorsque je les ai relus, quinze ans après ma première lecture, et que j'ai eu l'impression de découvrir un autre texte. On peut presque dire que cette psychanalyse de Sartre est en quasi-totalité inspirée par une relecture des *Mots*.

Ensuite, *Sartre et la psychanalyse*, un essai riche et passionnant de Betty Cannon (PUF, « Perspectives Critiques », 1993) où le débat qui oppose Sartre à Freud est parfaitement posé dans ses différents enjeux.

Enfin *L'Être et le Néant* (« Tel », Gallimard, 2008) que j'ai relu à la lumière de cet essai de Betty Cannon, en m'attachant à la critique que Sartre fait de l'inconscient et à sa proposition alternative d'une psychanalyse existentielle.

J'ai aussi utilisé les lettres de Sartre (*Lettres au Castor et à quelques autres*, Gallimard), l'excellent travail documentaire d'Alexandre Astruc et Michel Contat (*Sartre par lui-même*, Boutang et Seligmann, Sodaperaga, INA), le CD *Sartre, la liberté dans tous ses états* de Raphaël Enthoven (Naïve) et bien sûr le *Scénario Freud* de Sartre (Gallimard).

Les extraits des *Mots* (Folio) cités dans *Les Philosophes sur le divan* viennent des pp.75, 93, 115, 131, 196, et 210. Les extraits de *La Nausée* (Folio) viennent des pp. 23 et 34-35.

L'exemple de la jeune femme ayant une peur phobique d'approcher de sa fenêtre est développé par Sartre dans *La Transcendance de l'ego*. Les idées, présentes dans le livre, de « projet » (pp. 34, 134, 251), de liberté totale (p. 34), comme celle d'un homme réduit à « la somme de ses actes » (pp. 34, 36, 80) se trouvent notamment dans *L'Existentialisme est un humanisme* (Folio).

Concernant *L'Être et le Néant* (« Tel », Gallimard), la citation « j'ai honte de moi devant autrui » (p. 45 du présent livre) se trouve à la p. 328. « L'angoisse est donc la saisie réflexive de la liberté par elle-même », idée que Sartre oppose à Freud dans *Les Philosophes sur le divan*, se trouve p. 74 de *L'Être et le Néant*. « L'homme est une passion inutile » (p. 158 du présent livre) est à la p. 662. La démonstration sartrienne d'un inconscient réduit à la mauvaise foi se trouve condensée pp. 88 et 89 de *L'Être et le Néant* lorsqu'il prend l'exemple de la femme frigide. Les différentes occurences de la mauvaise foi sartienne se trouvent aux pages 36, 37, 79 et 191 de mon livre. Le fameux garçon de café qui *joue* à être garçon de café se rencontre quant à lui p. 94.

Enfin, les autres ouvrages utilisés et cités dans le livre sont *Les Séquestrés d'Altona* (p. 67), *L'Idiot de la famille*, *Huit-clos* (p. 66), *Saint Genet* et les *Réflexions sur la question juive* (p. 67), tous chez Gallimard.

Tables des matières

Mise en page
PCA
44400 Rezé

CET OUVRAGE
A ÉTÉ ACHEVÉ D'IMPRIMER
SUR ROTO-PAGE
PAR L'IMPRIMERIE FLOCH
À MAYENNE EN SEPTEMBRE 2008

N° d'édition : L.01ELKN000140.N001. N° d'impression : 71933.
Dépôt légal : octobre 2008.
Imprimé en France